Helene Karmasin

WAHRE SCHÖNHEIT KOMMT VON AUSSEN

Helene Karmasin

WAHRE SCHÖNHEIT KOMMT VON AUSSEN

ecowin

Helene Karmasin
Wahre Schönheit kommt von außen

FSC
Mix
Produktgruppe aus vorbildlich bewirtschafteten Wäldern und anderen kontrollierten Herkünften
Zert.-Nr. SGS-COC-004295
www.fsc.org

Das für dieses Buch verwendete FSC-zertifizierte Papier EOS lieferte Salzer, St. Pölten

Umschlagidee und -gestaltung: **kratkys.net**

1. Auflage

Lektorat: Mag. Josef Rabl
Coverfoto Sophia Loren und Jayne Mansfield:
Joe Shere / MPTV / interTOPICS
Gesamtherstellung: www.theiss.at
Gesetzt aus der Sabon
Printed in Austria
ISBN 978-3-7110-0006-4

1 2 3 4 5 6 7 8 / 13 12 11

www.ecowin.at

Inhaltsverzeichnis

Einleitung

Ein merkwürdiges Titelbild, nicht? Wahre Schönheit, das wissen wir doch alle, kommt von innen. Und warum starrt Sophia Loren, eine für ihre Schönheit berühmte Frau, neidvoll in den Ausschnitt von Jayne Mansfield? Ist dieser Busen überhaupt echt?

Das Bild ist ja älteren Datums: Wünschen sich Frauen heute noch so einen üppigen Busen oder vielleicht einen anderen, kleineren, festeren? Würden sie diesen großen Busen umgehend operieren lassen?

Wenn ich im Folgenden diese und andere Fragen zu beantworten suche, möchte ich damit auch die Hauptthese dieses Buches belegen: Vorstellungen über den perfekten Körper kommen von außen, sie werden von der Gesellschaft, von der Kultur, in der jemand lebt, entwickelt, und sie finden sich als subjektive Sehnsüchte und Wünsche im Inneren der jeweiligen Person wieder.

„Die Gesellschaft schreibt sich in den Körper ein", nannte es der französische Soziologe Michel Foucault, sie schafft sich die Körper, die sie zu ihrem Funktionieren braucht.

Wie aber wird das bewerkstelligt? Warum spielt in unserer Gesellschaft der perfekte Körper eine so große Rolle? Und warum ist ein perfekter Körper für uns gesund, geradezu „chronisch gesund", permanent leistungsfähig, prinzipiell jung, schlank, beweglich, natürlich schön, ideale Weiblichkeit und Männlichkeit verkörpernd?

Wenn wir andere Zeiten oder andere, von uns entfernte Gesellschaften betrachten, sehen wir, dass dies keineswegs selbstverständlich ist. Die Calaber, ein in Westafrika lebender Stamm, schickten die jungen Mädchen in „fattening huts", in denen diese zu molligen Gestalten gemästet wurden – anders fanden sie keine guten Ehepartner. Der perfekte männliche Körper im 19. Jahrhundert war ein panzerähnlicher Körper, dessen Bedürfnisse nicht zur Kenntnis genommen wurden, eine Adelige des 18. Jahrhunderts, die beim Dinner über ihre gesundheitlichen Vorsorgepraktiken geplaudert hätte, wäre nie mehr eingeladen worden.

Der menschliche Körper ist naturgemäß durch seine Biologie beschränkt, aber innerhalb dieser Grenzen höchst wandelbar, und genauso unterschiedlich sind die Gesellschaften, in denen er lebt. Agrargesellschaften entwickeln andere Körperideale als Kriegergesellschaften, unsere Körperideale und Körperkonzepte entsprechen unserer Gesellschaft, einer liberalen Marktgesellschaft, die auf dem Konzept der autonomen, freien und selbstverantwortlichen Person fußt. Für eine solche Gesellschaft ist der Körper ein geradezu perfektes Objekt: Etwas an ihm ist immer zu verbessern, für alles kann Vorsorge getroffen werden, nichts, was die Natur uns beschert, muss hingenommen werden. Und der Einzelne als autonome Person ist für den Zustand seines Körpers verantwortlich, er hat es in der Hand, welchen Körper er besitzt. Medizin, Pharmazie, staatliche Instanzen, der Markt unterstützen ihn in seinem Bemühen, aber letztlich schreiben wir der einzelnen Person Verantwortung zu und lesen an dem Zustand ihres Körpers ihre moralischen Qualitäten, vor allem den Grad ihrer Disziplinierung ab. Der entschlossene Kampf „gegen das Fett“ oder „gegen die Bakterien“, den wir führen, ist auch ein moralischer Kampf, der seine Heroen und Sünder kennt.

Der soziale Mechanismus, der hier wirkt, ist weit entfernt von der finsteren Manipulation, die den Medien und der Werbung gern zugeschrieben wird. Medien und Werbung spielen eine Rolle, aber sie erklären nicht, warum wir die Werte, die den perfekten Körper definieren – ohne zu merken, dass sie von außen kommen – als eigene Wünsche erleben.

Das aber kennt jede Gesellschaft: Sie muss dafür sorgen, dass ihre Angehörigen die Leitwerte der Gesellschaft anerkennen, leben und verteidigen, dass sie ihnen ganz selbstverständlich und gar nicht anders möglich erscheinen. Der Körper ist ein bevorzugtes Objekt dafür: An Vorstellungen, was dem Körper guttut, was ihm schadet, wie er idealerweise auszuformen ist, werden diese Leitwerte sichtbar. „Culture is licked into shape" – „die Kultur wird in ihre Form geleckt", sagt die englische Anthropologin Mary Douglas.

Es handelt sich also um einen universalen Mechanismus, der in allen Gesellschaften und zu allen Zeiten anzutreffen ist, und es ist ein höchst komplizierter und raffinierter Mechanismus, den wir in den folgenden Kapiteln kennenlernen werden.

In einem ersten Teil werden wir uns mit den vielen Voraussetzungen beschäftigen, die wir machen müssen, um unseren perfekten Körper zu rechtfertigen. Wie müssen wir uns den Körper vorstellen: als Maschine oder als fühlende Einheit, vom „Geist" bestimmt oder von der Lust, als folgsamen Agenten oder als widerständigen Rebellen?

In einem zweiten Teil wird geschildert, wie sich unsere modernen Körpervorstellungen entwickelt haben. Sie beruhen auf vielen historischen Voraussetzungen, vergangene Zeiten haben jeweils bestimmte Aspekte beigetragen: die Renaissance etwa das Ideal des glatten und perfekt geschlossenen Körpers, die Aufklärung den disziplinierten Körper, das 19. Jahrhundert den maßvollen und harmonisch ausgeglichenen Körper, die frühe Moderne den vitalen und ekstatischen Körper. All dies findet sich in unseren Körperkonzepten und -idealen, ergänzt durch die spezifischen Forderungen, die eine Marktgesellschaft an den Körper stellt.

Im Weiteren werden wir uns den Hauptaspekten des perfekten Körpers zuwenden: dem gesunden und dem schönen Körper.

Wie definieren wir Gesundheit? Was, glauben wir, schadet dem Körper, was nützt ihm? Wie können wir uns selbst helfen?

Was ist für uns Schönheit? Was macht einen idealen weiblichen und einen idealen männlichen Körper aus? Was können und müssen wir unternehmen, um schön zu sein?

Das Material, das ich diesen Analysen zugrunde lege, stammt aus mehreren Quellen:

- aus meiner beruflichen Arbeit als Marktforscherin mit den Schwerpunkten psychologische und semiotische Forschung und damit auf vielen Gesprächen, die ich mit Konsumenten und Kunden geführt habe;
- auf Analysen von Anzeigen für Produkte aus den Bereichen Gesundheit, Schönheit, Fitness und Kosmetik. Werbung stellt für mich eine exzellente Quelle dar, um zu erfassen, wie unsere Alltagskultur argumentiert. Werbung muss ja immer das ansprechen, was vielen Menschen als überzeugend erscheint, daraus lässt sich rekonstruieren, wie wir Gesundheit und Schönheit „denken";
- aus historischen Beispielen und aus Beispielen, die aus anderen Gesellschaften, vor allem aus Stammesgesellschaften kommen. Sie machen klar, dass nichts selbstverständlich ist, dass es immer Alternativen gibt und dass wir spezifische Wahlen treffen. Hier ist auch das Konzept der Magie von Bedeutung, das mehr, als man es auf den ersten Blick für möglich halten würde, in unsere Alltagsvorstellungen von Gesundheit und Schönheit einfließt.

Schließlich wird die interessante Verbindung von Körpervorstellungen und politischen Vorstellungen dargestellt, so zum Beispiel die Parallele, die sich zwischen der Idee des Nationalstaats und dem Kampf gegen Bakterien findet; in beiden Fällen werden Grenzen verteidigt und Eindringlinge, die die Reinheit und das Wohlergehen im Inneren bedrohen, aggressiv abgewehrt.

Und immer wieder werden wir auf die Hauptthese dieses Buches zurückkommen: Die Gesellschaft schreibt sich in den Körper ein.

Unsere zeitgenössische Gesellschaft ist von der Idee des perfekten Körpers geradezu besessen. Es gibt eine Reihe von Gründen dafür. Die wichtigsten sind:

- Es gehört zu unseren Grundüberzeugungen, dass eine Gesellschaft für die elementaren Rechte des Körpers sorgen muss.
- In einer Welt, die immer medialisierter und virtueller wird, ist der Körper ein reales und authentisches Objekt.
- Er gibt dem Einzelnen das Gefühl, autonom zu handeln und uneingeschränkte Verfügung über etwas zu haben.
- Vor allem aber: Er ist das perfekte Objekt einer Marktgesellschaft. Etwas an einem Körper ist immer unvollkommen, etwas kann immer noch gesteigert oder verbessert werden, man muss nur geeignete Beobachtungskategorien entwickeln und die Maßstäbe immer weiter nach oben verschieben.

Es braucht eine Reihe von kulturellen Idealen bzw. Leitideen, Konzeptionen des Wünschenswerten, damit unsere gegenwärtige Gesellschaft funktioniert; solche Ideale sind die autonome Person, Selbstverantwortlichkeit, Durchsetzung in einem Wettbewerb, unbedingte Leistungsfähigkeit und -bereitschaft, Vorrang des Individuums und seiner Bedürfnisse, Glaube an den Fortschritt und Perfektionierung aller Bereiche, um nur die wichtigsten zu nennen. Diese Leitideen stehen hinter vielem, was die Behandlung von Körpern betrifft, und die zahlreichen Vorschriften und Fantasien, die sich in unseren Körpervorstellungen finden, üben in diese Konzepte ein. Die Durchsetzung von spezifischen Körperkonzepten wäre so auch das Betreiben von Politik mit anderen Mitteln.

Meine Arbeit als vorwiegend qualitativ tätige Marktforscherin bringt es mit sich, dass ich laufend Produktkommunikationen und Werbung analysiere, mit Konsumenten diskutiere, Wirkungen feststelle. Viele Entscheidungen, die Menschen treffen, sind bedingt durch das, was ihre soziale Bezugsgruppe und letztlich die Gesellschaft als normal und wünschenswert ansieht. Erfolgreiche Produkte spielen mit diesen tief liegenden kulturellen Bedeutungen, nützen sie subtil aus.

Wir werden analysieren, welche Körperkonzepte wir voraussetzen müssen, wenn wir den breiten Strom von Produkten und

Angeboten betrachten, die wir auf dem Gebiet der frei verkäuflichen Arzneimittel, der kosmetischen Produkte, der Angebote des Gesundheitstourismus entwickeln und vermarkten. In der Konstruktion dieser Produkte und Dienstleistungen, in ihren Namen, Verpackungen, werblichen Argumentationen tauchen genau die Annahmen auf, die wir zugrunde legen müssen, um überzeugend zu wirken. Und dies basiert auf Prämissen darüber, was als normal gilt, als wünschenswert, was auf breiten Konsens hoffen darf, was an gemeinsam geteiltes Wissen appelliert.

Der Bereich der Produktkultur ist eine ergiebige Quelle, um etwas über die Werte unserer Kultur insgesamt zu erfahren. In unserer Gesellschaft, die durch Prozesse zeichenhaft vermittelter Kommunikation geprägt ist, müssen wir für alles die Zustimmung der Gesellschaftsteilnehmer einholen, wir müssen für unsere Anliegen überzeugen, geradezu dazu verführen, die Anzahl der medial vermittelten Kommunikationsakte nimmt ständig zu.

Überzeugende Kommunikation hängt aber nicht nur von der Güte der Argumente ab, sondern auch von ihrer rhetorischen und semiotischen Aufbereitung, von der Art, „wie" etwas gesagt wird, mit welchen Bildern, Zeichen, rhetorischen Strategien es verbunden wird, welche Botschaft gewissermaßen zwischen den Zeilen mitgeteilt wird. Diese Strategien sind in einer Gesellschaft, die wie die unsere auf Märkten beruht, entscheidend, sie werden vielfach eingeübt und alle Gesellschaftsteilnehmer sind daran gewöhnt, Güter – seien es Produkte oder Dienstleistungen, aber auch politische Programme bis hin zu Personen – in dieser Form präsentiert zu bekommen. Dies gilt auch für Körperkonzepte.

In meinen Untersuchungen zu Marktgütern, Produkten, Dienstleistungen, Angeboten im weitesten Sinn, ihrer Konstruktion und der sie begleitenden Kommunikation wähle ich einen bestimmten Zugang: Güter haben immer mehr als funktionale Nutzen, ihr Tauschwert ergibt sich vielmehr daraus, welche Bedeutungen sie für den Einzelnen annehmen können. Güter appellieren an Motive, Bedürfnisse und Wünsche: Sie spenden uns Vergnügen, sie machen uns stolz, sie trösten, sie verwöhnen, sie tragen zu unserer Identität bei. Güter sind aber auch eng in das soziale Leben einbezogen: Sie dienen dazu, den Status des Besitzers anzuzeigen, sie grenzen Menschen ein und andere aus. Güter machen klar, wie wir denken: was wir als festlich und normal betrachten, was als männlich und weiblich, jung oder alt, moralisch oder verschwenderisch. Sie stehen für kulturelle Ideale: für Heimat oder Mütterlichkeit, für die lockende Ferne, das Abenteuer oder für eine goldene Vergangenheit.

Um erfolgreich am Markt zu argumentieren, genügt es nicht, Menschen über ihre Vorlieben zu befragen. Vielmehr müssen die Konzepte, die ihren Urteilen zugrunde liegen, rekonstruiert werden, denn diese sind es, die ihre Urteile eigentlich steuern. Dies geschieht über semiotische und kulturwissenschaftliche Analysen, für die ich in meinem Buch „Produkte als Botschaften" zahlreiche Beispiele liefere.[1]

Dieser Zugang soll nun auch in Bezug auf den Körper gewählt werden: Wie „denken" wir den Körper? Welche Konzepte sind beteiligt? Was verkaufe ich „eigentlich", wenn ich wünschenswerte körperliche Zustände, Schönheit und Gesundheit verkaufe? Und wie wird der Körper gegenwärtig inszeniert?

---

1 Helene Karmasin: Produkte als Botschaften, Landsberg am Lech, 4. aktualisierte und erweiterte Auflage 2007

Körperkonzepte: Was ist ein Körper?

Die Frage scheint naiv: das weiß man doch, das fühlt man jede Sekunde. Aber wie benimmt sich dieser Körper? Ist er folgsam? Wenn er etwa eine Cremeschnitte sieht: Wendet er sich ab, weil er weiß, dass „man" so viel Fett nicht zu sich nehmen darf, oder entwickelt er eine unbezwingbare Gier und verschluckt sie einfach, obwohl einem der Verstand sagt, dass „man" das nicht tun sollte. Ist also der Geist, die Vernunft, der Herrscher des Körpers oder führt der Körper ein Eigenleben, ist er, getrieben von Lüsten, das Gefängnis des Geistes?

Jeder Mensch hat diesbezüglich seine eigenen Ansichten, aber auch jede Zeit und jede Gesellschaft und dies keineswegs zufällig, sondern je nachdem, welche Leitwerte sie ihr Eigen nennt.

Körperkonzepte beschreiben, wie Körper zu „denken" sind, was unter einem Körper zu verstehen ist, wie er funktioniert, aus welchen Teilen und Instanzen er zusammengesetzt ist etc. – es sind Modellvorstellungen von Körpern. Diese sind nicht empirisch zu überprüfen und sie entsprechen auch nicht medizinischer Denkweise; es sind soziale oder kulturelle Vorstellungen, die weit verbreitet sind und die eine lange Geschichte haben. Für unsere zeitgenössischen Bemühungen um den gesunden und schönen Körper haben sie eine große Bedeutung.

Es macht einen Unterschied, ob ich den Körper unter dem Bild einer Maschine auffasse, die in allen ihren Teilen repariert werden kann, oder als eine fühlende Einheit, ob ich davon ausgehe, dass der Geist den Körper beherrscht oder umgekehrt, ob ich mir einen Körper als prinzipiell geschlossen oder offen denke. Je nachdem werde ich andere Bedrohungen wahrnehmen und andere Behandlungen für richtig halten.

Körperkonzepte beziehen sich immer auf den Körper als eine biokulturelle Einheit, sie betrachten immer mehr als den biologisch gegebenen Körper, sie entsprechen der Tatsache, dass ein Körper immer auch eine soziale und kulturelle Einheit ist bzw. sich an der Schnittstelle von Biologie und Gesellschaft/Kultur befindet.

Die beiden grundlegenden Körperkonzepte, die wir in den verschiedensten Bereichen antreffen werden und die weitreichende Konsequenzen für die Behandlung des Körpers haben, sind das dualistische/technokratische Modell und das ganzheitliche Modell. Die wesentlichen Aspekte der beiden Modelle sind jeweils gegensätzlich ausgeformt und machen deutlich, dass es sich um zwei grundsätzlich verschiedene Arten handelt, den Körper zu denken.[2]

Das dualistische Modell	**Das ganzheitliche Modell**
• Trennung/Separation	• Vereinigung/Integration
• Trennung von Körper und Geist/Person	• Körper und Geist/Person sind eins
• Trennung von Körper und sozialer bzw. natürlicher Umwelt	• Der Körper ist in die Umwelt integriert, er ist Teil der Natur und Teil einer sozialen Gemeinschaft
• Trennung der einzelnen Körperteile, Spezialisierung auf immer kleinere Areale	• Der Körper wird als organologische Einheit gesehen
• Körper sind Datenträger, leicht vergleichbar	• Jeder Körper ist individuell
• Der Geist als Herrscher des Körpers	• Der fühlende und denkende Körper

2 Vgl. Carol Laderman, Marina Roseman: The Performance of Healing, New York 1996

- Der Körper als Maschine, die von Experten in allen Teilen repariert werden kann
- Der geschlossene Körper
- Beherrschung der Natur
- Mythos von Technik und Wissenschaft, die in immer perfektere Zustände führen

- Alles hängt zusammen und beeinflusst sich wechselseitig
- Der offene Körper
- Integration in die Natur
- Mythos: Die Natur ist heilsam, die Gesellschaft bedrohlich

Das dualistische Modell ist unser vorherrschendes Konzept. Sobald offizielle Instanzen das Wort ergreifen, beziehen sie sich auf dieses Konzept. Auch die Dokumentation von Wirksamkeiten gesundheitsfördernder oder kosmetischer Produkte stützt sich weitgehend darauf.

Dieses Körperkonzept wurde am Beginn der Neuzeit entwickelt und stieg zum vorherrschenden medizinischen Paradigma in der westlichen Welt auf. Es hängt eng mit einer Reihe von grundlegenden Werten unserer westlichen Gesellschaft zusammen: Rationalität, Autonomie, Arbeitsteilung, intersubjektiv nachvollziehbarer Beweis von Effizienz.

Das ganzheitliche Modell ist das Konzept der alternativen Medizin, der Volks- und Naturmedizin, es ist in Stammesgesellschaften verbreitet und in den asiatischen Traditionen: chinesische Medizin, indische Medizin, Yoga, Ayurveda. Dieses Modell enthält starke magische Anteile, es ist ein Gegenmodell und folgt der Maxime: „Where there is power there is resistance." – „Wo es Macht gibt, gibt es auch Widerstand." (Michel Foucault)

Die zunehmende Bedeutung, die dieses Körperkonzept auch im Westen erfährt, hängt damit zusammen, dass es einer Sehnsucht entgegenkommt: Es leistet das, was die westliche Gesellschaft ihren Mitgliedern schuldig bleibt.

Dem Gedanken, dass Körpervorstellungen dazu dienen, Sehnsüchte zu befriedigen und Mängel zu kompensieren, werden wir im Übrigen noch öfter begegnen.

Körperinstanzen

Im Folgenden geht es um die Frage, aus welchen Instanzen sich ein Körper zusammensetzt und welche davon den Körper steuern. Betrachten wir dazu zunächst eine Anzeige und einen redaktionellen Beitrag in einer Zeitschrift. Die Anzeige wirbt für Sojaprodukte, sie führt als Aussage über das Produkt an: Alpro Soja – für einen Körper, in dem man gerne lebt.

Der redaktionelle Beitrag, der sich mit Problemen des Abnehmens und mit Diäten beschäftigt, zeigt eine mollige Frau, die die Waage besteigt, ihr Gewicht abliest und entsetzt ausruft: „Das bin doch nicht mehr ich!"

Abb. 1

Beide Ausführungen sind nur verständlich, wenn man von einem dualistischen Körperkonzept ausgeht: Es gibt zwei Instanzen – die Person und ihren Körper, in dem sie lebt, bzw. die Person und ihren Körper, der ihr nicht entspricht.

Zwischen Körper und Person besteht demnach eine Distanz. Einmal ist es ein geradezu feindseliges Gegeneinander – „Das bin doch nicht mehr ich!" –, wenn der Körper offenbar ein Eigenleben führt, das den wahren Kern der Person bedroht; und einmal dominiert die Person: Sie gestaltet den Raum, in dem sie lebt – ihren Körper.

Hier wird also eine autonome Person vorausgesetzt.

Bemerkenswert ist auch die Raummetaphorik, in der dieses Argument vorgetragen wird. Der Körper wird unter dem Bild eines Raumes, eines Behälters gesehen – eine häufige Praxis, wie wir noch sehen werden. Die Anzeige (Abb. 1) macht im Übrigen umfangreichen Gebrauch von kulturellem Wissen, von Wissen, das man bei allen Gesellschaftsteilnehmern voraussetzen kann und auch muss, um verständlich zu sein.

Alpro wirbt für Sojaprodukte, die kontrolliert und ohne Gentechnik hergestellt werden. Im Bild sind drei Generationen von Frauen dargestellt, die offenbar verwandt oder jedenfalls verbunden sind. Ihre Anordnung zeigt eine Abfolge von Lebensaltern, wie sie seit der Antike gebräuchlich ist.[3] Das nach links, in die Vergangenheit gewandte Gesicht des Alters, das nach oben gerichtete des mittleren Alters, der Mutter, und das zentral nach vorn schauende des Kindes. Sie lehnen an einem Baum, dem durch die Überschrift natürliche Stärke zugeordnet wird, ein Merkmal, das auch für die drei Frauen gilt, bei ihnen ist es, so ist zu erschließen, durch den Genuss von Soja bedingt.

Der Text führt dies explizit aus: „Geben Sie Ihrem Körper die Kraft der Natur – mit Alpro Soja." Diese Kraft selbst wird nur schwach begründet, lediglich durch die Aussage „arm an gesättig-

3 Vgl. dazu die „Allegorie der drei Lebensalter" von Tizian

ten Fettsäuren", was keineswegs eine überzeugende Begründung für Kraft darstellt.

Einzusetzen ist als Hintergrundwissen, dass Soja im Allgemeinen als Ersatz für tierisches Eiweiß, also für Fleisch dient, wobei im kulinarischen Code gilt, dass Fleisch gleich Kraft und Energie ist, Nahrungsmittel des pflanzlichen Bereichs jedoch arm an Kraft sind. Ebenso wird Fleisch mit dem Männlichen assoziiert und der Bereich der Pflanzen mit dem Weiblichen. Auch der Komplex der Natur ist oft mit dem Weiblichen verbunden.[4]

Die Anzeige wäre mit einer Generationenkette von drei Männern schwer vorstellbar. Nimmt man jedoch ihre durch das Zeichenarrangement gelieferte Bedeutung zusammen, so signalisiert sie, dass Soja als Angehöriger der Kategorie Pflanze sehr wohl Kraft besitzt, eine Kraft, wie sie großen Bäumen zukommt, und dass diese Kraft von Frauen erspürt und übertragen wird.

Die Anzeige wirkt auf den ersten Blick einfach; um verständlich und überzeugend zu wirken, muss jedoch ein breites Set an Annahmen und kulturellem Wissen vorausgesetzt werden können. Kenntnisse des kulinarischen Codes:

- Fleisch als Lieferant von Kraft, aber mit gewissen negativen Implikationen: durch Töten gewonnen, nicht unbedingt gesund
- Pflanzen als verantwortungsbewusst und gesund, aber nicht unbedingt Kraft spendend
- Soja in der Rolle eines pflanzlichen Stoffes, dem aber Kraft zugeordnet wird

Ausformungen der Männer- und Frauenrolle, vor allem in Zusammenhang mit dem kulinarischen Code:

- Männer als Konsumenten von Fleisch, weniger gesundheitsbewusst

---

4 Vgl. Helene Karmasin: Die geheime Botschaft unserer Speisen, Bergisch Gladbach 2001

- Frauen als Liebhaber des pflanzlichen Bereichs, verantwortungsbewusst

Genau dies macht Werbung zu einer wichtigen Quelle, wenn es darum geht, unsere Denkkategorien zu rekonstruieren, die Prämissen, die wir unserer Alltagskultur zugrunde legen.

Andere Anzeigen gehen von anderen Körperkonzepten aus, wenn sie zum Beispiel ausführen: „Empfindliche Haut hat Durst auf Gesundheit“ (Vichy) oder „Bestimmen Sie selbst, wie Sie sich fühlen“ (Teekanne) oder „Die Seele durchatmen lassen“ (Laif). Ein Medikament gegen hohen Blutdruck zeigt ein kleines U-Boot, das durch die Adern zu fahren scheint, und sagt dazu: „acetan und der Blutdruck sinkt kontrolliert“. Homöopathische Präparate werden mittels Krankheitsbildern vorgestellt, die unter der Überschrift „Die Botschaften der Seele“ zusammengefasst sind. Diese Aussagen weisen auf zentrale Aspekte von Körperkonzeptionen hin:

- Der biologisch gegebene Körper steht mit anderen Instanzen in Verbindung, mit Bewusstsein, Denken, Geist, Seele, Gefühlen, die er beeinflusst und von denen er beeinflusst wird. Dieses Nichtkörperliche wird meist mit dem, was unter dem Konzept der Person verstanden wird, gleichgesetzt.
- Der Körper und die anderen Instanzen können in unterschiedlichem Ausmaß dominieren: Die Person (die dann weitgehend mit Bewusstsein und Willen gleichgesetzt wird) beeinflusst alles Übrige, sie ist autonom und die oberste Instanz: „Bestimmen Sie selbst, wie Sie sich fühlen.“ Der Körper kann selbst Signale aussenden und eigenmächtig handeln: „Empfindliche Haut hat Durst auf Gesundheit.“ Die Seele meldet sich und sendet über den Körper Signale aus: „Die Botschaften der Seele“.

Diese Themen spielen in vielen Gesellschaften und in vielen historischen Epochen eine Rolle. Die Fragen, die dahinter stehen, werden jeweils unterschiedlich beantwortet:

- Wie ist der Körper zu „denken“: dualistisch oder ganzheitlich bzw. dualistisch, aber aus sehr verschiedenen Instanzen im Inneren zusammengesetzt?
- Wer oder was dominiert: die Person, die als autonom gedacht wird und die mit Geist, Bewusstsein und Willen gleichgesetzt wird, die „Seele“, der „Körper“?
- Befinden sich Körper und Geist/Seele in einem Gegensatz, sind sie feindselig gegeneinander arbeitende Instanzen oder bilden sie eine enge Einheit?
- Welche Merkmale kommen den einzelnen Instanzen zu?
- Ist der Körper mit negativen Merkmalen ausgestattet und der Geist mit positiven, oder umgekehrt?

Im Folgenden betrachten wir die wichtigsten Antworten auf diese Fragen.

Das dualistische Konzept: Der Geist als Herrscher des Körpers

Dieses Konzept geht davon aus, dass der biologisch beschreibbare Körper anderen Instanzen gegenübersteht: der Person, die mit Bewusstsein, Geist, Willen, Denken, teilweise auch Gefühlen oder der Seele gleichgesetzt wird – jede dieser Instanzen ist etwas grundsätzlich Verschiedenes und funktioniert nach anderen Gesetzmäßigkeiten. Sie sind in unterschiedlichem Ausmaß mit dem Körper verbunden und ihre Verbindung ist nicht wertfrei: Die Frage, wer zu dominieren habe, wird eindeutig zugunsten des „Geistes“, also von Willen und Bewusstsein, entschieden.

Dieses Konzept wurde für unsere westliche Kultur am eindrucksvollsten von René Descartes beschrieben.

René Descartes (1596–1650)
Französischer Philosoph, Naturwissenschaftler und Mathematiker
Hauptwerke: Discourse de la méthode (1637), Meditationes (1641)
Begründer der modernen Philosophie und Wissenschaftstheorie. Mit Descartes beginnt das Konzept des unabhängig denkenden und handelnden Individuums. Wissen und Wahrheit sind nicht durch Autoritäten und Erfahrung, auch nicht durch Sinneserfahrungen zugänglich, sondern allein durch Denken, das strengen und rational nachprüfbaren Regeln der Beweisführung folgt. Alles muss in Zweifel gezogen werden, als Gewissheit bleibt das denkende Ich: Cogito, ergo sum.
Descartes geht von einem prinzipiellen Unterschied von Materie/Körper und Denken/Geist aus und erklärt das Funktionieren von Körpern über mechanistische Modelle bzw. über Naturgesetze, die durch Vernunft erfasst werden können.

Descartes geht davon aus, dass Materie, wozu der Körper gerechnet wird, und Bewusstsein etwas grundsätzlich Verschiedenes sind. Das eine erstreckt sich in den Raum und gehorcht den Naturgesetzen (res extensa), das andere ist nichts räumlich Lokalisierbares, es gehört der Ebene des Denkens und des Geistes an (res cogitans). Zwar gibt es Berührungspunkte, aber die Art der Verbindung bleibt weitgehend unbestimmt. Klar ist hingegen, dass dem Geist, dem Denken, dem Bewusstsein eine dominante Stellung gegenüber der Materie eingeräumt wird: Cogito, ergo sum.

Dies hat eine Reihe von Konsequenzen: Zum einen beginnt hier die Analyse des Körpers als biologische Einheit durch die Naturwissenschaften. Medizin und Pharmazie erforschen und behandeln körperliche Vorgänge auf dem Boden naturwissenschaftlicher Theorien mit strengen Regeln der Beweisführung und Effizienzprüfung. Körper werden von den Besonderheiten eines einzelnen Individuums und eines spezifischen Kontextes gelöst, relevant sind ihre intersubjektiv vergleichbaren Aspekte.

Auch wenden sich diese Disziplinen immer kleineren und spezifischeren Arealen des menschlichen Körpers zu, die immer genauer erforscht werden, das Gebiet beginnt sich auszudifferenzieren. Dies entspricht dann auch dem Prinzip der Arbeitsteilung, das später die ökonomische Produktion bestimmen wird.

Zwischen Arzt und Patient besteht ein drastisches Wissensgefälle, der Arzt kann seine sachlich begründete Entscheidung dem Patienten nur schwer vermitteln (während die alternative Medizin, die auf Konzepte der Volksmedizin zurückgeht, den Patienten als Partner betrachtet und sehr wohl imstande ist, ihre Konzepte in der Sprache des Patienten darzulegen).

Zum anderen schließt man damit an einen älteren Diskurs an, der ebenfalls dem dualistischen Modell angehört, der aber primär von der Frage der Dominanz ausgeht: Körper und Geist sind zwei getrennte Einheiten, der Geist aber herrscht über den Körper. Friedrich Schiller formuliert es so: „Es ist der Geist, der sich den Körper baut." Der Körper stellt im Prinzip eine Gefahr für alle höheren Funktionen dar, er kann auch als Gefängnis des Geistes oder der Seele gesehen werden. In unseren zeitgenössischen Annahmen ist es dann der lüsterne Körper, der verhindert, dass wir über unseren idealen Körper verfügen, der weit mehr unserer Person entspräche.

Dieses Konzept der Leibfeindlichkeit, der Somatophobia, wird zuerst bei den antiken Philosophen entwickelt. Plato sieht den Körper als Gefängnis für den Geist und fordert, dass die Vernunft über den Körper herrschen müsse, über alle seine irrationalen und affektiven Aspekte. Auf dieser naturgegebenen Hierarchie, die im einzelnen Individuum herrschen soll, aber auch in der Familie, wo der Vater / Mann das Prinzip der Vernunft verkörpert, die Frau die Seite der Natur, sowie im Staat, wo freie Männer das Herrscheramt ausüben, beruhen Harmonie und Wohlergehen einer Gesellschaft.

Ähnlich argumentiert Aristoteles, der zwischen Materie und Form unterscheidet und, etwa im Fall der Reproduktion menschlichen Lebens, ausführt, dass die Frau die passive, formlose Materie beisteuert, der Mann hingegen die Form, also die Größe, die Gestalt und die charakteristischen Eigenschaften.

Diese Dichotomisierung der Geschlechter, bei der dem Mann die Kultur, das Wissen, die Erkenntnis und die höheren Funktionen zugeordnet werden, der Frau die Natur und die Körperlichkeit, ist bis heute Bestandteil unserer Kultur. Die Werbung für Gesundheits- und Schönheitsprodukte stellt diese Rollenverteilung exemplarisch dar: In der Mehrheit der Fälle werden Frauen als jene dargestellt, die von körperlichen Leiden betroffen sind oder deren Körper, vor allem im Bereich der Haut, Mängel aufweisen, und Männer als die Experten, die die Mittel zu ihrer Heilung bereitstellen.

Die christliche Tradition vertiefte diesen Dualismus weiter: Die von Gott gegebene Seele wird dem sündigen, lüsternen Leib gegenübergestellt, den man zu ertragen hat, dem aber keine besondere Aufmerksamkeit zukommt, da sich alles Bestreben auf das Heil der Seele richtet. Besonders ausgeprägt erscheint dieser Dualismus in der Lustfeindlichkeit des Puritanismus.

Heute stehen wir der Annahme, dass der Geist bzw. das Bewusstsein die affektiven und irrationalen Gelüste des Körpers zu kontrollieren habe, ambivalent gegenüber. Wir praktizieren zwar nicht Lustfeindlichkeit, haben die grundsätzliche Maxime aber keineswegs ganz aufgegeben: Viele Körperoptimierungsmodelle gehen nach wie vor davon aus, dass man mit Disziplin und rationaler Erkenntnis imstande sein müsse, seinen Körper zu verbessern und Gesundheitsvorschriften zu befolgen. Kampagnen des Gesundheitswesens legen immer wieder die Prämisse zugrunde, dass es nur darauf ankomme, die richtigen Informationen über die Schädlichkeit oder Nützlichkeit von Substanzen und Verhalten zu verbreiten, um Gesundheit zu befördern. Auch der Fitness-Markt geht in der Regel von diesem Körpermodell aus. So führt etwa David Kirsch in seinem Trainingsbuch „Sound Mind, Sound Body“ aus: „Ihr Geist, Ihr Verstand ist einer der wichtigsten ‚Muskeln‘, die Sie pflegen, trainieren und ständig verbessern müssen ... Für mich ist es äußerst wichtig, dass man den Geist einsetzt, um den Körper zu lenken.“[5]

In einem Gesundheitsbuch des Mediziners Dietrich Grönemeyer, der zwar eine engere Verbindung zwischen Körper und Gefühlen annimmt, aber dem Verstand des Lesers eine entscheidende Rolle zuschreibt, heißt es: „Leben Sie Ihr Leben bewusst, nehmen Sie Ihren Körper wahr und tun Sie das in Ihrer Macht Stehende, um möglichst lange gesund zu bleiben.“[6] Oder: „Nicht unwesentlich wird der Prozess des Gesundbleibens oder Heilens von Ihrem eigenen Verstand beeinflusst. Aus eigener Anschauung weiß ich, wie schwer es manchmal fällt, konsequent vernünftig zu leben.“[7]

Der Markt allerdings kann nicht so strikt vorgehen. Viele Märkte leben ja davon, dass die Konsumenten ihren Gelüsten ohne zu denken nachgeben, es wäre also nicht sehr klug, diese generell zu verdammen. Die Lösung besteht nun darin, Strategien zu finden, den lüsternen Körper zu überlisten. Ein bevorzugtes Argument ist dabei die Betonung des guten Geschmacks von gesunden Nahrungsmitteln. So schreibt Sasha Walleczek in ihrem Kochbuch „Die Walleczek-Methode“ in der Einleitung: „Ich muss Ihnen etwas gestehen: Ich habe ein Problem mit der ‚gesunden Ernährung‘. Stellen Sie sich vor, ich esse etwas und Sie fragen mich, wie es schmeckt, und ich sage Ihnen: gesund! Was geht Ihnen da durch den Kopf? Gesund heißt da doch gleich: schmeckt nicht oder zumindest: schmeckt langweilig und der einzige Grund, es zu essen, ist, weil es gut für uns ist. Ein schrecklicher Gedanke.“[8]

---

5 David Kirsch: Sound Mind, Sound Body, München 1997, S. 47

6 Dietrich Grönemeyer: Grönemeyers neues Hausbuch der Gesundheit, Reinbek 2008, S. 18

7 Ebd., S. 19

8 Sasha Walleczek: Die Walleczek-Methode, Wien 2008

In der Folge stellt sie eine Reihe gesunder Rezepte vor, denen man ihre Gesundheit quasi nicht ansieht, sondern die einfach lecker schmecken.

Andere Strategien bestehen darin, jedes Mal auf einem Trampolin zu springen, wenn man unbändige Lust auf Schokolade hat[9], oder eine Hotline anzurufen, wenn man von Naschgelüsten überfallen wird.[10]

Der Markt kennt auch die Strategie der Legitimation: Wir naschen nicht Schokolade, sondern Alpenmilch, wobei Milch prinzipiell Gesundheit signalisiert, allerdings ist Milka auch „die süßeste Verführung“ – die Werbung für Süßigkeiten stützt sich auf die Ansprüche des Körpers, auf sein Verlangen nach hedonistischer Befriedigung.

Andererseits sind Gesundheitsappelle inzwischen so attraktiv, dass selbst Produkte, die eigentlich nicht gesund sind – wie Süßigkeiten –, mit dem Merkmal „gesund“ werben. Dies tut etwa die Marke „nimm 2“, die mit dem Slogan „Vitamine und Naschen“ wirbt und immer wieder vorführt, wie verantwortungsbewusste Mütter ihren Kindern nicht irgendwelche Süßigkeiten geben, sondern „nimm 2“, das mit wertvollen Vitaminen angereichert ist, was im Allgemeinen als Zeichen für Gesundheit verstanden wird. Ähnlich geht „Milch-Schnitte“ vor, eine relativ kalorienreiche Süßigkeit, die aussieht wie ein Vollkornbrot mit Milchfüllung. Auch die Produkte der Marke „Kinder“ verlassen sich auf den Gesundheits-Signalwert von Milch. Sie zeigen auf der Packung immer ein Milchfass. Ebenso argumentieren „Fruchtzwerge“ mit den gesunden Bestandteilen dieses eher süßen Joghurts.

Gesundheitsdiskurse müssen sich entscheiden, wie sie das Verhältnis zwischen Vernunft und körperlichen Gelüsten behandeln wollen. Gehen sie von einer Überlegenheit des „Geistes“ aus,

---

9 Marion Grillparzer: Die neue GLYX-Diät. Abnehmen mit Glücks-Gefühl, München 2007

10 http://kilocoach.kurier.at

der den Körper beherrscht, oder suchen sie eine Balance zwischen dem, was wissenschaftlich richtig und rational zu fordern ist, und dem, was hedonistisches Vergnügen verspricht? Das Dilemma zeigt sich dann in so seltsamen Formulierungen wie „Die Genussdiät", „Mit Genuss abnehmen" oder „Abnehmen mit Glücksgefühl".

Die Aussage „Das bin doch nicht mehr ich!", die einen Artikel einleitet, in dem Diäten und Diätprodukte vorgestellt werden, zeigt, was geschieht, wenn sich der Körper mit seinen Gelüsten gegenüber dem Geist/Verstand durchsetzt. Er nimmt eine verabscheuungswürdige Form an und entspricht nicht mehr dem „eigentlichen" Ich, dem Identitätskonzept der Person, das mit einem anderen, schlankeren Körper verbunden ist. Unterstellt wird ein Gegensatz zwischen Körper und Person: Es gibt eine innere Person und einen äußerlich sichtbaren Körper, dieser fungiert als „Gefängnis der Seele", zwischen Außen und Innen besteht ein Missverhältnis. Das Gegenmodell dazu bildet das Konzept des fühlenden Körpers.

Das ganzheitliche Konzept: Der fühlende Körper

Das ganzheitliche Körperkonzept betrachtet den Körper als Einheit, in der alle Instanzen gleichberechtigt nebeneinander und miteinander agieren, der Körper selbst erscheint als weise, positiv fühlend, wissend, er besitzt beträchtliche Kräfte der Selbstheilung, die es nur anzuregen gilt. Er ist das Medium, mit dem man zu spiritueller Vervollkommnung gelangen kann. Hier geht es um individuelle Besonderheit, um das Fließen und Verschmelzen von Gegenstandsbereichen, um permanente Aufmerksamkeit dem Körper gegenüber, der in seiner Einzigartigkeit wahrgenommen werden muss.

In der westlichen Philosophie spielt dieses Konzept eine untergeordnete Rolle, erst in der Gegenwart finden sich Ansätze dazu.

Hier ist in erster Linie Maurice Merlau-Ponty zu nennen, der das Konzept des „lived body" entwickelte. Dieses geht davon aus, dass es einen durch die Biologie gegebenen Körper gibt, der aber entsprechend den Kontexten, in die er gestellt wird, gelebt wird.[11]

Wichtig ist das Konzept für die alternative Medizin. Sie beruht im Wesentlichen auf dieser Körpervorstellung.

Alternative Medizin umfasst sehr unterschiedliche Ansätze: chinesische Medizin, Homöopathie, verschiedene Formen von Naturheilkunde. Gemeinsam ist ihnen, dass sie auf medizinisches Wissen zurückgreifen, das sich vor und neben der naturwissenschaftlich orientierten Medizin entwickelt hat, und dass sie, jedenfalls in ihren Grundzügen, ein anderes Körperkonzept kennen: ein nicht dualistisches.

Bekannt geworden ist das ganzheitliche Konzept vor allem durch die Verbreitung von Yogatechniken und durch die chinesische Medizin, die sich im Augenblick im Westen zunehmender Beliebtheit erfreut. Wellnesshotels ohne chinesische Ärztin gibt es kaum noch. TCM, chinesische Kräutermedizin, Akupunktur, chinesische Ernährungslehren, Qigong erleben einen Boom. Die Faszination dieser Ansätze für westliche Gesellschaftsteilnehmer liegt nicht zuletzt in ihren Körpermodellen, die eine Alternative zum westlichen Dualismus darstellen.

An dieser Stelle können naturgemäß nicht die komplexen Annahmen asiatischer Gesundheitsmodelle dargestellt werden, aber im Prinzip geht die asiatische Medizin von einem Körperkonzept aus, das sich als das des fühlenden Körpers beschreiben lässt: „think with your body, listen within your body" – denke mit deinem Körper, höre in deinen Körper. Es existiert keine scharfe Trennung zwischen Körper und Geist, der Körper wird auch nicht als Behälter des Geistes gesehen. Körper und Geist bilden keinen Gegensatz, sondern stehen in einer engen Beziehung. So können

---

11 Maurice Merleau-Ponty: Phänomenolcgie der Wahrnehmung, Frankfurt am Main 1990

körperliche Funktionen, etwa von Organen, dadurch beeinflusst werden, dass man in bestimmter Weise an sie denkt.

Eine bekannte Übung im Qigong besteht zum Beispiel darin, die Milzbahnen zu beeinflussen, indem man mit den Händen an den Meridianen hinuntergleitet, aber ohne sie zu berühren, man denkt an die Bahn und der bloße Gedanke stimuliert die Bahn und damit die Funktion der Milz, die ihrerseits wiederum andere körperliche und in der Folge auch geistige Funktionen beeinflusst.

Ähnlich wird das Chi, die Lebenskraft, im Dantian, in der Körpermitte, versammelt, indem man es aus der Umgebung aufnimmt und durch Handbewegungen in die Körpermitte leitet. „Mit dem Herzen lächeln" heißt ein bekanntes Lehrbuch der Qigong-Praxis.[12]

Nach ähnlichen Prinzipien funktioniert Yoga: Durch bestimmte körperliche Übungen werden Organe und Leitbahnen angeregt, die ihrerseits bestimmte emotionale und geistige Zustände fördern. Dasselbe gilt für die Praxis der Meditation.

Faszinierend an dieser Denkrichtung ist die Aufmerksamkeit, die dem Körper allgemein zukommt: Man konzentriert sich auf seine Empfindungen, man hört in den Körper hinein. Indem man den Blick nach innen richtet, in seine Mitte, auf seinen Atem, ist man ganz bei sich, erlebt man sich als Einheit und gleichzeitig als mit dem Universum verbunden.

Es kommt nicht von ungefähr, dass sich diese Körperkonzepte und Gesundheitsmodelle im Westen so großer Beliebtheit erfreuen. Dabei werden in der westlichen Rezeption eine Reihe von Zielen dieser Ansätze außer Acht gelassen bzw. umgedeutet. Sie eignen sich jedoch hervorragend dazu, Sehnsüchte und Defizite zu befriedigen, indem sie – teilweise gegen ihre Intentionen – mit spezifisch westlichen Werten verbunden werden: der Sehnsucht nach Harmonie von Körper und Geist, der Sehnsucht nach völli-

---

12 Li Zhi-Chang: Mit dem Herzen lächeln. 100 Wege, um 100 Jahre alt zu werden, München 2002

ger Autarkie: Ich selbst habe es in der Hand, wie ich meinen Körper beeinflusse, und ich kann mich auf diese Weise narzisstisch auf meinen Körper und meine Person konzentrieren, um körperliches Wohlbefinden zu erreichen. Ebenso kann ich aber auch meine Isolierung gegenüber der Umgebung aufgeben und mit einem kosmischen All verschmelzen.

Andere Körperkonzepte aus fremden Kulturen, wie etwa aus dem polynesischen Raum, die davon ausgehen, dass der Einzelne nicht nur für seinen Körper verantwortlich ist, sondern dass dieser Körper auch Verpflichtungen gegenüber der sozialen Gruppe und die soziale Gruppe Verpflichtungen gegenüber dem Körper des anderen hat, wurden bei uns dagegen kaum rezipiert.

Eine ähnliche Verbreitung wie fernöstliche medizinische Ansätze, TCM oder Ayurveda haben auch Yogaübungen gefunden. Zahlreiche Menschen im Westen praktizieren Yoga und berichten von großartigen Erfahrungen. Diese bestehen im Wesentlichen in der Steigerung der Beweglichkeit, aber auch im Stressabbau, in Entspannung, im Gewinn innerer Ruhe und Kraft sowie in spirituellen Erfahrungen. Yoga ermöglicht eine spezifische Art der Körpererfahrung – man spürt in den Körper hinein, fühlt, was ihm guttut, überfordert ihn nicht, genießt das Strömen des Atems, die sanfte Beweglichkeit und Energie, die meditative Ruhe.

Auch in der Rezeption von Yoga im Westen werden wesentliche Aspekte der Ideologie, für die es in Indien steht, ausgeblendet; es wird an westliche Werte und Ideale angenähert. Dennoch hängt seine Beliebtheit mit dem Körperkonzept zusammen, das seine Grundlage bildet; es gehört ebenfalls zum Modell des fühlenden Körpers.

Die klassische indische Kultur geht davon aus, dass man mit dem Körper im wörtlichen Sinn denken kann und dass man Spiritualität erlangen kann, indem man „in den Körper hineinhört“, den Körper intensiv wahrnimmt, in jedem Augenblick Achtsamkeit und Gegenwärtigkeit praktiziert und dadurch eine höhere

Form des Bewusstseins bis hin zur Ekstase erreichen kann. In der englischsprachigen Literatur wird dieses Phänomen als „embodied experience" beschrieben, als Erfahrung, die sich im Körper manifestiert, die in und durch ihn getragen wird.

Die klassische indische Kultur basiert auf der Vorstellung, dass wirkliche Erfahrungen nur in der Begegnung mit sich selbst möglich sind, und nicht in der Begegnung mit äußeren Objekten – eine Erlebnisgesellschaft der besonderen Art.

Diese Form der Körperwahrnehmung ist in keiner westlichen Tradition verankert. Wir werden nicht trainiert, den Körper in seinem normalen Funktionieren wahrzunehmen, zu beobachten und zu genießen, wie dies die Körpertechnik des Atmens in der östlichen Tradition einübt, wir nehmen den Körper erst dann wahr, wenn er schmerzt, wenn er beeinträchtigt ist oder nicht mehr „funktioniert".

Doch das Konzept des fühlenden Körpers beginnt in unsere Alltags- und Produktkultur einzudringen. Anzeigen wie „Empfindliche Haut hat Durst auf Gesundheit" definieren den Körper als einen eigenständigen Agenten, dessen Bedürfnisse zu erfüllen sind. Ratgeber für ein gesundes Leben empfehlen, auf seinen Körper zu hören, zu erfühlen, was er will – als Garantie für ein gesundes Verhalten. Dabei wird vorausgesetzt, dass der Körper nicht etwa Süßigkeiten und Fett will, sondern gesunde und wohltuende Dinge.

Auch die Homöopathie setzt ein Körperkonzept voraus, das die Grenzen zwischen emotionalen, seelischen und körperlichen Zuständen durchlässig und fließend macht: Körperliche Störungen werden fast immer als Anzeichen emotionaler Störungen oder ungünstiger Lebensumstände gedeutet. Der Körper erscheint gegen seine Umgebung und die Natur nicht fest abgegrenzt, er ist vielmehr Teil der Natur und kann daher durch natürliche Bestandteile geheilt werden, welche die gleiche Beschaffenheit aufweisen wie er. Wirksamkeit ist hier weitgehend magische Wirksamkeit.

Zwischen Arzt und Patient existiert in der alternativen Medizin kein immenses Wissensgefälle, der Arzt versucht den Patienten in die Behandlung miteinzubeziehen und behandelt ihn als einen völlig individuellen Fall, in einer ganz individuellen Situation, löst also den Körper nicht von Person und Kontext.

Dieses Körperkonzept des fühlenden Körpers ist nicht mit dem dominanten Diskurs der Medizin, mit der sogenannten Schulmedizin verbunden, auch nicht mit den offiziellen Gesundheitsinstitutionen. Es beruht auf Ansätzen der Volksmedizin, von der sich am Beginn der frühen Neuzeit die Elitemedizin zu differenzieren begann. Diese setzte von Anfang an auf ein strenges Körperregime, in dem der Einzelne, und zwar die Eliteperson, durch gebildete Ärzte angeleitet wurde, seinen Körper einer überlegten Diät und von Ärzten entwickelten Behandlungsverfahren zu unterwerfen. Die Volksmedizin hingegen vertraute auf die Selbstheilungskräfte des Körpers, sie beschwor die körperlichen Gegebenheiten mit magisch anmutenden Heilmethoden. „Man versuchte das Natürliche zu überlisten, indem man seine Grundtendenz für die eigenen Zwecke nutzte. Der Körper wird nicht kontrolliert, sondern dazu verleitet, das für ihn Richtige zu tun.“[13]

Einen breiten Niederschlag hat das Konzept des fühlenden Körpers im Bereich der Wellnessangebote gefunden. Es gibt heute kaum ein größeres Hotel, das nicht über einen umfangreichen Wellnessbereich, meist Spa genannt, verfügt. Diese Räume sind vom übrigen Hotelbetrieb abgetrennt, sie bilden eine eigene Welt mit einem deutlich markierten Eintritt. Das Raumensemble ist im Allgemeinen eine Wasser- und Wärmewelt, sie basiert auf Düften, wohltuenden Farben, weichen Formen, leiser Musik. Sie ist durch Wärme, Weichheit, Wohlbehagen gekennzeichnet und dient dazu, dem Körper, der hier unbekleidet präsentiert wird, zu schmeicheln, ihn durch Berührungen zu verwöhnen, ihm viele Wahrneh-

13 Rainer Guldin: Körpermetaphern. Zum Verhältnis von Politik und Medizin, Würzburg 2000, S. 165

mungserlebnisse gleichzeitig zu verschaffen – ihn in einen ausschließlich fühlenden Agenten zu verwandeln.

Sofern über den sinnlichen Genuss hinaus konkretere Nutzen genannt werden, sind diese meist Entspannung, Loslassen, sich auf sanfte Art zu regenerieren, manchmal klingt das Motiv der Wiedergeburt an.

Einen Zwischenschritt zwischen dem ganzheitlich fühlenden und dem dualistischen Köperkonzept stellt ein Modell dar, in dem die „Seele“ als steuernde Instanz erscheint.

Dem biologisch gegebenen Körper stehen mehrere Instanzen gegenüber: Geist, Bewusstsein, Vernunft, Wille auf der einen, Gefühle und Seele auf der anderen Seite. Das Konzept der Person wird weitgehend mit Bewusstsein, Vernunft, Geist gleichgesetzt, die durch den Willen gelenkt werden können, während Seele und Gefühle jene Dimension darstellen, die ein Eigenleben führt, das nicht so leicht beeinflusst werden kann.

„Seele“ hat naturgemäß religiöse Anklänge, sie spielt in unseren Konzepten aber selten eine ausdrückliche Rolle. Seele ist eine Instanz, die Störungen meldet oder verursacht. Es gibt seelische Störungen, die sich in körperlichen Symptomen niederschlagen, besonders im Bereich der Alternativmedizin: Die Botschaften der Seele sind Störungen des emotionalen Zustands einer Person. Die Seelenlosigkeit, die der modernen Apparatemedizin vorgeworfen wird, resultiert auch aus einer mangelnden gefühlsmäßigen Zuwendung zu den Patienten.

Alle diese Begriffe – Geist, Seele, Gefühle – werden mantrahaft, in wechselnden Kombinationen wiederholt, es wird immer wieder postuliert, dass sie existieren und dass sie sich in Harmonie, in Einklang mit dem Körper befinden müssen. So definiert auch die WHO Gesundheit als den Zustand vollkommenen körperlichen und geistigen (und sozialen) Wohlbefindens.[14]

---

14 „Gesundheit ist ein Zustand völligen psychischen, physischen und sozialen Wohlbefindens und nicht nur das Freisein von Krankheit und Gebrechen.“

In Anzeigen für beruhigende und stressreduzierende Produkte wird immer wieder die perfekte Balance aller Instanzen versprochen, zum Beispiel mit dem Bild der Möwe, die ein altes ikonisches Zeichen für seelische Ausgeglichenheit, für Seelenfrieden ist.

Abb. 2

Um Körpervorstellungen jedoch richtig zu beschreiben, fehlt uns noch ein dritter Aspekt. Abgesehen von der Frage, ob man den Körper technokratisch, als Maschine, oder als fühlende Einheit, ob man ihn gesteuert vom Geist oder als eigenen Agenten betrachtet, muss man auch entscheiden, ob man sich den Körper als geöffnet gegen seine Umwelt oder als strikt geschlossen denken soll: Besitzt der Körper Grenzen, die wir verteidigen müssen, oder wollen wir ihn lieber nicht unter dieser Vorstellung erleben?

Der geschlossene und der offene Körper

Ein Körper ist immer ein Objekt, das in einem physischen Sinn gegen seine Umgebung abgeschlossen ist, das Grenzen besitzt, aber gleichzeitig mit seiner Umwelt kommuniziert, mit ihr in einem Austauschverhältnis steht. Hier spielt die Haut eine besondere Rolle: Sie ist es, die den Körper nach außen abschließt, sie muss aber auch Durchlässigkeit besitzen.

Geschlossenheit und Offenheit stellen eine zentrale Dimension in der Ausformung von Körperkonzepten dar. Verschiedene Epochen und Kulturen betonen jeweils Unterschiedliches: die Geschlossenheit oder die Offenheit des Körpers.

Unser Kampf gegen Bakterien oder unsere Vorstellung, dass wirksame kosmetische Präparate die Körpergrenzen duchbrechen und „im Inneren" wirken, schließen an die Dimension der Geschlossenheit bzw. Offenheit an. Diese Dimension ist auch mit einem politischen Konzept verbunden: Der Geschlossenheit des Körpers entspricht der gegen ein feindliches Außen geschlossene Nationalstaat.

Der geschlossene Körper

Dem Körper werden starre Grenzen zugeschrieben, die verteidigt werden müssen. Alle Körperöffnungen werden streng kontrolliert, es gibt strikte Gebote und Verbote, was in den Körper gelangen darf und was nicht. Es besteht eine permanente Angst vor Verunreinigung und Ansteckung, von allem Fremden geht Gefahr aus. Es existieren Schutzmechanismen, um die Gefahr der Körperdurchdringung von außen abzuwehren: Bemalungen der Haut in vielen Stammesgesellschaften etwa oder Schutz der Körperöffnungen.

Gleichzeitig darf nichts vom Inneren des Körpers nach außen dringen bzw. muss es sofort beseitigt werden, wenn es die Körperoberfläche überschreitet: Körpersäfte, Ausscheidungen, in der Moderne dann auch Affektäußerungen.

Wie Mary Douglas in „Reinheit und Gefährdung" beschreibt, ist dieses Körperkonzept bestimmten Kulturen eigentümlich, die charakteristische Merkmale gemeinsam haben und die daher auch in unterschiedlichen, zeitlich und räumlich getrennten Gesellschaften anzutreffen sind. Es sind primär hierarchische Gesellschaften, in denen große Angst davor herrscht, dass äußere oder innere Grenzen überschritten werden. Dies stellt man sich unmittelbar als ins soziale Chaos führend vor.[15]

> Mary Douglas (1921–2007)
> Englische Sozialanthropologin
> Hauptwerke: Purity and Danger (1966, dt.: Reinheit und Gefährdung, 1985), Natural Symbols (1970, dt.: Ritual, Tabu und Körpersymbolik, 1974), The World of Goods (1979), How Institutions Think (1987, dt.: Wie Institutionen denken, 1991), Risk and Blame (1992)
> Mary Douglas lehrte Anthropologie in Oxford und Princeton. Indem sie ihre Untersuchungen über Stammesgesellschaften auf unsere zeitgenössische Kultur übertrug, zeigte sie, dass Gesellschaften jeder Größe und Zusammensetzung über ein ähnliches Set von Annahmen funktionieren. Zentral ist ihr Nachweis, dass individuelles Verhalten von Menschen zu einem großen Anteil durch die Kultur bedingt ist, in der sie leben. Institutionen, Medien, die Spielregeln von Alltagsbereichen wie Essen, Konsumieren, Körperbehandlung üben in die Leitwerte einer Kultur ein.

Wie wir noch sehen werden, ist das Konzept des geschlossenen Körpers, der seine Körpergrenzen verteidigt, eines unserer wichtigsten Konzepte; es ist aber auch eines, das erst am Beginn der frühen Neuzeit entwickelt wurde, in Verbindung mit der Entstehung der europäischen Zentralstaaten. Besondere Relevanz erlangte das Modell im 19. Jahrhundert, das in besonderer Weise mit der Akzentuierung von Nationalstaaten verbunden ist: Ein Nationalstaat hat in der Definition des 19. Jahrhunderts seine Grenzen strikt gegen das Fremde zu verteidigen und Eindringlinge abzuwehren, er hat ebenso alle Schätze im Inneren zu bewahren.

15 Mary Douglas: Reinheit und Gefährdung. Eine Studie zu Vorstellungen von Verunreinigung und Tabu, Berlin 1985

In diesen Kontext gehören die Entdeckungen der Bakteriologen sowie der gesamte Hygienediskurs. Auch die zeitgenössischen Diskussionen um Ansteckungsgefahren und unser Immunologiediskurs, der im Wesentlichen darin besteht, das Immunsystem als ein militärisch hochaufgerüstetes System zu beschreiben, das in der Lage ist, Eindringlinge abzuwehren, basieren auf diesem Konzept.

Im persönlichen Bereich ist zum einen das Bild des männlichen Körpers zu nennen, der als Panzer gedacht wird, zum anderen die Vorstellung, dass ein vollkommen geschlossener Körper zum Konzept der autonomen und vollgültigen Person gehört: Wer seine Körpergrenzen nicht kontrollieren kann – wie Kinder oder Alte –, wird aus der Gruppe der autonomen Personen ausgegrenzt.

Der offene Körper

Unter diesem Konzept wird der Körper als wesentlich weniger strikt gegen seine Umwelt abgegrenzt gedacht, die Körpergrenzen sind durchlässiger, in manchen Modellen findet geradezu ein Verfließen und Verströmen des Körpers statt.

Fast alle Ansätze der alternativen Medizin basieren auf dem Konzept des offenen Körpers. Speziell die Naturheilkunde geht davon aus, dass der Körper mit der Natur, besonders mit dem Bereich der Pflanzen verbunden ist. Pflanzen und menschliche Körper stehen miteinander in einer Beziehung der Homologie: Wie es in dem einen Bereich ist, so ist es auch in dem anderen Bereich. Körper und Pflanzen besitzen gleiche Merkmale, weshalb Pflanzen heilsame Wirkungen auf den menschlichen Körper ausüben können.

Das Konzept der Homologie ist in verschiedenen historisch und räumlich getrennten Gesellschaften anzutreffen. So beschreibt die klassische melanesische Kultur den menschlichen

Organismus gänzlich in einer pflanzlichen Terminologie, und zwar in der Vorstellung vom Menschen als Baum.[16]

Die Haut heißt „Kara", ein Terminus, der auch die Rinde des Baums bezeichnet, das Knochengerüst „Ju", ein Begriff, der auch für das Innere des Holzes verwendet wird, die Niere und alle inneren Drüsen tragen den Namen von Früchten entsprechenden Aussehens. Die Eingeweide sind das Lianengeflecht. Die Melanesier sprechen dabei nicht in einem übertragenen oder vergleichenden Sinn, sondern sie gehen von einer vollkommenen Identität aus. Menschen und Pflanzen bestehen aus dem gleichen Material und sind nach dem gleichen Formprinzip gestaltet: „Der menschliche Körper ist aus jener Substanz gemacht, die in der Jade grünt, das Laubwerk bildet den Saft in allem was lebt, schwellen lässt ... Und weil er von jener Schwingung der Welt ganz erfüllt ist, unterscheidet sich der Körper nicht von ihr."[17]

Das Konzept des Körpers, der von einer porösen Haut umgeben ist, durch die jederzeit Substanzen eindringen können, und der in allen seinen Äußerungen und Absonderungen eng mit seiner Umgebung vermischt ist, wurde am Beginn der frühen Neuzeit durch das Ideal des geschlossenen Menschen, des Homo Clausus (Norbert Elias), abgelöst.

Wir haben jetzt die verschiedenen Möglichkeiten kennengelernt, sich den Körper vorzustellen. Diese Konzepte wurden als zeitlose Konzepte geschildert, gewissermaßen als Denkmöglichkeiten.

Wenn wir aber davon ausgehen, dass sich die Kultur bzw. die Gesellschaft in den Körper einschreibt, müssen Körpervorstellungen nicht nur unterschiedlich sein nach räumlich entfernten Gesellschaften, sondern auch nach dem historischen Zeitpunkt, in dem sie entstanden sind. Wir wollen daher in einem nächsten Punkt unsere Gesellschaft betrachten, und zwar ab dem Zeit-

---

16 Guldin, Körpermetaphern, S. 15

17 Maurice Leenhardt: Do Kamo, Frankfurt am Main 1983, S. 41–55

punkt, da sie sich als eine moderne Gesellschaft auszuformen beginnt: der Renaissance.

Wir werden sehen, dass unser gegenwärtiges Körperkonzept natürlich spezifische Aspekte unserer Zeit wiedergibt, dass es aber auch Bestandteile enthält, die aus vergangenen Zeiten stammen, aus der Renaissance, der Aufklärung, dem bürgerlichen 19. Jahrhundert, der frühen Moderne: Sie alle haben ihren Beitrag geleistet und finden sich als abgelagerte Schichten in unseren heutigen Vorstellungen wieder.

Wie wir wurden, was wir sind: Die Herkunft unserer Körperkonzepte

Wir neigen dazu, unsere zeitgenössischen Konzepte nicht nur als völlig normal und natürlich zu sehen, so als ob es keinerlei Alternativen dazu gäbe, sondern auch als gerade jetzt entstanden, durch keinerlei Geschichte geformt und bedingt. Doch wenn wir die Vorstellungen vergangener Zeiten betrachten, so sehen wir, dass sie alle ihren Niederschlag in unseren Körpervorstellungen gefunden haben.

Genau das ist der Vorteil einer historischen Beschäftigung aus soziologischer Perspektive. „Diese beschäftigt sich nicht mit der Geschichte, sondern mit der Entwicklung zeitgenössischer Gesellschaften. Sie versucht Aspekte der Gegenwart zu erklären, die sonst schwer erklärbar und vielleicht ganz unsichtbar ohne einen Bezug zu der Vergangenheit bleiben."[18]

Diese historische Abfolge belegt auch wieder unsere Hauptthese, dass sich die Gesellschaft die Körper schafft, die sie zu ihrem Funktionieren braucht. Körperkonzepte ändern sich jeweils an Epochenschwellen: Ändern sich die kulturellen Mentalitäten, die Vorstellungen darüber, wie Gesellschaften funktionieren sollen, so ändern sich auch Körperkonzepte und Körpertechniken. Es ist eben das Terrain des Körpers, auf dem Gesellschaften besonders nachdrücklich in ihre Leitwerte einüben, und andererseits lässt sich die Legitimität von gesellschaftlichen Vorstellun-

18 „It is not concerned with the history but with the development of present societies. It seeks to explain aspects of the presence which remain unexplainable and perhaps invisible without reference to the past." Norbert Elias, zit. in: Miriam Fraser, Monica Greco (Hg.): The Body. A Reader, New York 2005, S. 96 (Die Übersetzungen der Zitate stammen von der Autorin.)

gen immer wieder dadurch rechtfertigen, dass sie am Körper quasi „natürlich“ gegeben seien.[19]

Der zivilisierte Körper: Glatt und Geschlossen

Abb. 3

Ein zivilisierter Körper ist ein perfekt geschlossener und glatter Körper, bei dem jedes Anzeichen einer als tierisch gedachten Natur entfernt ist: Körperflüssigkeiten, Schweiß, Blut, Urin etc., aber auch die Körperbehaarung. Ein solcher Körper riecht nicht, er ist glatt an der Oberfläche, hygienisch sauber, schlank, ohne Fett, das nach außen drängt.

Mit dieser Vorstellung verbinden sich weitere Aspekte: Dieser Körper sagt auch etwas über das Innere der Person aus und er wird als Konsequenz einer spezifischen Haltung betrachtet. Er ist der perfekte Träger einer Person, die ihre Gelüste und Affekte beherrscht, die demnach eher von ihrem Geist als von ihrem Körper bestimmt wird. Dieser Körper ist gelehrig, er kann sich elegant bewegen, bietet stets eine kultivierte und perfekte Schauseite zur Gesellschaft hin.

Die Forderung nach Geschlossenheit besitzt also einerseits einen ästhetischen, andererseits einen Verhaltensaspekt. Dieses

---

19 Mary Douglas bezeichnet den Körper daher auch als System von „natürlichen Symbolen“, die soziale Kategorien und Verhältnisse zum Vorschein bringen. Mary Douglas: Natural Symbols, New York, 1982

Körperkonzept charakterisiert den Beginn der Neuzeit – Norbert Elias schildert die Geschichte der Zivilisation über dessen Etablierung.[20]

> Norbert Elias (1897–1990)
> Soziologe
> Norbert Elias beeinflusste die Soziologie entscheidend, indem er zeigte, dass nicht die einzelne individuelle Person der Gesellschaft gegenübersteht, sondern sich die Psyche der Menschen durch neue gesellschaftliche Anforderungen ändert, umgekehrt aber bestimmte gesellschaftliche Zustände erst durch eine veränderte Psyche der Menschen möglich sind: Die Gesellschaft schafft sich quasi die Psyche, die sie zu ihrem Funktionieren braucht. Er zeigt dies an der Herausbildung der modernen Zentralstaaten, deren Gewaltmonopole durch einen massiven Eingriff in den Affekthaushalt der Menschen möglich wurden und die allmählich Außenzwang durch Innenzwang ersetzten. Berühmt geworden ist sein Buch „Über den Prozess der Zivilisation“ (1939), in dem er diese Prozesse über eine Analyse von Etikettebüchern schildert.
> Weitere Veröffentlichungen, die sich immer auf bemerkenswerte soziale Konfigurationen beziehen und die wichtige soziokulturelle Entwicklungen beschreiben, ohne die nach Elias das Verstehen gesellschaftlicher Phänomene nicht möglich ist: Die höfische Gesellschaft (1969), Über die Zeit (1984), Sport und Spannung im Prozess der Zivilisation (2003, zus. mit Eric Dunning)

Mittelalterliche Manierenbücher instruierten ihre Leser mit Anweisungen wie „Spuck nicht auf den Tisch, sondern unter den Tisch“, später gab es die Anweisung „Spucknapf benützen“, noch später „Spucken verboten“, heute erwähnen wir dies gar nicht

20 Norbert Elias: Über den Prozess der Zivilisation, Frankfurt am Main 1976

mehr: Spucken in der Öffentlichkeit wird nur noch selten praktiziert. Elias schildert dies als Verdeutlichung des Zivilisationsprozesses, der vom Außenzwang zum Innenzwang führt und freizügigen Umgang mit körperlichen Ausscheidungen sowie die Nähe und Vermischung von Körpern durch ihre zunehmende Distanzierung und durch Affektregulierung ersetzt.

Die Zentralstaaten, die sich am Beginn der Neuzeit herauszubilden begannen, verlangten diesen Körper, der sich selbst regulierte und sich selbst Zwängen unterwarf, und dies geschah nicht zuletzt durch die Etablierung von Scham- und Peinlichkeitsschwellen im Bereich des Körperlichen, die bis heute fortbestehen. Sie sind fest in unserer Gesellschaft etabliert und es gibt so gut wie keine Gruppen, die gegen diese Normen verstoßen.

Das Körperideal, das Elias beschreibt, wird zu Beginn der Neuzeit in einem berühmten Buch dargelegt, das in viele Sprachen übersetzt wurde und die Körperkonzepte der damaligen europäischen Eliten entscheidend formte: „Das Buch vom Hofmann" – „Il Libro del Cortegiano" von Baldassare Castiglione, erschienen im Jahr 1528. Es markiert den Zeitpunkt, zu dem die mittelalterlichen Körperkonzepte durch die neuen Konzepte der Renaissance abgelöst wurden. Die Scham- und Peinlichkeitsgrenzen lagen bis dahin relativ niedrig: Körperliche Vorgänge, die wir heute strikt im Verborgenen, im Raum des Privaten ansiedeln, wie etwa Defäkieren, waren öffentlich sichtbar. Es gab wenig Trennung zwischen den Körpern, so schliefen Herr und Diener in einem Bett. Affektausbrüche und aggressive Akte waren allgegenwärtig. Dem Körper wurde wenig Sorgsamkeit zuteil, das Ideal war der Körper des schwerttragenden Mannes: kräftig, ausdauernd, impulsiv, schmerzunempfindlich, jederzeit zum Opfern des Lebens bereit.

In der frühen Neuzeit wird dagegen zum ersten Mal das Konzept eines streng begrenzten, glatten Körpers entwickelt, der seine Affekte und inneren Prozesse diszipliniert verbirgt und eine verfeinerte und kultivierte Schauseite zur Gesellschaft hin bietet, die quasi natürlich wirkt, die aber mit höchster Kunstfertigkeit hergestellt wird: das Ideal der Sprezzatura, der inszenierten Lässigkeit, der man keine Inszenierungsanstrengung ansieht – ein noch heute selten erreichtes Ideal. Auch die Ausgestaltung des Menschen als einer ganz individuellen Person nimmt hier ihren Anfang und damit auch die Konzentration auf das Gesicht. Der „Hofmann" veröffentlichte zum ersten Mal diese neuen Körperkonzepte, die die mittelalterlichen Vorstellungen ablösten und die Ritter zu Hofleuten umformten, wie sie von den Gesellschaften gebraucht wurden, als die Idee des zentralen Staates sich allmählich entwickelte.

Wie alle neu entwickelten Körperkonzepte diente auch dieses dazu, die Eliten von den darunter liegenden Schichten abzugrenzen: Diese besaßen keineswegs die geforderten glatten und geschlossenen Körper und auch nicht die Absicht oder die Fähigkeiten, ihre Affekte zu zügeln. Konzepte der Zivilisiertheit dienen im Übrigen bis heute dazu, höhere Gruppen gegen die nachdrängenden unteren abzugrenzen.

Die Etablierung dieses Körperideals zeigt auch zum ersten Mal deutlich, dass Körperkonzepte keineswegs nur über Außenzwang durchgesetzt werden, sondern sich in einem komplexen und subtilen Prozess etablieren: indem sie als elitär gesetzt werden, Distinktion versprechen, auf wünschenswerte Eigenschaften verweisen – der Innenzwang ist in diesem Fall deutlich größer als der Außenzwang.

Wir betrachten diesen zivilisierten Körper heute als verpflichtend, Verstöße gegen ihn signalisieren automatisch eine Person der Unterschicht oder einer fremden Kultur: Angehörigen anderer Kulturen, Fremden, „Barbaren", werden schnell diese unzivilisierten Körper und damit ihre Gebundenheit an Affekte unterstellt.

Unsere zeitgenössische Kultur übernimmt aus diesem Konzept der Renaissance allerdings vornehmlich die ästhetischen Aspekte und die strikte Forderung nach Geschlossenheit, nicht mehr das Verhaltensideal des Hofmannes, der kultiviert und diszipliniert seine Affekte verbirgt und immer eine perfekte Schauseite zur Gesellschaft hin zeigt.

Eine breite Palette von Produkten hilft uns, diesen zivilisierten Körper gegen die täglichen Anfechtungen der Natur zu verteidigen: Deos, Shampoos, Zahncremes, Tampons, Enthaarungscremes etc. Die Bemühungen gehen hier immer weiter: Inzwischen gibt es Zungenschaber, die auch die Zunge von möglicherweise übel riechenden Bakterien säubern, ebenso ist die Enthaarung der Intimzone, auch bei Männern, durchaus üblich.

Eine in Deutschland 2009 durchgeführte Untersuchung kommt zu dem Ergebnis, dass die Hälfte der Frauen zwischen 18 und 25 Jahren eine Intimrasur durchführt, die Anzahl der Männer liegt knapp darunter.[21] In einer weiteren Untersuchung gaben drei Viertel der befragten Jugendlichen an, dass Mädchen, die sich unten nicht rasieren, definitiv eklig seien.

Dieser Trend zieht im Übrigen einen weiteren nach sich: Schamlippenoperationen. Da die weiblichen Genitalien nun frei sichtbar sind, werden auch an sie ästhetische Normen angelegt. Sie müssen perfekt aussehen. In einer Untersuchung, die in Deutschland, Belgien, Italien durchgeführt wurde, gaben 61 Prozent der Frauen zwischen 18 und 44 Jahren an, dass sie mit dem Aussehen ihrer Vagina nicht zufrieden seien. Eine Münchner Privatpraxis, die sich auf dieses Gebiet spezialisiert hat, berichtet von 66 Genitaloperationen jährlich – mit deutlichen Zuwachsraten.

Das Konzept des zivilisierten Körpers ist von besonderer Relevanz, gerade in Hinblick auf den alten Körper. Im letzten Stadium des Alters werden Körper wieder durchlässig, gehen leicht in den Zustand des Nicht-Zivilisierten über. Dies stellt in unserer Gesellschaft ein besonderes Problem dar. Zum Konzept der selbständigen und autonomen Person gehört zentral ihr Vermögen,

---

21 Vgl. Josephina Maier, Achim Wüsthof: Schönheit unter der Gürtellinie, Die Zeit, 09.07.2009

die Körpergrenzen zu kontrollieren und einen geschlossenen Körper zu präsentieren – was Kleinkinder und alte Menschen noch nicht oder nicht mehr können. Wir neigen dazu, alten Menschen, die nicht mehr über diese zivilisierten Körper verfügen, auch ihre personale Autonomie abzusprechen und diese Körper zu tabuisieren und sie „hinter die Kulissen" zu verlagern – in Krankenhäuser, Altenheime, Pflegestationen. Auch dieser Prozess – alles, was in der Gesellschaft unsichtbar gemacht werden soll, weil es ihre Normen verletzt, in geschlossene Anstalten zu verlagern – hat eine lange Geschichte.

Das Ideal des zivilisierten Körpers, das bei seinem historischen Auftauchen die Eliten kennzeichnete, tat dies über eine lange Zeit. Erst im Lauf des 19. Jahrhunderts entwickelte die klassische Arbeiterkultur ein Gegenbild dazu, jedenfalls im Bereich des männlichen Körpers. Das Ideal des männlichen Körpers war hier ein Körper, der nicht durch Zivilisiertheit, sondern durch Kraft und eine latente Gewaltbereitschaft gekennzeichnet war. Bis heute finden sich, vor allem im Bereich der Fitnesskultur, Konzepte von männlichen Körpern, die vor Kraft strotzen, testosterongeschwängert, latent gewaltbereit sind – allerdings deutlich im Bereich von Unterschichtgruppen.

Der disziplinierte Körper: Überwachen und Strafen

Der Körper unter der Obhut des Staates

Dieses Körperkonzept ist eng mit dem Namen von Michel Foucault verbunden, der sich in seinen Untersuchungen damit beschäftigte, wie Macht und Wissen entsteht und ausgeübt wird und wie in diesem Zusammenhang Individuen diszipliniert werden, was auch die Entwicklung von spezifischen Körpervorstellungen und Körpertechniken bedeutet. Der Titel dieses Kapitels ist einem seiner bekanntesten Bücher entlehnt: „Surveiller et punir“ (1975, dt.: „Überwachen und Strafen“, 1977).

> Michel Foucault (1926–1984)
> Französischer Soziologe und Philosoph
> Foucault beschäftigte sich mit der Frage, wie Macht entsteht und ausgeübt wird. Macht ist bei ihm ein komplexes und vielfältig wirksames Konstrukt, das bis in kleinste Verzweigungen – als Mikromacht – in das Leben der Menschen eingreift. Macht ist untrennbar mit Wissen verbunden, sie produziert Wissen, wird aber auch durch Wissen gestützt.
> Foucault analysiert verschiedene historische Epochen, berühmt sind seine Abhandlungen zu den Institutionen, die sich im Gefolge der neu entstehenden Zentralstaaten Mitteleuropas entwickelten, der Irrenhäuser in „Wahnsinn und Gesellschaft. Eine Geschichte des Wahns im Zeitalter der Vernuft“ (1961), des Krankenhauses in „Die Geburt der Klinik. Eine Archäologie des ärztlichen Blicks“ (1963), des Gefängnisses in „Überwachen und Strafen. Die Geburt des Gefängnisses“ (1975), sowie seine Geschichte der Sexualität in drei Bänden („Sexualität und Wahrheit“, 1976–1984).

Foucault setzt die Ausbildung der europäischen Zentralstaaten und ihrer Institutionen in Verbindung zu der Disziplinierung von Körpern, die im 18. Jahrhundert beginnt und die in unserer Gesellschaft seither nie mehr aufgegeben wurde. Der Körper erscheint nun primär durch Nützlichkeitsaspekte geprägt; man braucht gelehrige, nützliche, leistungsbereite Körper, die den Anforderungen der neuen Institutionen genügen: die Massenheere der Zentralstaaten und später die Arbeiterheere der neuen ökonomischen Institutionen, der Fabriken. Regelmäßigkeit, Pünktlichkeit, Gleichmäßigkeit werden wichtige Forderungen. Man beginnt große Gruppen von Menschen zu trainieren, gleichmäßige Bewegungen auszuführen, sichtbar etwa beim Militär und beim klassischen Ballett. Auch der Wettbewerb der Nationalstaaten im 19. Jahrhundert spielt eine Rolle: Theoretiker weisen immer wieder darauf hin, dass es dem Reichtum eines Staates dient, wenn er über eine gesunde und leistungsfähige Bevölkerung verfügt.

Der Körper muss nun dazu abgerichtet werden, sich gemäß diesem Konzept zu verhalten. Foucault betrachtet dazu die Mechanismen der Macht, die der Staat und seine Institutionen ausüben. Diese richten ihren Blick auf das Leben der Bürger, geben Regeln vor, leiten an, überwachen und setzen ihre Einhaltung durch. Foucault bezeichnet dies als die Pastoralmacht des Staates. Sie wird primär über Strafe und Kontrolle ausgeübt. Körper, die sich diesen Normen nicht unterwerfen oder ihnen nicht entsprechen, werden „hinter die Bühne" verbannt: in Asyle, Irrenhäuser, geschlossene Anstalten, Krankenhäuser.

Es entwickelt sich eine Rhetorik der Macht, des Kontrollierens, Bewachens, der Regulierung und Normierung. Der Körper wird als anonymes Objekt betrachtet, das allgemeinen Anforderungen zu genügen hat, bei dem individuelle Besonderheiten zu vernachlässigen sind, ein Objekt, das diszipliniert und abgerichtet werden muss, damit es die notwendige Leistung erbringt.

Diese Betrachtung von Körpern, die von ihren individuellen Besonderheiten absieht, führt in der Folge zur Entwicklung und Veröffentlichung von Statistiken, in denen die Verteilung bestimmter Merkmale oder Ereignisse in einer größeren „Population" – das Konzept der Population stammt aus dieser Zeit – untersucht werden. Körper werden nun vermessen, gezählt, gewogen, sie werden als Datenträger behandelt und zur Bevölkerung, der Population, in Beziehung gesetzt.

In dieser Zeit beginnt man auch Erhebungen über die näheren Umstände von Todesfällen durchzuführen, über die Verteilung von Krankheiten und Ernährungsgewohnheiten, die mit dem Einkommen und der sozialen Stellung verbunden werden. Der Tod erscheint nun nicht mehr als Schicksal, sondern als ein Phänomen, auf das der Staat durch geeignete Maßnahmen einwirken kann.

John Graunt, der „Vater der Bevölkerungsstatistik", schreibt 1662 sein berühmtes Buch „Natural and Political Observations. Made upon the Bills of Mortality", in dem er Todesfälle mit einer Fülle von quantitativ erhobenen Variablen in Beziehung setzt. In Preußen gründet Johann Peter Frank die „Medicinische Polizey" (1786), die sich mit der Verhinderung von vorzeitigen Todesfällen beschäftigt, um dem Staat eine leistungsfähige und gesunde Bevölkerung zu schaffen, und auch Thomas Malthus stellt fest, dass die Sterblichkeitsrate von Kindern vom Einkommen und der sozialen Stellung der Eltern abhängt, sodass der Staat primär diese Verhältnisse verbessern sollte, obwohl Malthus skeptisch war, was das generelle Bevölkerungswachstum betraf.[22] Diese statistischen Erhebungen, die zuerst die Verhältnisse in einer Population genau feststellen, um sodann durch staatliche Maßnahmen darauf einzuwirken, sind bis heute die Basis aller staatlichen Regulationsprogramme.

In weiterer Folge entsteht das Konzept der Normalität, das bis heute seine Durchsetzungskraft nicht verloren hat. Der einzelne Körper wird anhand bestimmter Merkmale in Beziehung zu einer größeren Gesamtheit bestimmt und als abweichend oder innerhalb der Normen klassifiziert. Die Statistik zeigt, wo die Menge der Bevölkerung liegt, was „normal" ist. Dies wird nun erstmals durch Zahlen festgelegt, nicht durch Konzepte, wie es sein sollte. Parallel dazu entwickelt sich die Furcht davor, nicht normal zu sein, sodass automatisch auf die Einhaltung der geforderten Standards geachtet wird.

Die Mechanismen der Macht arbeiten also nicht nur an der Kontrolle und Überwachung, sondern auch an der Optimierung der unterworfenen Kräfte. Der Staat sieht es als seine Aufgabe an, richtige Rahmenbedingungen für eine gesunde und leistungsfähige Gesellschaft zu schaffen. Man achtet nun auf Hygiene und Ernährung, auf Wohnen und Erziehung, mit wechselndem Erfolg

---

22 Thomas Robert Malthus: An Essay on the Principle of Population, 1798

und immer über bürokratische Regelungen, also Zwänge und Kontrollmechanismen. Der Staat, repräsentiert durch seine mächtigen Institutionen, ist auch eine „Macht zum Leben", er übt „Biopower" aus.

Tatsächlich vollzieht sich dieser Prozess der Durchsetzung weitaus differenzierter und über subtilere Mechanismen. Von den von Foucault beschriebenen Konzepten sei hier nur eines erwähnt: das Dispositif.[23] Unter einem Dispositif versteht Foucault ein Ensemble, das aus Diskursen besteht, aus Institutionen, architektonischen Konstruktionen (so zum Beispiel das Panoptikum im Bereich des Gefängnisses, das es erlaubt, alle Insassen zu sehen, ohne dass diese den Beobachter bemerken), aus Regelungen, Gesetzen, Verwaltungsakten, wissenschaftlichen, philosophischen, moralischen Aussagen – all dies wirkt zusammen, um Verhalten zu regeln, anzuleiten, zu blockieren, und um bestimmte Machtverhältnisse aufrechtzuerhalten. Diese Dispositife begrenzen das, was in einer Gesellschaft gesagt und getan bzw. nicht gesagt und nicht getan werden kann.

Eine dieser Rahmenbedingungen ist auch das Staatskonzept an sich. Die Staaten, anhand derer Foucault die Idee der Disziplinierung beschreibt, waren zentralistisch gelenkte (Stände-)Staaten, die ihre Forderungen über mächtige Institutionen durchsetzten, ohne dass ihre Bürger ein wesentliches Mitspracherecht hatten. Ihre Mittel zur Durchsetzung waren die der Macht und des Zwanges, es waren „Polizeistaaten", keine parlamentarisch oder demokratisch gelenkte Staaten.

Wenn wir unsere zeitgenössische Gesellschaft betrachten, finden wir ein anderes Staatskonzept: demokratisch, parlamentarisch, mit einem hohen Mitspracherecht der Bürger und mit vielfältigen Interessenvertretungen. Dem Staat kommt die Aufgabe zu, für bestmögliche Rahmenbedingungen für die Marktgesellschaften zu sorgen, die Gemeingüter zu verwalten, dies je-

23 Vgl. Body & Society 16/1, März 2010, S. 157

doch so, dass er für alles die Zustimmung der Bürger einholt. Unsere Staatsvorstellungen stehen in enger Beziehung zu den Idealen des Neoliberalismus: Wie kann und wie muss regiert werden, wenn die Individuen frei sein sollen? Im Prinzip ist der Staat der Maxime verpflichtet, „möglichst wenig zu regieren", eher alles dem freien Spiel der Kräfte zu überlassen. Gleichzeitg stützen wir uns auf das Konzept der autonomen Person, die frei ist und für ihre Handlungen selbst die Verantwortung übernimmt – all dies ebenfalls durch festgefügte Dispositife gestützt.

Was wird unter diesen Usmtänden aus der Idee der Disziplinierung von Körpern? Es zeigt sich, dass auch heute der Staaat nicht ohne Regelungen und Disziplinierungsmaßnahmen auskommt, dass sich der Fokus der Kontrolle aber verlagert hat, nämlich in das einzelne Indivduum.

Wir fordern jedoch auch einen Staat, der Biopower bereitstellt. Wir betrachten es als wichtige Aufgabe des Staates, bestmögliche Bedingungen für die Gesundheit seiner Bürger zu schaffen und eine gesunde und leistungsfähige Gesellschaft zu erhalten. Er hat dafür zu sorgen, dass entsprechende Rahmenbedingungen bestehen, dass Risikofaktoren ausgeschaltet werden, dass jeder Bürger Zugang zu medizinischer Versorgung hat, dass ein effizientes Gesundheitswesen zur Verfügung steht. All dies erfordert ein hohes Maß an bürokratischer Verwaltung, Kontrolle und Regulierung, teilweise auch gesetzlicher Regelung, wie derzeit an den europaweiten Kampagnen zur Eliminierung des Rauchens und der Nahrungsmittelkennzeichnung deutlich wird, die von manchen auch als Tugendterror beurteilt werden.

Gerade im Gesundheitswesen gibt es eine Reihe von Einrichtungen, die den alten Disziplierungskonzepten verpflichtet sind. Viele Krankenhäuser wirken auch heute noch als wahre Dispositife der Macht, die den Einzelnen ihrer rigiden Kontrolle unterwerfen.

Dennoch versucht auch der Staat, für Gesundheit durch staatlich organisierte Kampagnen zu werben und die Kräfte der Selbststeuerung und der Selbstregulierung des Marktes einzubeziehen.

Als Staatsbürger erwarten wir, dass der Staat eine allgemeine Gesundheitsfürsorge anbietet und dass er dies qualifiziert und für jeden gleich tut. Dies ist keineswegs in allen Ländern der Fall, auch nicht in Europa. Am deutlichsten wird dies jedoch in den USA. Wir sind immer wieder erstaunt, dass die USA keineswegs über ein funktionierendes Gesundheitssystem verfügen und dass Gesundheitsvorsorge weitgehend ein Marktgut und nicht ein Allgemeingut ist, was Menschen, die das nötige Geld nicht aufbringen können, aus dem System ausschließt. Für diese Entwicklung in den USA ist eine Reihe von Gründen maßgeblich, einer davon besteht in der Überzeugung, dass der Einzelne die Fürsorge des Staates nicht braucht und das Recht über seinen Körper auf keinen Fall an den Staat abtreten will. Dies sei vielmehr etwas für „europäische Weicheier".

Die Selbstdisziplinierung: Ich will, was ich muss

Die Disziplinierung des Körpers, die im 18. Jahrhundert einsetzt, hat bis heute ihre verpflichtende Kraft nicht verloren. In unseren gegenwärtigen Körperkonzepten spielt der Aspekt des nützlichen und permanent leistungsfähigen Körpers eine große Rolle. Vieles, was unter dem Etikett Gesundheitsförderung läuft, hat nichts anderes zum Ziel, als die immerwährende Leistungsfähigkeit des Körpers zu erhalten und wenn möglich zu steigern. Dies verlangt ein großes Maß an Disziplinierung, die von der Person selbst zu erbringen ist. Die autonome Person, die wir heute voraussetzen, wird nicht durch Außenzwang, sondern durch Innenzwang diszipliniert, sie erbringt ihre Leistungen scheinbar freiwillig.

Dabei werden naturgemäß auch die Körper zugerichtet, nur eben in weit subtilerer Form: durch mediale Bilder, durch die Marktkultur, durch den Distinktionsgewinn und die Aufstiegschancen, die ein disziplinierter Körper bietet, durch die emotionale und moralische Ökonomie, die den gesunden und schönen

Körper umgibt, durch die Diskriminierung von fetten, alten, hässlichen Körpern. Die Zurichtung erfolgt nicht mehr über Zwang, sondern über eine subtile Lenkung durch Ehre und Scham. Der „Kampf gegen das Fett", den wir später genauer beschreiben wollen, spielt hier eine besondere Rolle.

Als Voraussetzung für einen gesunden und schönen Körper definieren wir in unserer Gesellschaft Schlankheit (was natürlich eine Wahl aus anderen möglichen Indikatoren ist) und stigmatisieren damit Körperfett. Jeder ist unter Berufung auf das Konzept der autonomen Person aufgerufen, dafür zu sorgen, nicht fett zu sein: durch Ernährung, Bewegung, Monitoring seiner Körpermasse etc.

Der Staat startet immer wieder Gesundheitsprogramme, regelrechte Kreuzzüge gegen das Fett, besonders im Hinblick auf Kinder, er veröffentlicht Statistiken und demonstriert dadurch – auf relativ einfache Weise –, wie gut er für seine Bürger sorgt; medizinische, pharmakologische, marktorientierte Unternehmen steuern ihre Produkte bei, beleben also die Wirtschaft, die Medien assistieren durch zahlreiche Sendungen, aber vor allem: Ein schlanker Körper gilt als Zeichen einer disziplinierten und moralisch korrekten Person, er gereicht zur Ehre; ein fetter Körper gilt als Zeichen einer moralisch dubiosen Person, er verursacht Scham und sein Besitzer wird auch durch die zahlreichen Diskriminierungen in der Gesellschaft beschämt. Dabei ist nicht zu übersehen, dass all dies auch Klassenschranken aufrechterhält: Fette Körper sind weit mehr in den sozialen Unterschichten verbreitet als in den oberen Schichten, was Statistiken immer wieder belegen.

Der „eiserne Käfig", der am Beginn der Disziplinierung stand, ist heute zu einem „rubber cage", zu einem Gummikäfig geworden, der aber nicht weniger Zwang ausübt.[24]

Eine besondere Rolle spielt das Konzept der Disziplinierung schließlich bei der Entwicklung spezifisch männlicher Körperbilder, wo sich die Vorstellung des Körpers als Panzer findet.

---

24 Vgl. George Ritzer: The McDonaldization of Society, London 2004

Der Körper als Panzer: „Mann sein"

Die Vorstellung des disziplinierten Körpers beinhaltet oft das Konzept des Körpers als Panzer. Dieser ist gegen seine Umgebung abgeschlossen, isoliert, unempfindlich, unter allen Umständen bestrebt, nichts in den Körper hineinzulassen und nichts herauszulassen, alle Affekte zu kontrollieren. Es ist ein weit rigoroseres Konzept als das des „Hofmannes", der ebenso seine Affekte zu verbergen hatte, dies aber in einer eleganten und spielerischen Form tat.

Im 19. Jahrhundert wird das Thema mit dem der Sexualität verknüpft, eine Verbindung, die das ganze Jahrhundert prägen wird. Diese Vorstellungen werden auch dazu benützt, um den bürgerlichen Körper gegen den Körper der Unterschichten abzuheben, denen mehr Triebgebundenheit unterstellt wird. Ähnliches gilt für den weiblichen Körper.

Der Diskurs wird am detailliertesten in Bezug auf den männlichen Körper geführt: unter der Vorstellung des männlichen Körpers als Panzer, als völlig geschlossen, ohne eigene Ansprüche, gänzlich der Kontrolle der Vernunft unterworfen; alles andere wird verborgen, eingeschlossen, verneint, verdrängt, unter die Oberfläche und hinter die Kulissen verlagert, als Gefahr und Bedrohung gesehen. Die Literatur des Realismus, einer wichtigen literarischen Epoche des 19. Jahrhunderts, entwickelt dazu zahlreiche Beispiele. Sie ist es auch, die das Ideal vom „Mann sein" ausbildet: hinnehmen, stoisch ertragen, unerschütterlich sein, sich durch nichts von seinen Prinzipien abbringen lassen.[25]

---

25 Michael Titzmann schildert dieses Konzept des Mannseins anhand des Romans „Ein Kampf um Rom" von Felix Dahn, in dem es auf die Darstellung der Germanen übertragen ist. Die Germanen werden als unerschütterlich charakterisiert, ertragen mannhaft alle Strapazen, sind bis in den Tod prinzipientreu. Genau dadurch grenzen sie sich von den wehleidigen und wankelmütigen Römern ab. Michael Titzmann: Die Konzeption der „Germanen" in der deutschen Literatur des 19. Jahrhunderts, in: Jürgen Link, Wulf Wülfing (Hg.): Nationale Mythen und Symbole in der zweiten Hälfte des

Als Beispiel sei eine Novelle von Conrad Ferdinand Meyer angeführt: „Die Versuchung des Pescara". Die Novelle spielt im 16. Jahrhundert in Oberitalien, das sich damals unter der Herrschaft von Karl V. befand. Verschiedene italienische Herzöge planen eine Verschwörung, um von Karl V. abzufallen. Sie versuchen Pescara, einen oberitalienischern Feldherrn, für ihren Plan zu gewinnen. Pescara hat jedoch in einer Schlacht eine tödliche Wunde empfangen. Ihm ist klar, dass er an dieser Verletzung sterben wird, er setzt jedoch niemand davon in Kenntnis, weder seine Gemahlin, die er abgöttisch liebt, noch die Verschwörer. Er erträgt alles unerschütterlich, er öffnet sich nicht und er bleibt auch seinen Prinzipien, nämlich seinem Kaiserschwur treu, indem er dem Drängen der Verschwörer nicht nachgibt, was er als Sterbender ja eigentlich könnte.[26]

Das Rasierwasser Pitralon propagierte noch in den 1970er-Jahren diese Körpervorstellung: „Männer, richtige Männer verwenden Pitralon", wobei Pitralon nicht duftete, wie heute gebräuchliche Rasierwasser, sondern ein scharfes Prickeln auf der Haut erzeugte.

Auch in zeitgenössischen Gesundheitsstatistiken findet sich eine Konsequenz dieser Vorstellung: Männer gehen weniger zu Vorsorgeuntersuchungen als Frauen, sie suchen in mittleren Lebensjahren bei Beschwerden später einen Arzt auf als Frauen, ignorieren eher medikamentöse Behandlungen; so nehmen nur 25 Prozent der Männer mit Bluthochdruck Medikamente dagegen, und obwohl Hodenkrebs bei Männern häufig auftritt, unterlassen es 87 Prozent der europäischen Männer, sich darauf untersuchen zu lassen.[27]

---

19. Jahrhunderts. Strukturen und Funktionen von Konzepten nationaler Identität, Stuttgart 1991

26 Vgl. Marianne Wünsch: Realismus (1850–1890). Zugänge zu einer literarischen Epoche, Kiel 2007

27 Vgl. Klaus Hurrelmann: Gesundheitsoziologie. Eine Einführung in sozialwissenschaftliche Theorien von Krankheitsprävention und Gesundheitsförderung, Weinheim 2006; sowie: www.netdoctor.at

Der Körper des aufgeklärten Bürgers: Mäßigung und Harmonie

Der Aufklärung verdanken wir eine unserer zentralen Ideen, die seitdem unsere Gesellschaft prägt und die wir vehement verteidigen: das Konzept der Autonomie. Im 19. Jahrhundert gewinnt dieses Konzept, die Idee der selbstbestimmten, freien und unabhängigen Person, an Boden. Jeder Mensch ist nun aufgerufen, sich aus (selbstverschuldeter) Unmündigkeit zu befreien, sich seines eigenen Verstands zu bedienen, selbst zum Herrn seines Schicksals zu werden, sein Leben zu gestalten, je nach Interessen, Fähigkeiten und Neigungen. Weder Stand noch Geschlecht oder Alter sollen eine Rolle spielen, einzig die Leistung des Individuums.

Die Gesellschaft, die sich nun zunehmend als eine Kultur des Individualismus auszuformen beginnt, hat dazu alle Rahmenbedingungen bereitzustellen. Sie muss allen gleiche Chancen bieten, freien Wettbewerb zulassen, Wahlmöglichkeiten schaffen, Aufstieg ermöglichen. Autonomie wird unter dem Begriff der Selbstverantwortlichkeit zu einem Leitwert für die gebildeten bürgerlichen Schichten des 19. Jahrhunderts, und zwar auch im Hinblick auf den Körper.

Der Körper wird zum Gegenstand der Sorge für das gebildete bürgerliche Publikum, sein Wohlergehen ist davon abhängig, wie gut man seine Pflicht wahrnimmt. Eine Fülle von Ratgebern, populären Vermittlungen von wissenschaftlichen Erkenntnissen, hilft dem Einzelnen dabei. Der Medizinhistoriker Philipp Sarasin hat die Argumentation dieser Ratgeber-Literatur in seinem Buch „Reizbare Maschinen“ nachgezeichnet.[28] In Summe enthält diese Argumentation eine wiederbelebte Fassung der antiken Gesundheitslehre und propagiert vor allem eine selbstauferlegte und selbstkontrollierte Mäßigung in allem, um „im Gleichgewicht“

28 Philipp Sarasin: Reizbare Maschinen. Eine Geschichte des Körpers 1765–1914, Frankfurt am Main 2001, Kap. 1

zu bleiben. Dabei werden die antiken „sex res non naturales“ zitiert. Um gesund zu bleiben, den Körper angemessen zu behandeln, muss ein harmonisches Maß gefunden werden in Bezug zu folgenden Gegebenheiten:

- Wasser und Luft (circumfusa)
- Essen und Trinken (ingesta)
- Bewegung und Ruhe (gesta)
- den Dingen, die auf die Körperfläche aufgetragen werden (applicata)
- den Ausscheidungen (excreta)
- den Bewegungen des Geistes und der Sinne (percepta)

Ein Bestseller der damaligen Zeit, „Makrobiotik oder die Kunst das menschliche Leben zu verlängern“ des preußischen Arztes und Gelehrten Wilhelm Hufeland (1762–1836), stellt diese Argumentationen unter dem Konzept der Lebenskraft vor.[29]

Hufeland unterscheidet zunächst Gesundheit von der Kunst, das Leben zu verlängern: Ziel von Gesundheit ist die punktuelle Behandlung von Krankheiten, Ziel von Makrobiotik ist es, Strategien zu finden, um das menschliche Leben zu verlängern. Der zentrale Begriff ist die Lebenskraft, von der Hufeland annimmt, dass sie in der unbelebten Natur fehlt und dass sie in der belebten Natur in jeweils gesteigerter Form vorliegt, wenn man von den Pflanzen zu den Tieren übergeht und dann zu den Menschen. Innerhalb der verschiedenen Klassen von Pflanzen und Tieren finden sich dann jeweils Arten, die viel von dieser Lebenskraft besitzen und ein langes Leben führen, und andere, bei denen das nicht der Fall ist.

Hufeland untersucht die Faktoren, die zu einem verlängerten Leben führen, und findet sie in der jeweiligen Ausprägung eines Merkmals zwischen zwei Extremen: Sowohl Tiere in extremer Hitze wie extremer Kälte haben ein kürzeres Leben, ebenso Tiere,

29 Christoph Wilhelm Hufeland: Makrobiotik. Die Kunst das menschliche Leben zu verlängern, Jena 1797

die extrem groß oder klein sind, die in extremer Feuchtigkeit oder Trockenheit leben. Am günstigsten ist es demnach, gerade in der Mitte zwischen heiß und kalt, groß und klein, feucht und trocken zu leben. Der Zusammenhang mit den Wertvorstellungen des Bürgertums ist deutlich: Mäßigung, Harmonie, disziplinierte Stellung in der Mitte – abgegrenzt gegen die (triebhaften) Unterschichten und den (lasterhaften) Adel.

Noch deutlicher wird dieser Zusammenhang bei den Überlegungen, die Hufeland in Bezug auf die Verlängerung des menschlichen Lebens anstellt. Er legitimiert die Richtigkeit seiner Überlegungen im Übrigen damit, dass der Mensch als Teil der Natur eben jenen Gesetzmäßigkeiten unterliege, wie sie für die organische Natur charakteristisch seien.

Auch für den Menschen werden Maßnahmen des Ausgleichs, der Harmonisierung, der Mäßigung vorgeschlagen: „nicht zu viel und nicht zu wenig von allem“. Dies betrifft den Lebensstil, die Ernährung, die Behandlung von Krankheiten, bei denen er auf Naturheilkunde zurückgreift, Diätkost und Bewegung empfiehlt. Diese Ratschläge sind auch heute noch populär: von allem ein bisschen, Harmonie, keine extreme Ausformung.

Zentral ist Hufelands Annahme, dass jeder ein bestimmtes Kapital an Lebenskraft hat. Dieses Kapital kann man verschleudern, indem man ein gesteigertes und intensives Leben führt, das aber dann kurz ist, oder man kann es klug strecken und maximal verlängern, indem man alles vermeidet, das einen intensiven Genuss, Aufregung und gesteigerte Erlebnisse bedeutet. Hufeland erläutert dies vor allem am Konzept der Sexualität. Intensive, häufige erotische Genüsse brauchen die Lebenskraft auf, Onanie verschleudert sie geradezu, mäßige Betätigung geht klug mit der Lebenskraft um und verlängert das Leben.

Diese von seinen Lesern weitgehend geteilten Annahmen zeigen wiederum deutlich den Zusammenhang von Gesundheitsvorstellungen und gesellschaftlichen Normvorstellungen. So verhält sich der kluge Bürger: Er verschleudert sein Kapital nicht aufgrund eines einmaligen Vergnügens, von dem er außer einem schönen Erlebnis nichts hat, sondern zehrt in mäßigem Genuss so lang wie möglich davon, auch auf die Gefahr hin, ein langweiliges und wenig aufregendes Leben zu führen; genau dies verlängert aber sein Leben.

Das Konzept des Gleichgewichts, der Harmonie, der selbstgewählten Stellung in der Mitte, der Mäßigung spielt in der sozialen Realität des 19. Jahrhunderts insgesamt eine große Rolle. Das „Juste Mileu", die richtige Mitte, definiert sich über ein imaginäres Mittelmaß und setzt sich von der (armen) Masse durch „Mäßigung, Sauberkeit und regulierte Genüsse" ab.

Für den Körper ergibt sich so ein wahres Mittelstandsprogramm: „Die Hygiene ist wie die Tugend, sie liebt die mittleren Regionen, nicht zu hoch und nicht zu tief, da, wo sie die Mäßigung der Begierden, die Befriedigung wirklicher Bedürfnisse und die relative Selbstbeherrschung vereint antrifft."[30]

> Christoph Wilhelm Hufeland (1762–1836)
> Deutscher Arzt und Gelehrter
> Hufeland war unter anderem Hofarzt in Weimar, wo Goethe und Schiller zu seinen Patienten zählten, beide schätzten ihn sehr. Später ging er nach Berlin und betreute die Familie von Friedrich III. Er war auch in leitender Funktion im preußischen Gesundheitswesen tätig, wo er sich besonders um die Armenfürsorge bemühte. Berühmt wurde er durch sein Buch „Makrobiotik oder die Kunst das menschliche Leben zu verlängern" (1797), in dem er seine Ansichten über die Lebenskraft darlegte und für einen harmonischen Lebensstil, für Naturheilkunde und sanfte Behandlungen, die die Selbstheilungskräfte des Organismus stärkten, plädierte. Hufeland war mit Samuel Hahnemann, dem Begründer der Homöopathie, bekannt, distanzierte sich später aber von ihm.

30 Jean Baptiste Fonssagrives: Entretiens familiers sur l'hygiène, zit. in: Sarasin, Reizbare Maschinen, S. 236

Vitalismus: Das Eigenrecht des Körpers

Um die Wende vom 19. zum 20. Jahrhundert werden Gegenkonzepte zum oben vorgestellten normierten und disziplinierten Körper entwickelt. Man nimmt nun an, dass der Körper ein autonomes Recht hat, das man zu respektieren hat, und dass er als Körper per se wertvoll ist. In diesen Konzepten geht es nicht um Nützlichkeit, Leistungsfähigkeit, Regelmäßigkeit und Disziplin, sondern um Befreiung und Ursprünglichkeit, um das Unreglementierte, das subjektive Erleben, den subjektiven Ausdruck, das Leidenschaftliche und Affektive – all das, was dem Hofmann ein Gräuel war. Diese Entwicklung geht Hand in Hand mit der endgültigen Verwissenschaftlichung der Medizin, der Krise des zentralstaatlichen Konzepts, dem Auftieg von Psychologie und Psychoanalyse. Natur als das der Gesellschaft Entgegengesetzte spielt in allen diesen Ansätzen eine große Rolle – und wieder ist es der Körper, an dem diese neuen Werte demonstriert werden.

Der Körper soll nun von allem befreit werden, was ihn einengt, was ihn zu etwas zwingt, was ihn zivilisiert und diszipliniert, was ihn also gesellschaftlich zurichtet. Konsequent bedeutet dies, die Gesellschaft, von der angenommen wird, dass sie den Körper deformiert, auszuschließen und den Körper als Teil der Natur zu begreifen und zu schätzen. Es wird dabei übersehen, dass auch Natur etwas kulturell Konstruiertes ist. Natur wird in diesen Ansätzen als das gesehen, was der Gesellschaft entgegengesetzt ist, als all das, was nicht Kultur ist. Natur wird als prinzipiell positiv betrachtet, Gesellschaft als ambivalent, in vielen Fällen als bedrohlich, deformierend, negativ empfunden – die Weltsicht der Egalitären also.

Dies ist an sich nicht neu, es existiert schon im 18. Jahrhundert etwa bei Rousseau (retournons à la nature). Um die Jahrhundertwende wird dieses Konzept nun aber auf die Behandlung des Körpers angewendet und es bleibt bis heute relevant als ein wichtiger Teil unserer zeitgenössischen Körperkonzepte. Das trieb mehrere Entwicklungen voran:

Naturnahes Leben: Die neuen Bewegungen propagieren ein einfaches, naturnahes Leben, was Ernährung, Kleidung und Bewegung umfasst. Sie benützen das Konzept der Reform, es entwickelt sich der sogenannte Reformkörper, Reformkleidung und erste Reformhäuser entstehen. Empfohlen werden naturbelassene, einfache Lebensmittel, viel Bewegung im Freien, Abhärtung des Körpers. Die Kleidung hat einfach, lose, aus natürlichen Materialien zu sein. Man sucht die Heilkräfte der Natur auszunützen, speziell über Kräuterheilkunde, der Körper wird aus den geschlossenen Räumen so viel wie möglich ins Freie, in die Natur gebracht, sodass deren Heilkräfte wirksam werden können, speziell Wasser, Sonne und Luft.

Die Bewegung ist mit Sebastian Kneipp verbunden, sie nimmt aber auch Anregungen von Turnvater Jahn auf, der eine neue Art des Turnens einführt, das nun auch im Freien stattfindet.

Mythos der Natur: Die Natur wird mythisch überhöht und als Quelle von allem Positiven gesehen. Die Maxime dieser Lebensstile lautet: „Treu der Natur". Dies ist im Übrigen auch der Titel eines Kollossalgemäldes des Dresdner Historienmalers Georg Schwenk (um 1890), das er mit der Unterschrift versah: „O, reine göttliche Natur, / Du schaffst von dumpfer Qual Erlösung. / Auf Deiner lichtgewob'nen Spur / Erblühet Freude und Genesung."[31]

Feier der Schönheit des Körpers: Der nackte Körper wird nun ausgestellt und in seiner Schönheit bewundert. Es entwickeln sich Nacktbadestrände und erste Ansätze zu Sexualreformen.

Mythos der Jugendlichkeit: Jugend erscheint als das einzig Schöne, noch Unverbrauchte, das noch nicht durch die Gesellschaft Deformierte, als Träger von Lebenskraft.

31 Zit. in: Richard van Dülmen: Erfindung des Menschen. Schöpfungsträume und Körperbilder 1500–2000, Wien 1998, S. 448

Ausdruckstanz: Der Körper wird nicht mehr dazu abgerichtet, gleichmäßige Bewegungen auszuführen und sportliche Spitzenleistungen zu erbringen wie im klassischen Ballett (gegen natürliche Bewegungsabläufe), sondern wird rhythmisch und fließend bewegt, er bringt durch seine Bewegungen innere Zustände zum Ausdruck. Berühmt sind Isadora Duncan und Mary Wigman, die neue Formen des Tanzes entwickelten. Beide traten bloßfüßig auf.

Der **Ausdruckstanz** entwickelt sich an der Wende vom 19. zum 20. Jahrhundert. Er wird auch Freier Tanz oder Expressionistischer Tanz genannt und stellt eine Gegenbewegung zum klassischen Ballett dar. Der Körper wird im Ausdruckstanz eingesetzt, um innere Zustände des Tanzenden auszudrücken. Dieser folgt den natürlichen Bewegungen des Körpers und erfindet seine eigene individuelle Choreografie, die auch Elemente des Leidenschaftlich-Expressionistischen enthält. Getanzt wird in fließenden Kostümen, barfuß, es werden viele Rhythmusinstrumente verwendet.
Zum ersten Mal mit spektakulärem Erfolg wurde der Ausdruckstanz von Isadora Duncan (1877–1927) eingesetzt. In der Schweiz arbeitete Rudolf von Laban, der mit der Zurück-zur-Natur-Bewegung verbunden war und die Künstlerkolonie Monte Verità in Ascona ins Leben rief, mit der neuen Tanzform. In Deutschland gründete Mary Wigman 1920 ihre Tanzschule in Dresden. Sie wirkte bis in die Zeit des Nationalsozialismus und eröffnete mit ihrer Choreografie die Olympischen Spiele 1936.

Natürlichkeit, Heilung von den Deformationen der Gesellschaft, Akzentuierung von Jugendlichkeit, das einfache naturnahe Leben – diese Themen spielen seitdem in unseren Körperkonzepten eine wichtige Rolle, sehr oft als Protest gegen den Lebensstil des konsumorientierten Mainstreams. Die Hippiebewegung, die speziell den weiblichen Körper von allen Korsetten befreien wollte, nimmt diese Themen auf, ebenso beeinflussen sie den Lebensstil der ersten Bio-Fans in den 1980er-Jahren.

Während diese Entwicklungen den Körper aus den Zwängen der Gesellschaft zu befreien suchen, entdeckt der Vitalismus den Körper als Träger von Lebenskraft.

Vitalismus / Elan Vital

Wissenschaft und Philosophie beschäftigen sich seit ihrem Beginn mit der Frage, was eigentlich Leben sei, was Leben von Nichtleben, Organisches von Anorganischem unterscheide. Seit der Aufklärung wird diese Frage durch naturwissenschaftliche Methoden beantwortet, die auf chemischer und physikalischer Ebene die Grenzen angeben, die Leben von Nichtleben trennen. Diese beiden Zustände werden als sich ausschließende Gegensätze und als gleichförmig ausgeformte Zustände gesehen: Etwas gehört dem Bereich des Lebenden an oder dem Bereich des Nichtlebenden, ebenso kann etwas nicht mehr an Leben enthalten wie ein anderes, Leben ist nach diesem Konzept nicht steigerbar.

Gleichzeitig entwickelt sich eine Gegenströmung gegen diese Art, Leben und Natur zu beschreiben: zergliedernd, punktuell, mechanistisch und in immer kleinere Einheiten zerlegbar. Die Menschen sehnen sich nach einem ganzheitlichen Konzept, einem organischen Ganzen, in dem alle Teile harmonisch zusammenwirken und das als Ganzes wahrgenommen werden kann und muss.

In diesem Zusammenhang wird der Unterschied zwischen Leben und Nichtleben durch das Vorhandensein der Lebenskraft erklärt. Diese Lebenskraft entzieht sich wissenschaftlicher Bestimmung, sie stellt gewissermaßen den Rest dar, den die Wissenschaft nicht zu erklären vermag. Charakteristisch für die Vorstellung der Lebenskraft ist ferner, dass sie in quantitativen Abstufungen existiert: Sie kann mehr oder weniger stark ausgebildet sein und ist durch geeignete Maßnahmen zu steigern oder zu vermindern.

Lebenskraft wird auch als kosmische Größe gedacht bzw. als Kraft, die den ganzen Kosmos durchzieht und den Makrokosmos mit dem Mikrokosmos verbindet. Fast immer gibt es daher auch Vorstellungen, die Homologien, Entsprechungen zwischen Natur, Mensch und Kosmos, schildern.

Die Vorstellung der Lebenskraft findet sich bereits in der Antike, bei Heraklit (Logos) und Aristoteles (Entelechie), später bei Paracelsus (Archaeus), sie wird von Hufeland und Goethe vertreten und am Beginn des 20. Jahrhunderts von Henri Bergson als Elan Vital und Konzept des Vitalismus entwickelt.[32] Von hier aus besteht eine Verbindung zu den Konzepten des gesteigerten, intensiven Lebens, der Lebendigkeit und des Erlebnisses.

Das Konzept der Lebenskraft spielt naturgemäß keine Rolle in den Modellen der naturwissenschaftlichen Medizin, es ist jedoch von großer Attraktivität für den populärwissenschaftlichen Diskurs. Dieser kennt sehr wohl die Vorstellung eines „Elan Vital", und eine Reihe von Praktiken zielt darauf, Lebenskraft zu erhalten und zu steigern.

Die Lebenskraft wird oft mit dem Begriff der Energie verbunden, die man durch das Zuführen bestimmter Stoffe oder die Anwendung von Taktiken, die die Energie steigern, erzielt. Dies hat seine Parallele in der naturwissenschaftlichen Entwicklung der Zeit, die nun Dampfmaschinen kennt – durch Energie und später dann durch elektrische Impulse angetriebene Maschinen.

Im Vitalismus gilt nur ein gesteigertes und intensiviertes Leben als wahres Leben. In diesem Zusammenhang spielt auch der Ansatz von Nietzsche eine Rolle bzw. die Argumentationslinie, die durch Darwin eröffnet wurde. Was hier ins kulturelle Bewusstsein tritt, ist die Tatsache, dass der Mensch als Lebewesen eine

32 Henri Bergson: L'évolution créatrice, Paris 1907 (dt. 1921)

Geschichte hat, die ihn mit dem Bereich des Animalischen verbindet, er ist ein Mensch, aber er ist auch „ein Tier“. Nietzsche nannte ihn das „kluge Tier“, das „gefährliche Tier“, die „blonde Bestie“. Er ist allerdings auch das Tier, welches das Gewissen und die Gebote der Moral erfunden hat. Diese bedrohen den Menschen nun in seiner Animalität, ja, mit dem Prozess der Zivilisation und der Religion wird „der Sünder“ geschaffen, „eine künstliche, willkürliche, nachträgliche Missgeburt“, „krank, kümmerlich, gegen sich selbst böswillig, voller Hass auf die Antriebe zum Leben, voller Misstrauen gegen alles, was schön und glücklich ist am Leben“.[33]

Nietzsche plädiert damit nicht, wie oft unterstellt, gegen jede aus der Kultur ableitbare Moral und gegen eine Rückkehr zur Natur, auch nicht für eine Begründung der Moral im Sinne des Sozialdarwinismus, sondern definiert den Menschen als ein Zwischenstadium, „als eine Stufe auf dem Weg zu etwas Höherem, zu dem Übermenschen“.[34]

In das kulturelle Bewusstsein wird aus diesen Argumentationen jedoch ein wichtiger Aspekt aufgenommen: die Tatsache, dass der Mensch über seinen Körper mit dem Bereich des animalisch Lebendigen verbunden ist und dass dieser Körper daher berechtigte Ansprüche, Neigungen, ein Eigenleben besitzt, das nicht unterdrückt werden darf, das im Gegenteil beachtet, verehrt und geradezu gefeiert werden soll.

Anders als bei den Konzepten des disziplinierten und des zivilisierten Körpers, die beide eng mit neuen Staats- und Gesellschaftsvorstellungen verknüpft waren – mit der Herausbildung der höfischen Gesellschaft bzw. mit dem der zentralstaatlichen Macht –, ist diese Verbindung im Fall der akzentuierten Natürlichkeit von Körpern nicht so offensichtlich.

---

33 Vgl. hierzu Philipp Sarasin: Darwin und Foucault, Frankfurt am Main 2009, S. 116

34 Friedrich Nietzsche: Zur Genealogie der Moral, in: Kritische Studienausgabe, Bd. 5, München 1980

Sicher sind diese Vorstellungen eine Möglichkeit, Protest zu artikulieren. „Where there is power there is resistance“, wo Macht ist, ist auch Widerstand, sagt Foucault, und auch die Cultural Theory – dazu kommen wir später noch im Detail – kennt diese Art des egalitären Protests gegen dominante individualistische und hierarchistische Gesellschaftskonstruktionen. Historisch befinden wir uns auf dem langen Weg, der von den zentralistisch gelenkten Ständestaaten zu den parlamentarisch und demokratisch verfassten Staaten führt.

Die Akzentuierung von Natur, von natürlichen Kräften, die den gesellschaftlich normierten gegenüberstehen, könnte hypothetisch in Verbindung zum Konzept des Volkes, der Masse, dem, was quasi vorgesellschaftlich existiert, gebracht werden. Die Masse hat Rechte, die sie allmählich durchsetzt, aber sie stellt auch eine latente Gefahr dar, weil sie gesellschaftlich nicht gezähmt ist. Die Massenpsychologie, die in dieser Zeit von Le Bon entwickelt wird, stellt diesen Aspekt sehr deutlich dar.[35]

Auch in der Literatur dieser Zeit gibt es eine interessante Parallele. Sie stammt aus der fantastischen Literatur, einer Literaturgattung, die Verhältnisse und Figuren darstellt, die mit unseren Wirklichkeitsvorstellungen unverträglich sind.[36] Speziell in den Romanen von H. P. Lovecraft (1890–1937) werden immer wieder Phänomene geschildert, in denen sich Körper völlig vom Willen ihrer Besitzer lösen und ein Eigenleben entfalten, allerdings ein bedrohliches und eines, das unter der Stufe des Menschseins liegt. Sie gehen entweder in tierische Körper über, so wenn einem Menschen Schuppen wachsen, oder sie verwandeln sich in eine formlose schleimige Masse, so in „At the Mountains of Madness“ (dt.: „Berge des Wahnsinns“).

35 Gustave Le Bon: Psychologie des foules, Paris 1895 (dt.: Psychologie der Massen, Stuttgart 2008)

36 Marianne Wünsch: Die fantastische Literatur der Frühen Moderne (1890–1930). Definition, denkgeschichtlicher Kontext, Strukturen, München 1998

Daran lässt sich noch eine weitere Überlegung knüpfen. Diese Körper sind Körper, die unbotmäßig, eigenständig handeln, sie entziehen sich der Kontrolle durch den Willen, durch die Vernunft, also durch das, was das dualistische Körperkonzept als die bestimmende Instanz vorsieht und was im kulturellen Bewusstsein mit dem Prinzip des Männlichen in Verbindung gebracht wird.

Die Differenzierung von männlichen und weiblichen Körpern lief und läuft immer noch, wie wir anhand der Kosmetikwerbung belegen werden, genau über diesen Aspekt: Männer haben stets Kontrolle über ihre Körper, Frauen fürchten, dass ihre Körper ein Eigenleben entfalten, sich ihrer Kontrolle entziehen. In der fantastischen Literatur, die stets mit der Umkehrung der gewohnten Denkkategorien arbeitet, wird dieses Phänomen allerdings an männlichen Körpern vorgeführt, was den Horror umso größer erscheinen lässt.

Heute begegnen wir dem Körperkonzept des Vitalismus einmal im Bereich der Produktkultur, wenn es um die Bereitstellung von Produkten geht, die Energie steigern, sodann in Ansätzen der alternativen Medizin. Allgemein bildet das Konzept einen zentralen Bestandteil der Erlebnisgesellschaft und der zeitgenössischen Marktgesellschaft, wo es nicht mehr darum geht, Produkte nur wegen ihrer funktionalen Nutzen zu kaufen, sondern weil sie Erlebnisse besonderer Art versprechen. Diese sind oft sinnlich vermittelte und daher über den Körper wahrnehmbare Erlebnisse.[37]

Menschmaschinen: Der biotechnische/hybride Körper

Der Ansatz der Biomedizin bzw. der Biotechnologie stellt den letzten Schritt in der Entwicklungslinie dar, die in der Renaissance

37 Vgl. Gerhard Schulze: Die Erlebnisgesellschaft. Kultursoziologie der Gegenwart, Frankfurt am Main 1992

beginnt und ab der Aufklärung durchgesetzt wird. Ab diesem Zeitpunkt wird der menschliche Körper als ein Objekt begriffen, das durch die Regeln der Naturwissenschaft erforscht und behandelt werden kann, wobei diese Regeln strikte Verfahren der Beweisführung und Effizienzprüfung vorsehen, die unserem technisch-wissenschaftlichen Verständnis zugrunde liegen.

Parallel dazu wird immer stärker in das Innere des Körpers eingedrungen, die im Körper ablaufenden Prozess und Verhältnisse werden durch Visualisierungstechniken sichtbar gemacht, es erfolgt eine Spezialisierung auf immer kleinere Bereiche des Körpers bis hin zur molekularen Betrachtung, die individuellen Körper werden von ihren sozialen und persönlichen Umfeldern gelöst: Körper sind Datenträger.

In dieser Sichtweise erscheint die Natur nun nicht mehr als etwas Geheimnisvolles und als eine Instanz, die Autorität beanspruchen kann. Man erkennt, dass die Natur auch zerstörerische Tendenzen hat, dass sie unserem Anspruch auf Perfektion und Makellosigkeit entgegenarbeitet, und man beginnt, in die letzten Bausteine und in die Prozesse einzugreifen, die die eigentlichen Steuerungsmechanismen der Natur darstellen. Es entwickelt sich die Strategie des „cheating the system", der Korrektur der natürlichen Verfalls- und Auflösungsprozesse mithilfe von Wissenschaft und Technik, wobei die Erforschung der genetischen Steuerungsmechanismen einen breiten Raum einnimmt.

Bezogen auf unser Bild von der Natur stehen sich heute zwei gänzlich verschiedene Konzepte gegenüber:

- Einerseits ist die Natur völlig ihrer Geheimnisse entkleidet, bis in die kleinsten Teile sichtbar, in Bausteine zerlegbar, die durch den Menschen quasi beliebig neu kombiniert werden können, verbunden mit den Versprechen von Unbesiegbarkeit, Umkehrbarkeit aller Vorgänge, äußerster Perfektion. Natur ist hier Materie, die manipuliert werden kann. In diesem Diskurs verbindet sich in vielen Fällen der wissenschaftliche Ansatz mit einem ökonomischen Ansatz. Dafür ist Craig

Venter das prägnanteste Beispiel: In den Labors seines privaten J. Craig Venter Institute beschäftigt er sich zurzeit mit der Herstellung synthetischen Lebens.
Die biomedizinischen Resultate entfernen sich weit von den Erfahrungen und Vorstellungsmöglichkeiten des Alltags. Sie sind allerdings in berühmten Ikonen und Mythen wie dem Clonschaf Dolly und den Bildern von Embryonen, die zur Forschung freigegeben werden, allgemein präsent.

- Andererseits ist die Natur die Apotheke Gottes, die heilsame Umgebung, in die der Mensch eingebettet ist und deren Teil er bildet, eine Instanz, die moralische Autorität beansprucht, die man zu akzeptieren, zu achten und zu schützen hat, die von sich aus Schätze bereitstellt, die gegen alle Leiden der Zivilisation helfen.
  Diese Sicht der Natur, die sich mit dem magischen Weltbild verbindet und die der egalitären Weltsicht entspricht, stellt erkennbar den Gegenentwurf zur biomedizinischen Betrachtungsweise dar. Aus dieser Sicht besteht in vielen Fällen eine Ablehnung der industriell ökonomisch bestimmten Gesellschaft, die jetzt als das für den Körper Bedrohliche gesehen wird.

In die Konsumkultur fließt eine Reihe von Strategien des biomedizinischen Ansatzes ein. Im Kern fällt darunter alles, was wir unter der Strategie „cheating the system“ beschrieben haben, also alle Versuche, Mängel der Natur durch den Einsatz von Technik und Wissenschaft zu beseitigen. Dies beginnt bei der Argumentation von kosmetischen Produkten, die, wenn sie nicht dezidiert dem Modell der Naturkosmetik folgen, den Diskurs der Gentechnologie benützen und behaupten, dass sie direkt auf das Genmaterial der Zelle einwirken; und es endet bei Verfahren der Reproduktionsmedizin, nach denen gewünschte Kinder anhand von Katalogvorgaben erzeugt werden können, sowie dem weiten Gebiet der Schönheitschirurgie.

Biotechnologie hat im Bereich der Medizin zu beträchtlichen Erfolgen geführt, die für den Laien kaum nachvollziehbar sind. Es gibt jedoch einige Medikamente aus diesem Bereich, die auch im populären Wissen eine Rolle spielen. Dazu gehören Prozac und Ritalin. Beide werden eingesetzt, um psychische Störungen zu behandeln, im ersten Fall handelt es sich um einen Stimmungsaufheller, um die Zufuhr von Serotonin, im anderen um ein leistungssteigerndes und stimulierendes Medikament, das auch gegen das bei Kindern vorkommende und immer häufiger diagnostizierte Symptom der Überaktivität (ADHS) eingesetzt wird. Im Jahr 2006 kauften deutsche Apotheken 1.221 Kilogramm des Wirkstoffes, zehn Jahre zuvor waren es noch 88 Kilogramm. Und im Jahr 2009 gab jeder fünfte Leser der Wissenschaftszeitung „Nature“ in einer Umfrage an, zur Leistungssteigerung schon einmal Medikamente vom Typ Ritalin genommen zu haben.[38]

Beide Medikamente erzielen gute Erfolge in der Behandlung der Symptome. Beide machen aber auch klar, dass eben eine bestimmte Sicht auf den Körper vorliegt. Es wird hier nicht gefragt, ob irgendeine Störung in der Umgebung, den Lebensumständen oder der individuellen Person des Kranken existiert, wie es dem Konzept des ganzheitlichen Körpers entsprechen würde, sondern die Störung wird auf einen Mangel an Serotonin zurückgeführt, das von außen zugeführt werden kann und das den Schaden repariert – geistig emotionale Zustände werden so auf das Geschehen von Neurotransmittern reduziert.

Ebenso stellt sich beim Einsatz dieser Medikamente die Frage, ab welchem Niveau wir eine Störung als so bedrohlich definieren, dass wir mit Medikamenten dagegen vorgehen. Je weniger wir irgendeine Störung des Wohlbefindens oder Wohlverhaltens tole-

38 Vgl. Ulrich Schnabel: Im Rausch der Petersilie, Die Zeit, 14.10.2009. Helga Nowotny zitiert eine amerikanische Studie, der zufolge 15 Prozent der befragten amerikanischen Studierenden und Akademiker regelmäßig Ritalin einnehmen. Helga Nowotny, Guiseppe Testa: Die gläsernen Gene. Die Erfindung des Individuums im molekularen Zeitalter, Frankfurt am Main 2009

rieren, umso eher greifen wir zu Medikamenten; die verstärkte Verwendung dieser Medikamente muss also nicht bedeuten, dass psychische Störungen zunehmen, sondern dass wir unsere Beobachtungskategorien geschärft und unser Akzeptanzniveau gesenkt haben. Dies scheint jedenfalls bei dem deutlich zunehmenden Einsatz von Ritalin für Kinder nicht unwahrscheinlich.[39]

Der Bereich der Biotechnologien eignet sich wie kein anderer dazu, die großartigen Diagnose- und Therapiemöglichkeiten der modernen naturwissenschaftlichen Medizin zu demonstrieren, es ist aber auch ein Bereich, der sich leicht mit Allmachtsfantasien verknüpft. So begründete der Nobelpreisträger und Entdecker der Doppelhelix James Watson das „Human Genome Project", bei dem die Erbinformation der menschlichen Zelle erfasst wird, mit der Aussage, dass wir die Pflicht hätten, die menschliche Bevölkerung vor „genetischen Höllenqualen" zu bewahren. „Wer", so fragt er, „soll Gott spielen, wenn nicht wir?"[40]

Es ist dies ein Ansatz, der in allen modernen Gesellschaften höchst kontroversiell diskutiert wird. Wie weit soll man in diese subtilen genetischen Steuerungsmechnanismen eingreifen, welche Körper soll und darf man erzeugen? Die Antworten fallen sehr unterschiedlich aus, wie sich etwa an der Debatte über die Forschungen an Embryonen sowie über gentechnologische Forschungen generell ablesen lässt.

Die andere Entwicklung dieses Bereichs betrifft den Komplex der hybriden Körper, die in hohem Maß die populäre Fantasie beflügeln. Hier handelt es sich um die Verbindung eines organischen Körpers mit einem Computerprogramm oder um die Simulation eines menschlichen Körpers durch eine Maschine bzw. ein Computerprogramm.

39 Vgl. dazu Nick Crossley: Prozac Nation and the Biochemical Self: a Critique, in: Simon J. Williams, Lynda Birke, Gillian A. Bendelow: Debating Biology. Sociological Reflections on Health, Medicine and Society, London 2003, S. 245

40 Zit. nach: van Dülmen, Erfindung des Menschen, S. 552

Hybride Körper

Das Konzept des hybriden Körpers basiert auf einer Grenzüberschreitung. Überschritten wird die Grenze zwischen organischem und anorganischem Material, zwischen einem lebenden Organismus und einem technischen Algorithmus, letztlich die Grenze zwischen Natur und Kultur.

Die Verbindung von Natur und Kultur bzw. der Ersatz von Natur durch Kultur existiert in vielen Varianten und ist in zahlreiche Fiktionen eingegangen. So gibt es die Vorstellung eines Körpers, der einem menschlichem Körper ähnelt, der aber eine Maschine oder ein Computerprogramm ist; oder die Verbindung eines menschlichen Körpers mit einer Reihe von Technologien, die seine Fähigkeiten steigern; oder letztlich der virtuelle Körper im Internet, bei dem offen bleibt, welcher physische Körper dahinter steht.

Relativ einfach ist das Konzept des Roboters, eine computergesteuerte Maschine, die in der Lage ist, bestimmte fest umrissene Handlungen auszuführen: schweißen, operieren, Schadstoffe beseitigen bis hin zu pflegenden oder hauswirtschaftlichen Tätigkeiten. Dazu ist kein menschliches Aussehen erforderlich, lediglich bei Robotern, die man künftig im Pflegedienst einsetzen möchte, arbeitet man daran, sie mit Augen auszustatten, die bestimmte Reaktionen anzeigen – was ihre Akzeptanz steigern soll.

Diese Roboter, in deren Entwicklung Japan führend ist, werden im Übrigen deutlich anhand geschlechtsspezifischer Konzepte entwickelt. Roboter, die für Haushalts- und Pflegedienste eingesetzt werden, erhalten spezifisch weibliche Körper. Japanische Firmen entwickeln diese Roboter, weil sie festgestellt haben, dass Pflegeinstitutionen Roboter Hilfskräften aus dem Ausland vorziehen.[41]

41 Jennifer Robertson: Gendering Humanoid Robots: Robo-Sexism in Japan. Body & Society 16/2, Juni 2010

Bei der Maschine, die einem belebten Wesen ähnelt, handelt es sich um ein altes Konzept. Die Beispiele reichen von den automatischen Vögeln des Altertums über die Automatenfiguren der Romantik, wofür E. T. A. Hofmann mit seiner Puppe Olympia das literarisch berühmte Beispiel geliefert hat, bis zu den Figuren des Golems, Frankensteins Monster oder den Figuren der Science-Fiction. Die Wesen wurden jeweils analog zu den damals bekannten Produktionsverfahren konstruiert; so entstanden zunächst mechanische Konstruktionen, die später durch Elektrizität zum Leben erweckt wurden, was heute Computerprogramme besorgen, die mit ungebrochener Attraktivtät Wesen schaffen, die die Populärkultur bevölkern: von „Terminator“ über „Blade Runner“ bis hin zu „Avatar“ von James Cameron (2009), der höchst eindrucksvolle virtuelle Körper erfindet.

Alle diese Entwicklungen stellen letztlich die Frage, was einen Körper ausmacht, wo seine Grenzen liegen und natürlich auch, wie weit all diese Entwicklungen vorangetrieben werden sollen.[42]

Die folgende Übersicht zeigt, dass alle diese Körperkonzepte, die sich über eine lange Zeit in unserer Gesellschaft entwickelt und in diese eingeschrieben haben, immer noch in unseren zeitgenössischen Körperkonzepten auffindbar sind. Alle haben ihre Spuren hinterlassen und alle sind noch relevant: Was wir als „normal“ betrachten, hat eine lange Geschichte.

---

42 Vgl. hierzu Deborah Lynn Steinberg in: Body & Society 14/4, 2008, S. 131: „Fantasien, dass genetische Forschung wunderschöne, völlig beschwerdelose Körper erzeugen wird – wobei die Frage, ob sie solche Körper erzeugen sollte, eine rhetorische Frage bleibt.“ („Fantasies that genetics can and will produce beautiful disease free bodies leaving only the rather rhetorical question whether it should produce such bodies.“)

Archäologie der Körperkonzepte

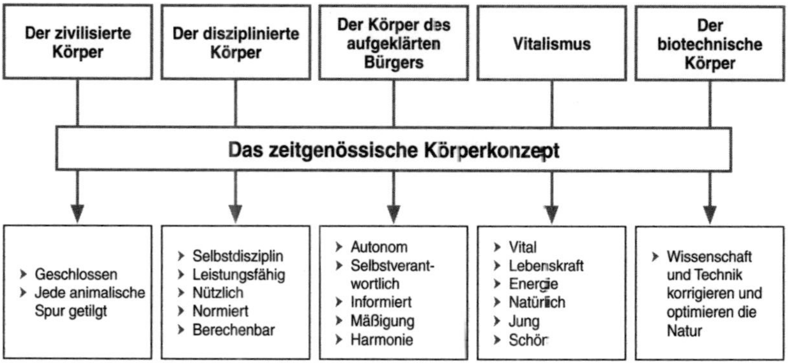

Funktionsmodelle: Wie funktioniert der Körper?

Wenn Sie Kopfschmerzen haben und etwas dagegen tun wollen, können Sie Verschiedenes unternehmen: Sie nehmen eine Kopfschmerztablette, von der Sie wissen, dass sie schnell und effizient wirkt; oder Sie fragen sich, welches Ereignis in Ihrem Leben diese Schmerzen verursacht haben könnte; oder Sie versuchen sich zu entspannen und mental zu beruhigen, in der Hoffnung, dass die Schmerzen dann nachlassen; oder Sie nehmen homöopathische Mittel oder denken an ein Ungleichgewicht der Körpersäfte.

In jedem Fall gehen Sie von einem anderen Funktionsmodell des Körpers aus, nicht gänzlich bewusst natürlich, aber die Wahl Ihrer Behandlung und auch Ihrer Vorsorge hängt von Ihren Vorstellungen ab, wie ein Körper funktioniert: Wie ein Behälter unterschiedlicher Säfte? Wie eine Maschine? Wie eine komplexe Einheit? Wie ein computergesteuertes Kommunikationssystem?

Der Körper als Behälter unterschiedlicher Säfte

Bis zum 17./18. Jahrhundert existierte ein Funktionsmodell, das auf die Antike zurückgeht, im Wesentlichen auf Hippokrates und Galen. In Grundzügen liegt dieses Körperfunktionsmodell auch den heute beliebten Ayurvedapraktiken zugrunde.

In der Tradition Galens/Hippokrates' wird der Körper als ein System betrachtet, das von der Tätigkeit verschiedener Säfte im Inneren bestimmt wird. Diese Säfte sind durch die Gegensatzpaare feucht/trocken – warm/kalt bestimmt. Sie werden von verschiedenen Organen gebildet, bedingen verschiedene Temperamente und haben verschiedene Aufgaben. Ein Körper funktioniert dann am besten, wenn sich diese Säfte im Gleichgewicht befinden.

Es ist Aufgabe der Medizin zu erkennen, ob ein Saft ungebührlich vorherrscht. Dabei ist dem Arzt der Blick in das Leibesinnere verwehrt. Er kann den Zustand des Körpers nur anhand der nach außen gelangenden Absonderungen erkennen.

Liegt eine Fehlfunktion vor, muss ein Ausgang, eine Ausleitung nach außen geschaffen werden. Der Körper muss von den krankmachenden Stoffen befreit werden – durch Aderlässe, Purgationen. Es muss alles getan werden, damit sich die Säfte im Gleichgewicht befinden, damit schädliche Stoffe/Gifte nach außen abgeleitet werden, bevor sie die Organe angreifen.

Die Haut wird in diesem Körpermodell als porös gedacht, durch sie können Störungen von außen eindringen, ihr kommt daher eine besondere Schutzfunktion zu.

Die Verwandtschaft mit dem Modell der ayurvedischen und teilweise auch der chinesischen Medizin ist deutlich: Auch dort geht es darum, dass sich die vier Doshas, die Säfte bzw. Kräfte, im Gleichgewicht befinden, nur dann kann das Chi, die Lebenskraft, ungehindert fließen. Der Verzehr von bestimmten Lebensmitteln, die gleichfalls in unterschiedlichem Ausmaß diese vier Kräfte besitzen, ist daher wichtig. Die Unterschiede im Temperament und damit auch im Gesundheitszustand verschiedener Menschen werden, ganz in Übereinstimmung mit Galen, ebenfalls auf das Vorherrschen der verschiedenen Säfte zurückgeführt. Die große Beliebtheit dieses Funktionsmodells in unserer heutigen Gesellschaft zeigt wiederum, dass es neben unserem naturwissenschaftlich orientierten Körperfunktionsmodell, das diese Annahmen als völlig unbewiesen zurückweist, auch andere Modelle gibt. Zum einen deshalb, weil sie einem Bedürfnis von verschiedenen Bevölkerungsgruppen entsprechen, und wohl auch, weil sich in ihnen andere Werte und Gesellschaftsvorstellungen ausdrücken als die jeweils dominanten.

Interessant erscheint aber auch die enge Parallelität zwischen Vorstellungen der klassischen indischen und chinesischen Medizin und jenen, die Galen im 3. Jahrhundert vor Christus entwickelte. Eine direkte historische Beeinflussung ist wohl ausgeschlossen. Es scheint sich vielmehr um einen jener Fälle zu handeln, in dem einer sozial wichtigen Frage durch eine optimal darauf passende Antwort begegnet wurde.

Der Körper als Maschine

Betrachten wir dazu zwei Beispiele. Das erste (Abb. 4) ist ein Film aus den Fünfzigerjahren, der sich mit den Vorzügen der Deutschen Markenbutter beschäftigt und dies an einem spezifischen Körpermodell schildert:

Viele Leute heute klagen, dass ihr Magen
so überladen von Surrogaten.
Dass der Darm und auch die Nerven ganz
versagen und der Kreislauf und die Leber
sind verstopft.
Aber trotzdem frisst ein jeder lustig weiter,
immer weiter bis dann leider,
bis die Karre dann nach Jahren festgefahren
und die Galle, ja die Galle kommt ihm hoch.

Was sitzt denn da für ein Esel dran.
Lasst endlich mal die Kühe ran.

Kinder, da gibt's eines nur –
kommt zurück zu der Natur.
Butter ist die beste Kur und das nicht
ohne Grund.

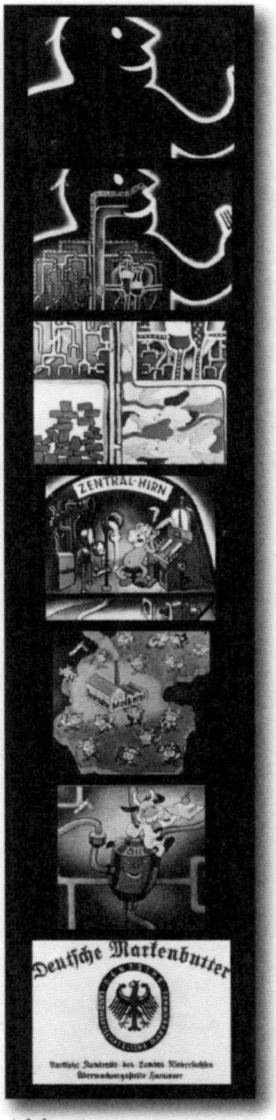

Abb. 4

Denn sie räumt den Magen auf – stoppt den Kräfteausverkauf.
Hält das liebe Herz im Lauf – ja Butter ist gesund.

Ja, Leute mit Butter ist alles in Butter – mit Butter, ja da geht alles wie.
Doch Leute machts richtig – die Marke ist wichtig –
ja deutsche Markenbutter ist okay.

Nieren bilden keinen Stein – Nerven wollen kein Bündel sein.
Drum schmiert sie mit Butter ein, dann haben sie ihre Ruh.
Auch die Leber funktioniert, selbst die Galle gut geschmiert,
hüpft vor Freude garantiert durch Butter von der Kuh.

Ja Leute, mit Butter ist alles in Butter, mit Butter da vergeht alles wie.
Doch Leute machts richtig – die Marke ist wichtig –
ja deutsche Markenbutter ist okay.

Das zweite stammt aus einem aktuell populären Gesundheitsratgeber von Dr. Michael F. Roizen und Dr. Mehmet C. Oz mit dem Titel: „Du – Eine Bedienungsanleitung. Alles, was Sie wissen müssen, damit Ihr Körper jung und gesund bleibt“.

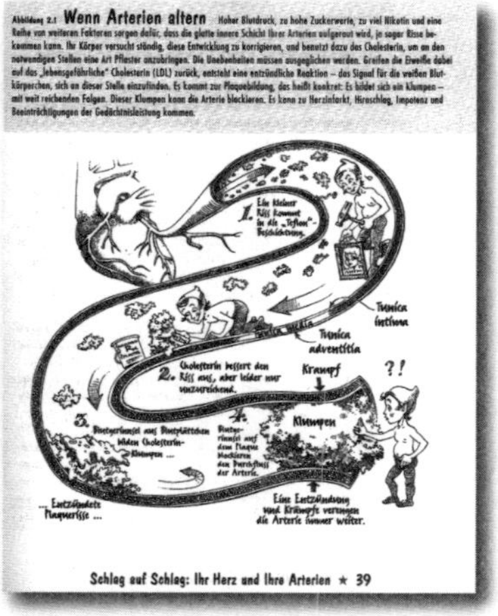
Abbildung 2.1 **Wenn Arterien altern** Hoher Blutdruck, zu hohe Zuckerwerte, zu viel Nikotin und eine Reihe von weiteren Faktoren sorgen dafür, dass die glatte innere Schicht Ihrer Arterien aufgeraut wird, je sogar Risse bekommen kann. Ihr Körper versucht ständig, diese Entwicklung zu korrigieren, und benutzt dazu das Cholesterin, um an den notwendigen Stellen eine Art Pflaster anzubringen. Die Unebenheiten müssen ausgeglichen werden. Greifen die Eiweiße dabei auf das „lebensgefährliche“ Cholesterin (LDL) zurück, entsteht eine entzündliche Reaktion – das Signal für die weißen Blutkörperchen, sich an dieser Stelle einzufinden. Es kommt zur Plaquebildung, das heißt konkret: Es bildet sich ein Klumpen – mit weit reichenden Folgen. Dieser Klumpen kann die Arterie blockieren. Es kann zu Herzinfarkt, Hirnschlag, Impotenz und Beeinträchtigungen der Gedächtnisleistung kommen.

Schlag auf Schlag: Ihr Herz und Ihre Arterien ★ 39

Abb. 5

Das Buch erklärt die Funktionsweisen der wichtigsten Organe und Abläufe im Körper und illustriert dies über Bilder, in denen zum Beispiel kleine Zwerglein mit Hämmern und Schaufeln Ablagerungen in den Arterien beseitigen oder mit einer Art von Rohrreiniger Verklumpungen auflösen.

Körper werden hier unter dem Bild einer Maschine gesehen, die mechanisch und wie von selbst funktioniert, die allerdings entsprechend mit Treibstoff versorgt werden muss und, wenn sie schadhaft geworden ist, in allen ihren Teilen repariert werden kann. Oder, wie es die Werbung für ein Schmerzmittel formuliert: „Legen Sie den Schalter um!"

Körpervorstellungen wurden seit Beginn der Neuzeit vom jeweiligen technologisch-wissenschaftlichen Wissensstand bestimmt: Einmal betrachtete man den Körper als Modell für diese Vorstellungen, einmal ging man von ihren Resultaten aus, wenn es um die Behandlung von Körpern ging.

Anfangs waren es statische Modelle – der Körper als Uhrwerk, der Körper als Maschine –, die dem technischen Verständnis des 18. Jahrhunderts, aber auch seinen Gesellschaftsvorstellungen folgten: der Staat als perfekt funktionierende Maschine, in der jeder Teil seinen vorbestimmten Platz und ordnungsgemäß zu funktionieren hatte. In diesem Modell herrschte das Feste über das Flüssige, im Inneren des Körpers stellte man sich eine zentrale Stelle vor, die die Lebensvorgänge steuert.

William Harvey (1578–1657) fügte diesem Modell die Vorstellung des Blutkreislaufs hinzu. Von nun an wurden die vier Körpersäfte durch das Blut als Urstoff abgelöst. Das Blut bewegt sich mit hoher Geschwindigkeit durch den Körper, in einer völlig gleichmäßigen Bewegung, es versorgt alle Körperteile in demokratischer Form mit den notwendigen Nährstoffen und mit Energie. „Das Blut ist ein vitales, beseeltes, universelles Prinzip, ein selbstbewegter Stoff, das Formlose und Flüssige schlechthin."[43]

43 William Harvey, zit. in: Guldin, Körpermetaphern, S. 88

Damit gewinnt auch die Idee des energetischen Fließens und Strömens eine hohe Relevanz für Körperkonzepte. Diese Idee verband sich bald mit der Vorstellung von Kreisläufen und dem ungehinderten Zirkulieren der wichtigen Substanzen im Inneren des Körpers, ebenso wurde bald die Parallelität von Blut und Geld postuliert, eine metaphorische Verschränkung, die sich als ein wichtiges politisches Bild erwies: Das Geld wird mit dem Blut gleichgesetzt, das Herz mit der staatlichen Schatzkammer. „Alle Waren wandern innerhalb des Staats von Mensch zu Mensch und ernähren auf ihrem Umlauf jeden Teil, den sie berühren. Insofern ist diese Verarbeitung gewissermaßen der Blutkreislauf des Staates."[44] Die Physiokraten wollten daher den natürlichen Reproduktionsprozess der Gesellschaft nicht durch Eingriffe des Staates stören.

Das Körperbild, das sich im 19. Jahrhundert herausbildete, sah im menschlichen Körper nicht mehr eine Einheit aus mechanisch zusammenarbeitenden Teilen, sondern eine Energie verbrennende Dampfmaschine. Ergänzt wurde dieses Konzept durch die Entdeckung der Nerven, die mit Sensibilität und Gefühlen verbunden wurden. Philipp Sarasin beschreibt diese Körperkonzepte, die den Aufstieg des industriellen Zeitalters begleiten, daher unter dem Bild der „reizbaren Maschinen".[45]

Wir sträuben uns heute, Körper unter dieser Maschinenmetapher aufzufassen, die wir als zu mechanistisch erleben. Dennoch liegen sie der Mehrheit von Argumentationen zugrunde, in denen Wirkungen von Medikamenten und körperformenden Produkten beschrieben werden. Filme über frei verkäufliche Medikamente gehen fast immer vom Bild des Körpers als einer Maschine aus, die behandelt und repariert werden kann und muss. Auch in den Aussagen, die Ärzte treffen, um ihren Patienten Krankheiten oder

---

44 Thomas Hobbes (Leviathan), zit. in: Guldin, Körpermetaphern, S. 90

45 Philipp Sarasin: Reizbare Maschinen. Eine Geschichte des Körpers 1765–1914, Frankfurt am Main 2001

Therapien zu erklären, dominiert sehr oft diese Maschinenmetapher, die es erlaubt, kleine Teile des Organismus gesondert zu betrachten.

Die weitverbreitete und beliebte Darstellung von Vorgängen im Körper in dieser Form ist noch mit einem anderen Konzept verbunden. Dieses stützt sich auf die Raummetaphorik des Körpers. Der Körper erscheint als ein Raum und der Betrachter kann diesen inneren Raum, der wie eine Landschaft gegliedert ist, begehen und erforschen. Wir werden viele solche Darstellungen im Bereich der Selbstmedikation wiederfinden.

Der Körper als komplexes System

Die Theorie komplexer Systeme bestimmte ab den Achtzigerjahren weite Teile des wissenschaftlichen und soziologischen Diskurses. Es handelt sich dabei um Modellvorstellungen, die gut geeignet sind, die zeitgenössische Realität zu beschreiben. Im Unterschied zu einfachen oder mechanischen Systemen, die sich aus bestimmten Anfangsbedingungen unter Einwirkung bestimmter Faktoren vorhersehbar und berechenbar entwickeln, und die sich als fest umrissene Objekte gegenüber ihrer Umwelt abheben, ist ein komplexes System dadurch gekennzeichnet, dass eine Vielzahl von miteinander vernetzten Faktoren darauf einwirkt, dass es in ein immer komplexer werdendes Feld eingebettet ist, dass es stark von seinen Anfangsbedingungen bestimmt ist, dass kleine Ursachen sehr große Wirkungen haben können und dass seine Zustände schwer vorauszusagen sind.

Es erscheint uns im 21. Jahrhundert als ein angemessenes Modell, um unsere natürliche und soziale Umgebung zu verstehen, und es müsste eigentlich auch Konsequenzen für unsere Körpervorstellungen haben. Körper könnten nicht mehr wie im 18. Jahrhundert als Uhrwerk oder Maschinen gedacht werden, sondern als komplexe Systeme. In den Worten von Ludwig von

Bertalanffy, einem der Begründer der Systemtheorie, stellt der lebende Körper geradezu den Prototyp eines komplexen Systems dar: „Der lebende Organismus ist der Prototyp des herakleischen panta rhei, er erhält sich selbst durch einen kontinuierlichen Fluss und Austausch seiner Bestandteile. Die Strukturen, die die Prozesse im System kontrollieren, werden gleichzeitig aufrechterhalten und zerstört, angepasst und neu gebildet, zerschlagen und neu zusammengesetzt."[46]

Es gibt wenige Werbungen im Bereich der Produktkultur, die diesen Gedanken aufnehmen. Ein Beispiel stellt eine Anzeige für das Mineralwasser Evian dar, die den Körper als ein System betrachtet, das sich kontinuierlich selbst erneuert:

„Evian: Das Wasser der Stars.

Wie neugeboren: Celebritys und Models wissen es schon lange. Evian ist reine Frische und Wellnesskur zugleich. Als wichtigster Baustein für funktionstüchtige Zellen schenkt Wasser der Haut Elastizität, Frische und ein junges Aussehen. Schließlich besteht der menschliche Körper zu 60 % aus Wasser. Wir können also aktiv darauf Einfluss nehmen, woraus wir bestehen ... Alle 6 Wochen erneuert sich das Wasser in unserem Körper. Erneuern Sie sich mit Evian."

Im populärwissenschaftlichen Diskurs über den Körper werden diese Überlegungen nur in einer spezifischen Form aufgenommen, meist im Sinne einer latenten Gefährdung. Vorschriften, wie man sich gesund zu erhalten habe, führen sehr oft eine komplexe Liste von Faktoren an, die es zu beachten gilt.

Das sogenannte Salutogenesemodell, das für das Erzielen von Gesundheit unter anderem Widerstandsressourcen fordert, nennt

46 „The living organism is a prototype of the Heraclitean pantarei, maintaining itself in a continuous flow and change of components. The structures controlling the processes within the system itself are at the same time maintained and destroyed, amalgated and regenerated, decomposed and recomposed." Ludwig von Bertalanffy: Perspectives on General System Theory, New York 1975, S. 119

folgende Faktoren: physische, biochemische, materielle, kognitive, emotionale, motivationale, soziale, makrostrukturelle.[47]

Der Gesundheitspsychologe Toni Faltermaier führt als gesundheitsfördernde Ressourcen an:

- Körperlich konstitutionelle Widerstandsressourcen (z. B. Immunkompetenz)
- Personal psychische: zuversichtliche und hoffnungsvolle Lebenseinstellung
- Gesundheitswissen
- Intelligenz
- Soziale Widerstandsressourcen (Bindungen und Kontakte in nahen Beziehungen und Netzwerken, Stabilität der Lebenswelt, Verfügbarkeit von Geld und materiellen Ressourcen)[48]

Der Körper erscheint so in ein immer weiteres Netz von Bedingungen einbezogen und es obliegt dem Einzelnen, für eine optimale Ausformung dieser Bedingungen zu sorgen. Man fühlt sich also für alles verantwortlich und gleichzeitig hilflos und machtlos, da es immer mehr Faktoren gibt, die man zu kontrollieren hätte. Emily Martin, die zu diesem Sachverhalt verschiedene qualitative Studien durchgeführt hat, in denen sie sich mit dem Gefühl beschäftigte, das Personen gegenüber ihrem eigenen Gesundheitsmanagement haben, prägte dafür den Ausdruck „empowered powerlessness".[49]

Dieses Gefühl entsteht vor allem aufgrund der Forderung des zeitgenössischen Gesundheitsdiskurses, dass der Einzelne jederzeit die Kontrolle über seine Gesundheit zu übernehmen habe. Die Betrachtung von Körpern als komplexe Systeme, die in immer weitere Felder eingebettet sind und in denen kleine Ursachen ungeahnte Wirkungen haben können, steht dazu in Konflikt und erzeugt nicht selten Angst.

---

47 Aaron Antonovsky: Health, Stress and Coping, San Francisco 1979

48 Toni Faltermaier: Gesundheitspsychologie, Stuttgart 2005, zit. in: Hurrelmann, Gesundheitssoziologie, S. 116

49 Emily Martin: Complex Systems, in: The Body. A Reader, S. 26

Man kann sein Essverhalten kontrollieren, seine körperliche Betätigung. Man weiß, dass man glücklich und gelassen sein muss, was schon schwieriger zu erreichen ist, aber was, wenn man erfährt, dass immer weitere Kreise der Existenz den eigenen Gesundheitszustand beeinflussen: die Arbeitssituation, die Wohnverhältnisse, der Zustand der Gemeinde, die Haltung von Pharmakonzernen, das Wetter, die Umwelt etc. Ein komplexes System ist in ein weiteres komplexes System eingebettet, das sich immer mehr der eigenen Kontrolle entzieht.

Wenn wir die Werbung betrachten, finden wir kaum Darstellungen, die diesem Konzept des Körpers als komplexes System gerecht werden. Im Gegenteil: Die meisten Darstellungen zeigen von ihrer Umgebung isolierte Körper, punktuelle Ausschnitte des Körpers, in Außen- und Innensicht. Eine Ausnahme bilden Darstellungen, in denen für Produkte geworben wird, die der Stärkung des Immunsystems dienen. So zeigt etwa Actimel Menschenansammlungen, vor allem im Winter, wenn Schnupfen und Grippeviren die in dieses komplexe System eingebetteten Körper gefährden.

Es gibt jedoch andere Konsequenzen dieser „empowered powerlessness“: Zum einen ist es die Suche nach Experten und Autoritäten, die durch dieses komplexe Gefährdungssystem leiten. Wobei man sich das nicht nur von einzelnen Autoritäten erwartet, sondern diese Rolle auch dem staatlichen Gesundheitssystem zuschreibt: Grenzwerte festzusetzen, die nicht überschritten werden dürfen, jene Faktoren im System zu kontrollieren, die die Gesundheit der Bevölkerung bedrohen.

Auch die alternative Medizin bzw. die alternativen Gesundheitsdiskurse reagieren auf diese Gefährdungen; sie suchen vor allem die Art und die Anzahl der Faktoren zu definieren, die den Körper bedrohen. Sie setzen diese mit den Gefährdungen gleich, die durch die kapitalistische Lebensweise den Körper schädigen: Umweltgifte, Verunreinigungen von Wasser, Luft, Nahrung, die durch die industrielle und globale Produktion entstehen. Das Körperbild als solches wird jedoch nicht übernommen; der Körper wird vielmehr als eine ganzheitliche und harmonisch in die Natur eingebettete Einheit gesehen, mit der er sich in perfekter Harmonie befindet, wenn keine von außen verursachten Störungen auftreten.

Der Körper als Kommunikationssystem

Kommunikation ist ein Schlüsselbegriff unserer Gesellschaft. Wir sagen, dass wir uns von einer Produktionsgesellschaft zu einer Kommunikations- und Wissensgesellschaft bewegen, und wir meinen dabei, dass die Fähigkeit zu geglückter Kommunikation in allen Bereichen unserer Gesellschaft eine wesentliche Rolle spielt. Zentral ist diese Fähigkeit am Markt, in Unternehmen, in der Erziehung, in den Prozessen öffentlicher Meinungsbildung: In Demokratien muss jede Entscheidung in einem Kommunikationsprozess ausgehandelt werden. Informations- und Kommunikationstechnologien beherrschen immer stärker unser Leben.

Dieses Konzept fließt wie alle wichtigen Konzepte einer Gesellschaft in unsere Körpervorstellungen ein, sowohl in die von Laien wie auch in die des wissenschaftlichen Diskurses. In diesen Kontext gehört die Erforschung der Strategien, durch die Körper ihre Gene weitergeben, von der Entdeckung der DNA über die Entschlüsselung des diffizilen Kommunikationssystems im Inneren des Körpers, das seine Lebensvorgänge aufrechterhält, bis hin zu den Schaltkreisen, durch die das Gehirn seine Aktivitäten organisiert und als Impulse an Nerven und Muskeln weitergibt. Die Terminologie ist sehr oft der Sprache der Kommunikationstechnologien entlehnt: Code, Schaltstelle, Botenstoffe, Transmitter, Medien etc. Krankheiten erscheinen unter dieser Betrachtungsweise nicht selten als Störungen im Kommunikationsfluss des Körpers, meist als fehlgeleitete Kommunikation von Zellen.

Gleichzeitig wird damit eine bestimmte Sicht auf den Körper eingenommen. Zum einen ist es eine Sicht auf seine ultrakleinen

Strukturen, die Mikro- und Nanostrukturen, zum anderen entstehen neue Visualisierungen: Das Unsichtbare wird sichtbar gemacht. Der Blick richtet sich in das Innere des Körpers, das durch moderne Verfahren der Bildgebung beobachtet werden kann. Jedem Patienten sind Bilder von Ultraschalluntersuchungen bekannt, Magenresonanzuntersuchungen, EKGs, Hirnstromanalysen (die, weil sie so schön farbig sind, sogar Eingang in die Marktpsychologie gefunden haben). Der moderne Körper ist ein transparenter, bis in seine innersten Bezirke sichtbarer Körper, dessen Kommunikationsflüsse beobachtet werden können. Der Blick, der sich auf den Körper richtet, ist ein sezierender Blick.

Populäre Fernsehserien führen immer wieder diesen Blick auf den Körper vor. Am deutlichsten tun dies derzeit Kriminalserien wie CSI, die darauf beruhen, dass Verbrechen durch diesen „sezierenden Blick“ aufgeklärt werden. Die Ermittler stützen sich hier auf Befunde und Entdeckungen von Pathologen, die winzige Veränderungen als Zeichen interpretieren, dass hier ein Verbrechen vorliegt, bzw. die die Spur des Täters verraten. Das, was sie analysieren, Gewebe, Nanostrukturen und Partikel, wird dem Zuschauer minutiös vorgeführt.

Wir haben nun Beispiele für die Unterschiedlichkeit von Körpervorstellungen kennengelernt und gesehen, dass sie sich stark nach der jeweiligen Kultur unterscheiden, in der sie entstanden sind. Kultur wurde dabei im Wesentlichen als eine spezifische Kultur aufgefasst, als eine Gesellschaft zu einem bestimmten historischen Zeitpunkt.

Kultur lässt sich aber noch in einem anderen Sinne verstehen: als ein Set von Regeln, die das Zusammenleben von Menschen in Gesellschaften regeln, und zwar unabhängig davon, wo und wann sich diese Gesellschaften befinden. Eine solche Theorie beschreibt, dass es im Kern eigentlich nur vier verschiedene Sets von Regeln gibt und damit vier verschiedene Typen von Kultur. Diese Kulturen sowie ihre jeweiligen Körpervorstellungen werden wir im Folgenden kennenlernen.

Cultural Theory: Der Einfluss der Kultur auf den Körper wird gemessen

In der traditionellen Gesellschaft Fidschis existierte ein Körperideal, das uns heute merkwürdig anmutet: ein leicht fetter, wohlgenährter Körper, den Frauen wie Männer anstrebten. Jede Abweichung von diesem Ideal galt als gesundheitliche Störung, die man zu korrigieren suchte. Unsere schlanken, sehnigen, muskulösen Körper, bei denen jedes Gramm Fett geächtet wird, Körper, die wir durch Disziplin, Training, Essverhalten zu erzielen trachten, hätten dort als krank gegolten.

Zwei Gesellschaften, zwei Körperbilder: Ein wohlgeformter Körper wird nicht nur unterschiedlich definiert, er besitzt auch eine andere Bedeutung. Wie wir mehrfach behauptet haben, steht er jedoch jeweils in Zusammenhang mit kulturellen Grundwerten, die als wichtig und teuer betrachtet werden: In unserer Gesellschaft gilt er als Ausdruck persönlichen Prestiges, als Zeichen für individuelle Disziplin und Leistung. In der traditionellen Gesellschaft Fidschis zeugte er davon, wie gut jemand in seine soziale Gruppe eingebettet war, wie gut diese Gruppe ihn versorgte und verwöhnte. Eine Gesellschaft, in der das Individuum eine entscheidende Rolle spielt, entwickelt offenbar andere Körperideale und auch andere Definitionen von Gesundheit und Krankheit als eine Gesellschaft, in der die soziale Gemeinschaft im Vordergrund steht.

Das erscheint einleuchtend, aber kann man es messen, kann man es belegen?

Ein solcher Versuch setzt voraus, dass man Ansichten darüber entwickelt, wie sich Kulturen unterscheiden bzw. welche Typen von Kulturen es gibt, um dann zu beschreiben, welche Körpervorstellungen sie jeweils entwickeln.

Wir haben uns mit dieser Frage in unserer empirischen Forschung im Institut für Motivforschung intensiv auseinandergesetzt, denn sie betrifft natürlich nicht nur Körpervorstellungen, sondern auch Konsumverhalten, politisches Verhalten, Haushaltsorganisationen und viele Phänomene von Lebenswelten: Immer zeigt sich, dass sich verschiedene Gruppen in der Bevölkerung unterschiedlich verhalten, und zwar nicht regellos, sondern durchaus erwartbar, wenn man eine geeignete Theorie zugrundelegt.

Die Theorie, die dies leistet, stammt aus dem angolamerikanischen Raum und ist als Grid/Group-Typologie oder Cultural Theory bekannt. Wir haben diese Theorie für den deutschsprachigen Raum dargestellt und mit empirischen Beispielen belegt.[50]

Kultur wird hier als die Summe der Konzepte verstanden, die das Zusammenleben von Menschen in Gemeinschaften regeln. Menschen auf der ganzen Welt leben in größeren oder kleineren Gemeinschaften oder Gesellschaften zusammen, seien dies kleine Stammesgesellschaften oder die großen neuzeitlichen Staaten, es gibt kein Menschsein jenseits dieser Gesellschaften. Die Frage, was Menschen dazu bringt, in Gesellschaften zusammenzuleben und wie sie es zustandebringen, dies in einer einigermaßen organisierten Form zu tun, ist jedoch eine schwierig zu beantwortende Frage, die von unterschiedlichen Standpunkten und Disziplinen auch sehr unterschiedlich beantwortet wird. In der Mehrzahl der Fälle wird von einer individuellen Neigung von Menschen ausgegangen, die eben das Bedürfnis hätten, in einer Gemeinschaft zusammenzuleben. Dies ist jedoch keine sehr befriedigende Annahme, die auf keinen Fall die Verschiedenheit von Kulturen und gesellschaftlichen Zusammenschlüssen erklärt.

---

50 Helene und Matthias Karmasin: Cultural Theory. Ein neuer Ansatz für Kommunikation, Marketing und Management. Mit einem Vorwort von Mary Douglas, Wien 1997, 2. Auflage im Druck

Tatsächlich finden sich bei den konkreten Gesellschaften, die wir kennen, große Unterschiede bezüglich Zwang, Kooperation, Freiheit oder Unfreiheit ihrer einzelnen Mitglieder. Sehr viel fruchtbarer wäre es also, die Frage zu stellen, wodurch diese Unterschiedlichkeit bedingt ist, und zwar in einem noch grundsätzlicheren Sinne: Welche Strategien wenden Menschen an, um das Ausmaß an Solidarität, an Kooperation und Stabilität zu sichern, das für den Bestand von Gesellschaften unerlässlich ist?

Genau dieser Frage wendet sich die Anthropologie zu und in ihrem Gefolge die Cultural Theory. Hier geht man davon aus, dass es keine Gesellschaft gibt, die nur durch Zwang allein zusammengehalten wird, und ebenso davon, dass es keinen natürlichen Hang von Menschen zur Solidarität gibt, der sie in Gesellschaften zusammenleben lässt. Ein organisiertes Zusammenleben von Menschen ist immer schwierig, und es sind vielfältige Überzeugungs- und Steuerungsmechanismen notwendig, um ein solches Projekt glücken zu lassen. Es muss begründet werden, warum es besser ist, in Gesellschaften zu leben und nicht allein, warum man Eigennutz zugunsten einer Gemeinschaft zurückstellen soll, wie Macht ausgeübt, durchgesetzt und kontrolliert werden soll, warum es Ungleichheiten zwischen den Menschen gibt, warum im Namen der Gesellschaft Opfer verlangt werden können.

Begründet meint dabei nicht primär eine explizite, rationale Argumentation, sondern ein gemeinsames Gefühl aller Beteiligten, dass dies der richtige und natürliche Gang der Dinge ist, dass nur diese Stategien zu einer richtigen Gesellschaft führen. Genau das ist es, was man unter kulturellen Mechanismen versteht: Sie stellen eine Art von Überzeugungsleistung dar, die sicherstellen, dass die eigene Art zu leben als die richtige, die ideale Art erscheint.

Man weiß inzwischen, dass soziale Systeme zu ihrem Funktionieren einen Satz von Regeln brauchen, der den einzelnen Gesellschaftsteilnehmern nicht bewusst ist, den sie aber strikt einhalten und der von einem Einzelnen nicht zu verändern ist, der aber gebraucht wird, damit dieses System funktioniert.

Die Sprache ist ein solches System: Sie funktioniert nach einem diffizilen Satz von Regeln und sie kann nur funktionieren, wenn alle Gesellschaftsteilnehmer diese Regeln einhalten. Diese Regeln sind dem Einzelnen nicht bewusst, und er kann sie auch nicht willkürlich verändern, ohne sich von der Verständigung in dieser Sprachgemeinschaft auszuschließen. Ähnlich auch unser Geldsystem: Wenn wir Geld als Zahlungsmittel beibehalten wollen, müssen wir bestimmte Regeln einhalten, etwa die, dass wir Geld innerhalb der Grenzen seiner Geltung annehmen.

Kultur ist nichts anderes: Sie ist ein System, das als ein Satz von Regeln und Annahmen unserem Verhalten in sozialer Hinsicht zugrunde liegt, und das vom Einzelnen nicht willkürlich verändert werden kann, ein Regelsatz, der nicht voll bewusst ist, da seine Besonderheit eben darin besteht, das als normal, natürlich und richtig erscheinen zu lassen, was diese Kultur festsetzt. Kultur ist gewissermaßen der blinde Fleck, den die soziale Wahrnehmung besitzt und der – eben deswegen – das Verhalten von Menschen sehr wirksam bestimmt.

Klar ist allerdings auch, dass sowohl zwischen einzelnen Gesellschaften wie auch in den jeweiligen Gruppen innerhalb einer Gesellschaft große Auffassungsunterschiede darüber bestehen, welche Prinzipien beachtet werden sollen: Soll die Gesellschaft vom Einzelnen Opfer verlangen können oder nicht, soll also Eigennutz vor Gemeinwohl gehen oder umgekehrt? Soll möglichst Gleichheit aller Mitglieder angestrebt werden oder sollen Unterschiede, auch große, zugelassen werden? Wenn ja, worauf sollen sich diese Unterschiede gründen? Sollen die Einzelnen strikten Regeln in ihrem Zusammenleben unterworfen sein oder soll jeder frei sein, seine eigenen Spielregeln festzulegen?

Darauf gibt es verschiedene Antworten, allerdings keine unbeschränkte Anzahl, sondern nur eine Gruppe von Möglichkeiten, aus denen gewählt werden kann. Im Wesentlichen sind dies vier. Jedoch führt die Tatsache, dass zwischen mehreren Alternativen gewählt werden kann, dazu, dass in einer Gesellschaft eine Grundorientierung besteht, dass aber von den einzelnen Gruppen innerhalb einer Gesellschaft unterschiedliche Lösungen aus den drei verbliebenen gewählt werden – in einer lebendigen Gesellschaft finden sich immer mehrere kulturelle Stile nebeneinander. Jede dieser Gruppen, jeder kulturelle Typ, wird die eigenen Annahmen und Normen verteidigen und die der anderen kritisieren und für alles Böse in der Welt verantwortlich machen.

Wahlen, die Konsumenten oder allgemein Gesellschaftsteilnehmer treffen, können nicht länger als allein individuelle Prozesse betrachtet werden, die auf den individuellen Bedürfnissen, dem Geschmack oder der individuellen Psyche des Einzelnen beruhen. Zunehmend wird deutlich, dass jede Wahl, sei es die Wahl einer Automarke, eines Möbelstücks, einer medizinischen Behandlungsmethode, auch eine kulturelle Komponente hat: Sie ist auch eine Wahl für eine bestimmte Art zu leben, ein Votum für eine bestimmte Art der Gesellschaft und eine Ablehnung eines anderen Typs. Kultur ist also im Kern eine verbindliche Antwort auf die Frage: Wie wollen wir leben?

Die von Mary Douglas und der ihr angeschlossenen Forschergruppe entwickelte Cultural Theory stellt eine sehr leistungsfähige Theorie dar, die es ermöglicht, Kulturen adäquat zu beschreiben und zu verstehen. Cultural Theory betrachtet unterschiedliche Kulturen zu unterschiedlichen Zeitpunkten, auf unterschiedlichen Entwicklungsstufen, in unterschiedlicher Größe etc. Die Welt erscheint so als ein riesiges „Soziallabor“, in dem jede Frage schon einmal gestellt und jede Antwort schon einmal gegeben wurde. Dass die Antworten darauf unterschiedlich ausgefallen sind und ausfallen, überrascht nicht. Faszinierend jedoch ist, dass sich diese Antworten im Licht der Cultural Theory auf wenige Modelle reduzieren lassen:

- die individualistische Kultur
- die hierarchistische Kultur
- die egalitäre Kultur
- die fatalistische Kultur

Diese Kulturen gibt es überall: in jeder Größe, in jeder Form, in jeder sozialen Konstellation; es gibt sie als politische Kulturen, als Unternehmenskulturen, als Konsum- und Haushaltskulturen, als ethische Konzeptionen, als Sozialutopie.

Wesentlich für diese Theorie sind zwei Dimensionen, die es ermöglichen, Kulturen so zu beschreiben, dass sie miteinander verglichen werden können. Diese sind: *Group* und *Grid*.

Group bezeichnet das Ausmaß, in dem individuelles Verhalten durch die Zugehörigkeit zu einer bestimmten sozialen Gruppe oder sozialen Einheit bestimmt ist: Je mehr jemand in eine feste Gruppe eingebunden ist, desto mehr ist er in seinen individuellen Wahlmöglichkeiten durch die Zugehörigkeit zu dieser sozialen Einheit bestimmt.

Grid bezeichnet das Ausmaß, in dem individuelles Verhalten durch von außen auferlegte Regeln reguliert wird: Je mehr Regeln es gibt, desto weniger individuelle Wahlmöglichkeiten bestehen.

Die Group-Dimension beschreibt eine prinzipielle soziale Dimension: das Bewusstsein, einem Kollektiv, einer Gruppe anzugehören, durch die man in seinen individuellen Handlungsmöglichkeiten und in seiner Autonomie eingeschränkt wird. Jeder Mensch gehört einer bestimmten Gruppe an; inwieweit man aber über diese Gruppenzugehörigkeit Identität ausbildet, dafür gibt es sehr unterschiedliche kulturelle Antworten, vor allem in Bezug auf die Frage, ob die Zugehörigkeit zu einer bestimmten Gruppe, sei sie durch natürliche oder soziale Kriterien bestimmt (Alter, Geschlecht, Beruf, Schicht, Abstammung etc.), einen Einfluss darauf haben soll, welche Stellung diese Person in der Gesellschaft einnimmt. Es gibt Gesellschaften, die diese Frage mit einem uneingeschränkten Ja beantworten, sie laden also hoch auf der Group-Dimension, und es gibt Gesellschaften, die diese Frage klar mit Nein beantworten, sie laden niedrig auf der Group-Dimension.

So ist etwa das indische Kastensystem als der Prototyp einer Kultur zu betrachten, die extrem hoch auf der Group-Dimension liegt. Die Zugehörigkeit zu einer bestimmten Kaste, die durch

Geburt gegeben ist, bestimmt vollkommen die Stellung, die diese Person in der Gesellschaft einnimmt – die sie, gleich welche individuellen Anstrengungen sie unternimmt, einnehmen kann.

Der Beginn der Industriekultur hingegen ist dadurch gekennzeichnet, dass eine Ideologie verfolgt wurde, die extrem niedrige Werte auf der Group-Dimension vorsah: Nicht die unabänderliche Herkunft und Abstammung bestimmte die Stellung einer Person in der Gesellschaft, sondern ihre individuelle Leistung, die monetär entlohnt wurde, also durch ein Medium, das prinzipiell allen offenstand.

Auch in nichtwestlichen Gesellschaften finden sich Kulturen, die niedrig auf der Group-Dimension laden, besonders typisch war dies in den alten Stammesgesellschaften Neuguineas, wo jeder zu Rang und Ansehen gelangen konnte, der große materielle Vorräte anhäufen konnte, die er dann in Form von verschwenderischen Festen an seine Anhänger verteilte.

Auch die Grid-Dimension bezeichnet eine grundlegende soziale Dimension: die Möglichkeit, die der Einzelne hat, seine Beziehungen zu anderen Gesellschaftsteilnehmern selbst zu gestalten, frei auszuhandeln oder sich an von außen auferlegte Regeln zu halten. Auch hier gibt es zwei polare Ausprägungen: Kulturen, die zulassen, dass der Einzelne die Beziehungen, die er zu anderen Gesellschaftsteilnehmern etabliert, frei bestimmt: Er kann sich aussuchen, mit wem er Allianzen schließt oder nicht, wem er sich verpflichtet, wen er meidet, wie er in bestimmten Situationen handelt; sie laden niedrig auf der Grid-Dimension. Und Kulturen, die genau vorschreiben, welcher Person welches Verhalten vorgeschrieben ist, sie ist automatisch anderen Personen gegenüber zu bestimmtem Verhalten verpflichtet, je nach ihrer Stellung im System sind ihr bestimmte Beziehungen erlaubt oder verboten; sie laden hoch auf der Grid-Dimension.

Ein Beispiel für eine Kultur mit einer niedrigen Grid-Ausprägung ist die Kultur der Kriegergruppen in Stammesgesellschaften, in der jeder Einzelne durch die Aussicht auf persönlichen Ruhm individuell vorangetrieben wurde und in der er frei war, mit jeder Person innerhalb dieser Gruppe Allianzen zu schließen. Ein Beispiel für eine Kultur mit einer hohen Ausprägung auf der Grid-Dimension ist das Militär des 19. Jahrhunderts, wo genau vorgeschrieben war, wer mit wem in welcher Weise in Beziehung treten konnte.

Eine Kultur lässt sich nun dadurch charakterisieren, dass man die gleichzeitige Ausprägung beider Dimensionen, jeweils in ihren Extremausprägungen, betrachtet. Somit ergeben sich vier Typen:

- Grid hoch + Group hoch: die hierarchistische Kultur
- Grid niedrig + Group niedrig: die individualistische Kultur
- Grid niedrig + Group hoch: die egalitäre Kultur
- Grid hoch + Group niedrig: die fatalistische Kultur

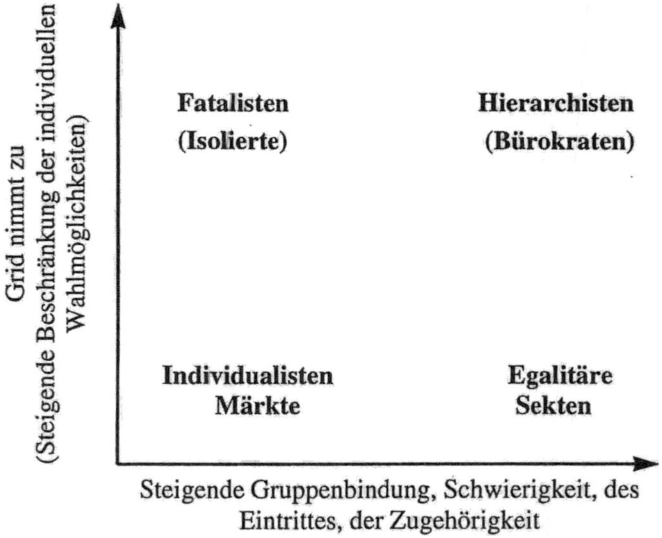

Hierarchisten: Betonung von Grenzen, Regeln, Hierarchien, Autoritäten, geringer Wert von Wettbewerb, Betonung des Wertes der Gemeinschaft vor den Ansprüchen des Individuums; Prinzip: Bürokratie/Institutionen

Individualisten: Vorrang des Individuums und seiner Bedürfnisse, Wettbewerb, Leistung, Durchsetzung des Tüchtigsten, Regeln sind auszuhandeln, möglichst wenige Regeln; Prinzip: Markt
Egalitäre: Gleichheit innerhalb einer nach außen fest abgegrenzten Gruppe, hohe Solidarität im Inneren, Feindbilder nach außen: „wall of virtue"; sowohl Markt wie Staat bedrohen das Individuum
Fatalisten: Isolierte Individuen, die keine Gemeinschaft erfahren, die aber auch keine Vorteile als Individuum haben; schlecht in Wettbewerbsaspekten; in untergeordneter Stellung in Hierarchien; rechtfertigen ihre Stellung durch das Schicksal; glauben, dass viel von Glück und Unglück bestimmt ist; privater Amoralismus

Die Operationalisierung der Theorie: Die vier Kulturen in Österreich

Um die Verteilung dieser kulturellen Grundorientierungen in Österreich festzustellen, führten wir im Jahr 2009 eine repräsentative Untersuchung bei 1.000 Personen durch, in der wir die Zugehörigkeit über Itemlisten maßen und die Einstellungen zu verschiedenen sozialen Fragen erhoben, darunter auch Organisation des Gesundheitswesens, Strategien, um gesund zu bleiben, Krankenstände, subjektiv beurteilter Gesundheitszustand, Einstellungen zum Konsum, Ausstattung des Haushalts mit Kommunikationstechnologien, Medienkonsum etc. Als Verteilung ergab sich:

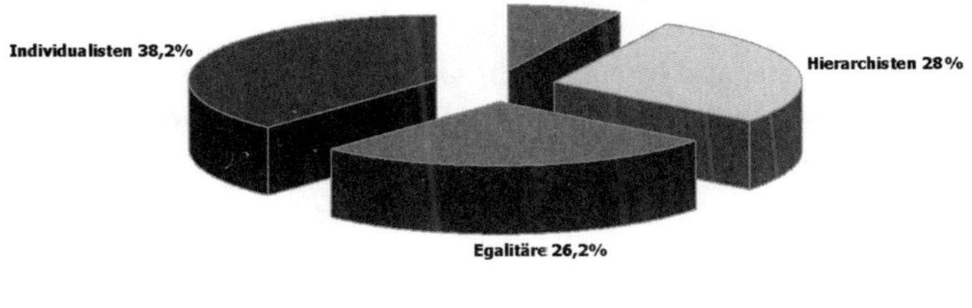

Die vier Gruppen unterschieden sich in vielerlei Hinsicht, wobei die Unterschiede jeweils theoriekonform sind:

- Hierarchisten sind älter, sie leben in Orten bis 50.000 Einwohner.
- Individualisten sind am stärksten in den Altersgruppen zwischen 30 und 50 vertreten, sie verdienen am meisten und leben eher in der Großstadt.
- Egalitäre zeigen soziodemografisch kaum Besonderheiten, sie sind in allen Altersgruppen, Einkommensgruppen und Wohnortgrößen vertreten.
- Fatalisten sind älter, gehören so gut wie nicht den hohen Einkommensgruppen an, sie leben am wenigsten in kleinen Gemeinden.

Untersucht man die Reaktionen auf die einzelnen Felder, so zeigt sich, dass es einen starken Zusammenhang gibt:

- zwischen der kulturellen Grundorientierung und dem körper- und gesundheitsbezogenen Verhalten
- zwischen der kulturellen Grundorientierung und dem Lebens- und Konsumstil

Die Untersuchung bestätigt die Ausgangsüberlegung des Buches: „Die Kultur schreibt sich in den Körper ein." Der Körper ist tatsächlich das bevorzugte Terrain, in dem eine Kultur in ihre Leitwerte einübt.

Die vier Kulturtypen haben unterschiedliche Meinungen über die Strategien, wie man gesund bleiben kann, wie das Gesundheitswesen organisiert sein sollte, sie weisen auch verschieden lange Krankenstände auf und geben andere Auskünfte über ihren Gesundheitszustand bzw. über ihr Gefühl, gesund zu sein. Dahinter steht ein jeweils anderes Körperkonzept, das wir in begleitenden qualitativen Untersuchungen ermittelten.

- In der individualistischen Kultur ist der Körper ein Objekt, das eine wichtige Rolle im Kampf um Distinktion spielt und für das der Einzelne autonom Sorge trägt. Er selbst ist für den Zustand seines Körpers verantwortlich, er hat sich Kenntnisse anzueignen und klug die Experten und Behandlungsverfahren auszuwählen, um den optimalen Körper zu erzielen. Der optimale Körper ist effizient, unter allen Umständen leistungsfähig, er ist gesund, jung, schön, schlank, fit, und zum Erreichen dieses Zieles kann unbedenklich alles eingesetzt werden, was Wissenschaft, Technik und Markt bereitstellen.

- In der hierarchistischen Kultur werden dem Körper keine Glanzleistungen abverlangt, seine Mängel werden toleriert, aber sie werden sehr wohl behandelt, wenn sie die Gesundheit bedrohen. Der Körper wird dem Diktat von Autoritäten unterworfen, die nach strengen Regeln der Beweisführung Grenzen festsetzen, Behandlungen vorschreiben, Verhalten zu erzwingen suchen.
- In der egalitären Kultur wird der Körper, wie alles Natürliche, als permanent bedroht gesehen: durch die Praktiken der Industrie, des Marktes, die ihn zu vergiften drohen, durch den geforderten Lebensstil und Leistungsdruck, durch die Zwänge der Gesellschaft.
- In der fatalistischen Kultur ist der Körper das Objekt, das unmittelbar und kurzfristig Lust und Befriedigung verschaffen kann. Dem wird auch stattgegeben, auch wenn dafür negative Langfristfolgen in Kauf genommen werden müssen. Der Einzelne fühlt sich für den Zustand seines Körpers jedoch wenig verantwortlich, Schicksal, Glück oder die Gene werden zur Erklärung herangezogen.

Einen charakteristischen Zusammenhang fanden wir auch zwischen den Annahmen, wie man das Gesundheitswesen in der Gesellschaft regeln soll, was man tun kann, um gesund zu bleiben, dem subjektiv erlebten Gesundheitszustand, den Krankenständen, aber auch der Ausstattung der Haushalte mit Kommunikationstechnologien und dem Medienverhalten.

- Hierarchisten wollen das Gesundheitswesen durch starke gesetzliche Regelungen, an denen Autoritäten mitgewirkt haben und die stark kontrolliert werden, geregelt sehen; sie glauben am deutlichsten, dass man lang gesund bleibt, wenn man den Anweisungen von Ärzten und Autoritäten folgt; sie stehen nicht sehr positiv zu alternativer Medizin, ihren Gesundheitszustand beschreiben sie als mittelmäßig. Ihr Haushalt ist nicht sonderlich mit modernen Kommunikationstechnologien ausgestattet.
- Individualisten plädieren für größtmöglichen Wettbewerb im Gesundheitswesen, sie glauben, dass sie durch ihren Lebensstil ihre Gesundheit stark beeinflussen können und dass sie alles in Anspruch nehmen müssen, was derzeit auf dem Gesundheitssektor angeboten wird. Sie beurteilen ihren Gesundheitszustand am besten von allen Gruppen. Ihr Haushalt ist am besten mit neuen Kommunikationstechnologien ausgestattet, sie benützen am häufigsten privat das Internet.
- Egalitäre wollen das Gesundheitswesen so organisiert sehen, dass eine Zweiklassenmedizin strikt vermieden wird, sie glauben, dass sie dann am meisten für ihre Gesundheit tun, wenn sie möglichst einfach und natürlich leben, sie stehen am positivsten zu alternativer Medizin. Ihren Gesundheitszustand beschreiben sie als relativ gut. Sie sind durchschnittlich mit Kommunikationstechnologien ausgestattet.
- Fatalisten meinen, dass es gleich sei, wie man das Gesundheitswesen organisiert, in der Realität entscheide der Zufall, ob man gute oder schlechte Leistungen bekomme. Sie glauben, dass man selbst nicht viel für seine Gesundheit tun kann, letztlich würden die Gene entscheiden. Ihren Gesundheitszustand bewerten sie am schlechtesten und sie sind am längsten wegen Krankheit ihrer Arbeit ferngeblieben. Sie benützen am seltensten Internet und sind am wenigsten mit modernen Kommunikationstechnologien ausgestattet.

„Wie soll das Gesundheitswesen organisiert sein?"

	Es soll größtmöglicher Wettbewerb zwischen allen Anbietern herrschen. Dadurch wird sich das beste Angebot durchsetzen. Was zählt, ist Leistung.	Im Gesundheitswesen soll es gute und überlegte gesetzliche Regelungen geben, an denen auch medizinische Autoritäten mitgearbeitet haben. Es geht nicht ohne starke Kontrollen.	Das Gesundheitswesen soll so organisiert sein, dass eine Zweiklassenmedizin strikt vermieden wird.	Wie immer man es organisiert, in der Realität entscheidet der Zufall, ob man gute oder schlechte Leistungen bekommt.
Total	**17**	**37**	**37**	**9**
TYPEN				
Hierarchisten	8	72	18	2
Individualisten	39	31	26	4
Egalitäre	5	14	78	3
Fatalisten	9	4	28	59

„Was kann man tun, um möglichst lang gesund zu bleiben?"

	Wenig, das hängt von den Genen ab.	Viel, ich kann mit meinem Lebensstil viel beeinflussen. Ich muss alles in Anspruch nehmen, was derzeit angeboten wird, um mich gesund zu erhalten.	Man folgt den Anweisungen von Ärzten und Autoritäten.	Möglichst natürlich und einfach leben, sich biologisch ernähren.
Total	**19**	**41**	**13**	**27**
TYPEN				
Hierarchisten	9	32	31	28
Individualisten	11	67	9	13
Egalitäre	14	23	6	57
Fatalisten	60	16	8	16

Zumindest als Hypothese lässt sich ableiten: Der Gesundheitszustand einer Person ist nicht zuletzt eine Frage ihrer kulturellen Grundorientierung: Fatalistische Haltungen bedrohen die Gesundheit, individualistische können sie fördern. Dazu tragen möglicherweise auch das Medienverhalten und der Besitz von Kommunikationstechnologien bei, was wiederum durch die kulturelle Grundorientierung beeinflusst wird. Individualistische Orientierungen verfügen sowohl über die Technologien wie die Kompetenzen, um an Informationen zu gelangen, die sie wiederum mit besserem Wissen ausstatten, was sie aufgrund ihrer kulturellen Orientierung eben auch brauchen.

Nach diesen Herleitungen kommen wir wieder zurück zu unserem zentralen Thema, zum gegenwärtigen Körperkonzept. Es trägt alte Schichten in sich, stellt eine spezifische Auswahl aus anderen, ebenso möglichen Wahlen dar, ist komplex und in sich differenziert und vor allem: Es schafft Körper entsprechend den Werten unserer heutigen Marktgesellschaft.

Selfmademan: Der Körper in der Markt- und Mediengesellschaft

Wir sind jetzt gut gerüstet, um die Forderungen zu verstehen, die unsere zeitgenössische Gesellschaft an den Körper richtet. Zunächst fällt unsere Körper-Obsession auf: Die Sorge um das Wohlergehen, die Gesundheit und Schönheit von Körpern beschäftigt mächtige Industrien, Medien, wissenschaftliche Instanzen, die einzelnen Personen in dieser Gesellschaft. Der Kampf um den perfekten Körper erhält den Rang eines sinngebenden Projekts, das nicht mehr hinterfragt wird.

In gewisser Weise brauchen wir diese Obsession. Stellen Sie sich vor, was passieren würde, wenn wir über den Satz „Wie schön spiegelt sich die Sonne in deinen Halsfalten!" nicht laut lachen würden, oder wenn wir stolz vermelden würden: „Hurra, schon wieder drei Kilo zugenommen!", oder wenn wir nicht mehr an die Macht von rechtsdrehenden Darmbakterien glauben würden. Weite Bereiche der Kosmetikbranche würden zusammenbrechen, ebenso der Markt für Diätratgeber, und probiotische Joghurts würde sowieso niemand mehr kaufen.

Der Körper am Markt

Die folgende Anzeige (Abb. 6) vermittelt einige Aspekte, die für das Körperkonzept des Marktes charakteristisch sind.

Der Slogan würde zunächst darauf hindeuten, dass wir es mit der Vorstellung des fühlenden Körpers zu tun haben. „Listen to your body" sagt ja, dass man auf seinen Körper hören soll. Um dies zu tun, schlägt die Anzeige jedoch ein Gerät vor, eine Pulsuhr,

Abb. 6

die es jedem ermöglicht, in einem optimalen Bereich zu trainieren (wobei in umfangreichen Messreihen gewonnene Resultate die Standards vorgeben).

Das Bild zeigt eine unterschiedliche Zusammenstellung von Körpern, die unterschiedlicher ist, als dies Anzeigen im Allgemeinen tun: alte und junge, weiße und farbige, männliche und weibliche Körper. Dies dokumentiert den umfassenden Anspruch der vorgeschlagenen Messtechnologie, aber die Headline der Anzeige spielt auf die individuelle Ausprägung von Körpern an und damit darauf, dass in jeden Körper die Bemühungen seines Besitzers eingeschrieben sind, einen optimalen Körper zu erzielen. Man ist in jedem Alter und unter jedem Lebensumstand für den Zustand seines Körpers verantwortlich. Man wird dabei aber sinnvoll durch die Angebote des Marktes unterstützt, die ihrerseits auf Technik und Wissenschaft zurückgreifen.

Genau dies liegt im Zentrum unseres gegenwärtigen Körperdiskurses: Jeder ist für den Zustand seines Körpers selbst verantwortlich. Er hat alles zu tun, um den perfekten Körper zu erzielen und zu erhalten, muss stets dafür sorgen, gesund zu bleiben, Krankheiten vorzubeugen, jederzeit einen optimalen Körperzustand vorweisen zu können, schön, schlank und fit zu sein. Dazu braucht es Disziplin, Willensstärke, eine gewisse Askesebereitschaft. Staatliche, medizinische und marktwirtschaftliche Instanzen können ihn in diesem Prozess unterstützen, aber es gibt prinzipiell keine Autoritäten, die diese Vorgänge erzwingen könnten, sie sind vielmehr freiwillig von jedem Einzelnen zu leisten.

Dabei existieren detaillierte Vorstellungen und Vorgaben darüber, welcher Typ von Körper erzielt werden soll, welcher Körper und welcher Zustand des Körpers erstrebenswert ist. Dieses Körperideal ist durch ein bestimmtes Aussehen gekennzeichnet: makellos, jung, schlank, sehnig, beweglich, elastisch. Dazu gehört aber auch körperliche Leistungsfähigkeit/Fitness sowie Gesundheit – ein schöner Körper ist notwendigerweise ein gesunder Körper bzw. einer der Indikatoren für Gesundheit und eines der Ziele von gesundheitsbezogenen Praktiken ist die Schönheit des Körpers. „Gesundheit ist schön", wählt die Kosmetikmarke Vichy als zentrale Aussage für ihre Produkte.

Dieses Ideal signalisiert erotische Attraktivität, einen hohen sozialen Status, es bildet eine Quelle von Lust, Stolz und ist oft die Basis der personalen Identität. Es stellt im Bereich des Marktes eine wichtige Konzeption des Wünschenswerten dar und agiert im Bereich der Bedürfnisse, Wünsche und Sehnsüchte des Einzelnen als starke Triebkraft, die mit dem Konzept der autonomen Person in Einklang steht: Ich selbst habe es in der Hand, wie gesund und schön ich bin, bzw. muss ich mit sozialen Sanktionen rechnen, wenn ich nicht dem Ideal entspreche, da ich es eben hätte steuern können.[51]

Wir haben in den einleitenden Kapiteln gesehen, dass sich diese Vorstellungen in einem langen historischen Prozess formten,

51 Genau dies ist die Konsequenz, wenn eine Gesellschaft auf dem Konzept der autonomen Person und damit der Willensfreiheit besteht – was keineswegs in allen Gesellschaften der Fall ist. Egal ob es diese Autonomie (Willensfreiheit) objektiv gibt oder nicht: Wenn sie eine Gesellschaft als gegeben voraussetzt, kann sie jede Person so behandeln, als ob es in derem Ermessen gestanden hätte, auf eine bestimmte Weise zu handeln. Vgl. dazu Wolfgang Prinz: Free will as a social institution, in: Susan Pockett, William P. Banks, Shaun Gallagher (Hg.): Does Consciousness Cause Behavior? Cambridge 2006, S. 257–276

aber es ist auch deutlich, dass in dieses Körperkonzept die Werte einer Marktgesellschaft eng eingeschrieben sind. Körperkonzepte hängen in jeder Gesellschaft mit ihren sozialen Leitwerten und damit auch mit ihrer Ökonomie zusammen, mit ihrer materiellen Basis, mit der Art, wie die Gesellschaft den Lebensunterhalt ihrer Mitglieder organisiert: Agrargesellschaften entwickeln andere Körperkonzepte als Jäger- oder Kriegergesellschaften.

Unsere westliche Gesellschaft ist bekanntlich eine hochdifferenzierte Marktgesellschaft: Es ist die marktorientierte Ökonomie, die unsere Lebensgrundlage im materiellen Sinne bereitstellt, wir basieren auf der Produktion und Konsumation von Gütern, die wir durch Arbeit und Geld erwerben. Die Werte des Marktes besitzen für uns hohe Relevanz, auch in Feldern, die nicht unmittelbar mit unserer Ökonomie zu tun haben. Dies ist im Übrigen in jeder Gesellschaft der Fall.[52]

Alle Gesellschaften und auch die historischen Epochen unserer Gesellschaft kennen Märkte, aber diese waren im Allgemeinen scharf abgegrenzte Subsysteme, die zu bestimmten Zeiten und an bestimmten Plätzen stattfanden und die tatsächlich nur eine bestimmte Form, Güter zu tauschen, darstellten. Erst im 19. Jahrhundert begann das Prinzip Markt in unserer Gesellschaft auch andere Felder zu erfassen und letztlich zum Prinzip zu werden, nach dem die Gesellschaft als Ganzes organisiert wurde.[53]

---

52 Nordamerikanische Indianerstämme, die von der Büffeljagd lebten, konnten dabei nur erfolgreich sein, wenn sie die Jagd über enge Kooperationsmechanismen organisierten. Rivalitäten, rücksichtsloser Wettbewerb der Einzelnen hätte den Erfolg der Jagd in Frage gestellt. Die Stämme entwickelten einen spezifischen Mythos, was das Verhalten der Büffel betraf: Sie waren überzeugt, dass sich die Büffelherden in alle Winde zerstreuten, wenn sie in ihrer Umgebung menschlichen Streit riechen konnten.

53 Vgl. Karl Polanyi: The Great Transformation, New York 1944, dt.: Politische und ökonomische Ursprünge von Gesellschaften und Wirtschaftssystemen, Frankfurt am Main 1978

Diese Entwicklung schreitet immer weiter voran: Wir sind inzwischen in nahezu jedem Feld überzeugt, dass der Markt die beste aller Lösungen ist, auch in Feldern, die früher anders organisiert wurden, etwa Bildung, öffentliche Mobilität, Gesundheit. Markt ist für uns weit mehr als eine bestimmte Art, Güter zu tauschen, es ist zum bestimmenden Prinzip der Organisation unserer Gesellschaft geworfen. Damit haben auch die Werte, die Märkte charakterisieren, an Bedeutung gewonnen: Vorrang des Individuums und seiner Bedürfnisse, Eigennutz als legitimes Motiv, Wettbewerb, Freiwilligkeit, Autonomie, Selbstaushandeln aller Regeln, Wahlfreiheit, gleiche Chancen für jedermann, der an einem Markt teilnehmen kann, Effizienz und Erfolg als Leitbegriffe – Märkte sind untrennbar mit der Kultur des Individualismus verbunden.

Einige der Leitwerte von Marktgesellschaften wurden im Übrigen schon im 18. Jahrhundert entwickelt, und zwar durch Adam Smith. Dieser war der Meinung, Gesellschaften würde es dann am besten gehen, wenn jeder seinen individuellen Eigennutz optimierte, allerdings im Rahmen ethischer Vorschriften. Die Verfolgung des persönlichen Glücks und Wohlergehens fördere das allgemeine Interesse besser, als wenn man dies direkt versuchte. Smith zufolge ist es die „unsichtbare Hand" des Marktes, die dafür sorgt, dass Wohlstand für alle entsteht.

Bernard de Mandeville (1670–1730) gab diesen Ideen dann eine zynische Wendung, indem er davon ausging, dass nicht Tugend, sondern Laster das öffentliche Wohl am besten befördere. Dies sagt der Untertitel seines bekannten Werks „The Fable of the Bees or Private Vices, Public Benefits".[54] Trotz allem Zynismus ist das eine Maxime, die auch heute noch gilt, auch was die Steuereinnahmen des Staates und die Verdienstmöglichkeiten von Unternehmen betrifft.

---

54 Bernard de Mandeville: The Fable of the Bees or Private Vices, Public Benefits, 1723, dt.: Die Bienenfabel oder Private Laster, öffentliche Vorteile, Frankfurt am Main 1980

Adam Smith (1723–1790)
Schottischer Moralphilosoph, Begründer der Nationalökonomie
Hauptwerke: The Theory of Moral Sentiments, 1759 (dt.: Die Theorie der ethischen Gefühle), An Inquiry into the Nature and Causes of the Wealth of Nations, 1776 (dt.: Untersuchung über das Wesen und die Ursache des Reichtums der Völker)
Adam Smith forderte zum ersten Mal, dass das Streben nach privatem Glück und Wohlstand, der Eigennutz, höher bewertet werden solle als das öffentliche Interesse. Indem jeder seinen privaten Interessen nachgehe, würde der öffentliche Wohlstand besser vermehrt, als wenn dieser durch Anordnungen direkt verfolgt würde. Dafür sorge die „unsichtbare Hand" des Marktes.
Smith forderte somit die freie Marktwirtschaft und zum ersten Mal einen bürgerlichen Rechtsstaat, der kein eigenes Interesse durchsetzt, sondern nur die Rahmenbedingungen bereitstellt, innerhalb derer sich Wohlstand entfaltet. Es wird oft vergessen, dass Smith jedoch keinen ungezügelten Eigennutz befürwortete, sondern einen ethisch, vor allem durch den Wert des Mitgefühls, begrenzten.

All dies hat großen Einfluss auf die Forderungen, die die Gesellschaft in Bezug auf Gesundheit, Schönheit und Körperbewusstsein an den Einzelnen stellt, und auch auf die Entwicklung von Körperkonzepten und körperbezogenen Aktivitäten. Das moderne Subjekt hat die Forderung nach Autonomie außerordentlich ernst zu nehmen, auch der Körperdiskurs trägt dazu bei, es zu formen: selbstverantwortlich, klug, informiert, diszipliniert. Dem Körper kommt daher sowohl in der öffentlichen Argumentation wie im Bewusstsein des Einzelnen eine eminente Aufmerksamkeit zu: Es herrscht nicht nur ein gewisser Tugendterror, der den Einzelnen permanent dazu aufruft, sich über den Zustand seines Körpers Gedanken zu machen, der Körper scheint vielen Menschen heute auch das einzige Objekt zu sein, über das sie noch Verfügung haben und das in einer zunehmend virtueller werdenden Welt real und physisch präsent ist.

Der Einzelne hat dafür hart an sich zu arbeiten, es stehen allerdings auch beträchtliche Belohnungen in Aussicht: Der Körper ist mittlerweile ein wichtiges Element im Kampf um Distinktion, um positive Abhebung geworden, er ist ein hochrelevantes Statussignal, gewissermaßen eine Bioaktie, in die sich zu investieren lohnt. Jeder, der Geld hat, kann sich teure Objekte kaufen, aber einen perfekten Körper erzielt man nur über ein hohes Maß an finanziellem, sozialem und kulturellem Kapital: Man muss Geld aufwenden, man muss die entscheidenden Experten kennen, die einem dabei helfen, diesen Körper zu erzielen.[55] Man muss wissen, dass man seinen Körper in spezifischer Weise zu formen hat, dass er sowohl gesund und leistungsfähig als auch schön – dem geforderten Schönheitsideal entsprechend – zu sein hat.

Dies stellt nicht nur ein soziales Diffenzierungsmerkmal dar, sondern ist auch die Konsequenz sozialer Unterschiede, die damit weiter fortgeschrieben werden: Höhere soziale Gruppen verfügen im Allgemeinen eher über die gesellschaftlich geforderten Körper, wobei sie die spezifischen Behandlungsstrategien, Körpertechniken und Körperkonzepte im Zuge ihrer Erziehung erwerben und weitergeben. Pierre Bourdieu hat dies in seinem Buch „Die feinen Unterschiede" detalliert beschrieben. Die dem Körper quasi eingeschriebene Haltung bezeichnet er als Habitus.[56]

Ein solcher Körper signalisiert auch, dass man über das geforderte Maß an Disziplin und Selbstverantwortung verfügt. Konse-

---

55 So gibt es einen boomenden Markt der Personal Trainer, die sich einer Person indivduell annehmen und ihr helfen, den optimalen Körper zu formen.

56 Pierre Bourdieu: La distinciton. Critique sociale du jugement, Paris 1979, dt.: Die feinen Unterschiede. Kritik der gesellschaftlichen Urteilskraft, Frankfurt am Main 1982

quenterweise kann man daher Personen, die gegensätzlich ausgeformte Körper besitzen, stigmatisieren: Sie sind undiszipliniert, uninformiert, haltlos, ihren Lüsten hingegeben und verfügen daher über einen fetten Körper, der weder Jugend noch Gesundheit oder Beweglichkeit anzeigt.

Dieses Körperregime kann tatsächlich in einer religiös geprägten Semantik vorgetragen werden. Wenn man die Devotionsübungen, die der Körper fordert, nicht macht, wenn man durch Nachlässigkeit sündigt, wenn man den Körper nicht gut behandelt, dann wird man bestraft: einmal durch den Körper selbst, der sich in einen quälerischen Agenten verwandelt, und einmal durch die Gesellschaft, die einem in dem Spiel um Distinktion zurückfallen lässt.

Der Körper erscheint so als das „finest consumer object" (Jean Baudrillard), er agiert als Zeichenträger für wichtige kulturelle Ideale, als „bridge to our ideals", wie es Mary Douglas nennt, bzw. als Materialisierung ideeller Werte, er ist der Fetisch, der narzisstisches Vergnügen verspricht, und er ist ein wichtiges Element im Kampf um Statusgewinn und Distinktion. In den Worten von Jean Baudrillard: „Im Bereich der Konsumgüter gibt es ein Objekt, das schöner, kostbarer, spektakulärer als jedes andere ist, das mit noch positiveren Konnotationen ausgestattet ist als das Automobil – dieses Objekt ist der Körper. Seine Wiederentdeckung im Sinne der physischen und sexuellen Befreiung nach einem Jahrhundert des Puritanismus, seine Allgegenwärtigkeit in Werbung, Mode, Populärkultur, der Hygiene-Diät-Therapiekult, der ihn umgibt, die besessene Beschäftigung mit Jugend, Eleganz, Männlichkeit, Weiblichkeit, mit Behandlungen und Vorschriften, die Opferpraktiken, die all dies begleiten, zeugen davon, dass der Körper heute zu einem Heilsobjekt geworden ist. Er hat buchstäblich die moralischen und ideologischen Funktionen der Seele übernommen."[57]

---

57 „In the consumer package there is one object finer, more precious more dazzling than any other and even more laden with connotations than the

Dies ist beim gegenwärtigen Stand unserer Märkte besonders relevant. Sehr viele Produktfelder sind inzwischen so perfektioniert, dass ein Fortschritt im Sinne des „schneller, besser, mehr davon" kaum mehr möglich ist.[58] Viele Produktfelder sind so ausdifferenziert, dass die Konsumenten den Überblick verlieren und Konsummotivationen, die auf dem bloßen Wettbewerb zwischen den Produkten beruhen, zunehmend schwächer werden. Zwar ist es immer noch möglich, nicht auf den Besitz, sondern auf den damit verbundenen Erlebnisgewinn Bezug zu nehmen, aber das Ausweichen auf Felder, die nichts mit dem Erwerb von Produkten zu tun haben, ist dennoch eine hochrelevante Strategie.

Der Körper ist so gesehen das perfekte Objekt für eine Marktgesellschaft: Körper sind nie perfekt, etwas daran ist immer zu verbessern, man kann Vorsorgemaßnahmen gegen immer kleinere Gefährdungen treffen, auch wenn alles perfekt erscheint, ist immer noch eine Optimierung möglich. Dazu ist es notwendig, die Anforderungen an Gesundheit, Leistungsfähigkeit und Schönheit immer weiter zu steigern und immer subtilere Beobachtungskriterien zu entwickeln.

In unserem gegenwärtigen Körperkonzept mischen sich zwei Wertesysteme, die für unsere marktorientierte Gesellschaft besonders wichtig sind: Leistungsfähigkeit, die durch Gesundheit gewährleistet wird, und eine perfekte Oberfläche: Schönheit. Schönheit wird dabei mit Jugendlichkeit und Makellosigkeit

---

automobile ... that object is the body. It's ‚rediscovery', in a spirit of physical and sexual liberation after a millennial age of Puritanism, its omnipresence in advertising, fashion and mass culture, the hygienic, dietetic, therapeutic cult which surrounds it, the obsession with youth, elegance, virility, feminity, treatments and regimes, and the sacrificial practises attaching to it all bear witness to the fact that the body today has become an object of salvation. It has literally taken over the moral and ideological function of the soul." Jean Baudrillard: The Finest Consumer Object: The Body, in: The Body. A Reader, S. 276

58 Vgl. Gerhard Schulze: Die beste aller Welten. Wohin bewegt sich die Gesellschaft im 21. Jahrhundert? München 2003

gleichgesetzt, sie fordert den schlanken, glatten und perfekt geschlossenen Körper. Der Körper, den wir zu erzielen haben, ist vital, jung, makellos, schlank, gesund, beweglich, leistungsfähig, jederzeit einsatzbereit, belastbar, zivilisiert und diszipliniert. Er signalisiert eine Person, die über die richtige moralische Haltung verfügt, jederzeit Herr ihrer Affekte ist und selbstverantwortlich an den gesellschaftlich geforderten Vorgaben arbeitet.

Naturgemäß ist dies ein kulturelles Ideal, eine Vorgabe, wie es zu sein habe, keineswegs eine Beschreibung der sozialen Realität. Diese demonstriert geradezu das Gegenteil: Sämtliche in den westlichen Industrienationen durchgeführten Studien zeigen, dass es einen erheblichen Anteil von übergewichtigen, teilweise extrem übergewichtigen Personen gibt und dass sich dieses Übergewicht bereits bei Kindern beobachten lässt. Die genauen Prozentwerte schwanken je nach Definition von Übergewicht und Messmethode, sie liegen zwischen 30 und 50 Prozent bei Erwachsenen und zwischen zehn und 20 Prozent bei Kindern bzw Jugendlichen. Fast alle Studien ergeben auch, dass dabei ein sozialer Zusammenhang besteht: Übergewicht ist weitaus deutlicher in sozial unteren und bildungsfernen Gruppen verbreitet.

Festgestellt wurde aber auch, dass das gemessene Übergewicht keineswegs mit der subjektiven Selbsteinschätzung korreliert. So veröffentlichte der deutsche KIGGS Kinder und Jugendgesundheitssurvey Zahlen, denen zufolge sich 44,5 Prozent der Mädchen zwischen elf und 17 Jahren als etwas zu dick und zehn Prozent als viel zu dick bezeichnen, obwohl objektiv 75 Prozent der Mädchen ein normales Gewicht aufwiesen, 9,5 Prozent allerdings übergewichtig und 8,3 Prozent adipös, also deutlich fettleibig waren. Dabei waren bei den elf- bis 13-jährigen Mädchen mit niedrigem Sozialstatus 14,7 Prozent adipös, bei Mädchen mit hohem Sozialstatus nur drei Prozent. Bei männlichen Jugendlichen halten sich nur 4,7 Prozent für viel zu dick. Erwachsene Übergewichtige verdrängen das Problem überhaupt, sie halten sich noch für normalgewichtig, wenn sie bereits deutliches Übergewicht zeigen.

Dass der schlanke Körper dennoch das normative Ideal darstellt, zeigen Studien zur Diskriminierung von Übergewichtigen bei Wohnungs- und Jobsuche, teilweise auch bei medizinischen Untersuchungen. So geben zwölf Prozent der US-Bürger an, sie seien wegen ihres Übergewichts diskriminiert worden, Frauen mehr als Männer. Das Ausmaß der Diskriminierung steigt dabei mit dem Body-Mass-Index, der zur Bestimmung von Übergewicht herangezogen wird. Fette Menschen fungieren so als „cultural criminals“, durch ihre Abweichung machen sie wie Sünder oder Verbrecher klar, was das geforderte Verhalten der Vernünftigen und moralisch Guten ist.[59]

Es ist ein komplexes Gefüge von Faktoren, das zu dieser Entwicklung geführt hat: eine umfangreiche Verführung durch eine Palette schnell zu konsumierender, hochkalorienreicher Nahrungsmittel, Abnahme häuslicher Verpflegungsvorgänge, Auflösung der Mahlzeitrhythmen, Bewegungsmangel angesichts einer zunehmend auf das Sitzen konzentrierten Berufstätigkeit. Natürlich sind auch genetische und biologisch bedingte Ursachen verantwortlich – diese werden im Übrigen von Übergewichtigen meist als Ursache für ihr Gewicht angeführt.

Verzicht, Disziplin, Steuerung durch die Vernunft sind keineswegs selbstverständlich, es sind vielmehr viele, im Zuge von Erziehungs- und Sozialisierungsvorgängen erlernte, Fähigkeiten notwendig, ein Erlernen des Aufschubs der Bedürfnisse. Man sollte auch nicht vergessen, dass Essen weitaus mehr ist als Kalorienzufuhr. Essen stellt eine wichtige Quelle dar, sich sofort und autonom Lust zu verschaffen, es tröstet, es schafft Gemeinschaften, es kann dazu verwendet werden, um subtile Botschaften auszudrücken.[60]

---

59 R. M. Puhl, T. Andreyeva, K. D. Brownell: Perceptions of weight discrimination: Prevalence and comparison to race and gender discrimination in America. International Journal of Obesity, März 2008

60 Vgl. dazu Karmasin, Die geheime Botschaft unserer Speisen

Vor allem aber wird in diesen Verhältnissen ein Dilemna von Marktgesellschaften deutlich: Sie müssen eigentlich das Begehren fördern, die Gier, mit der die Konsumenten nach den zahlreichen Produkten des Marktes verlangen, ohne dass die Stimme der Vernunft eingeschaltet wird. Märkte sind nicht unmoralisch, aber ihr primärer Leitwert ist nicht Moral, sondern Profit und dieser ist mit dem Appell an eine ganze Reihe von Motiven zu erzielen, wobei der Appell an Disziplin eher eine schwache Antriebskraft ist.

Da die Vorgaben über die perfekten Körper aber so stark sind, da die Werbung selbst diese Körperideale verführerisch propagiert, kann der Markt natürlich das schlechte Gewissen ausnützen, die Sehnsucht der imperfekten Körper nach dem Idealzustand. Dafür gibt es riesige Märkte: Kosmetik, Ernährung, Ratgeber etc., die alle versprechen, dem geforderten Ideal „ganz ohne Mühe" näher zu kommen. Ebenso legitimieren aber auch politische Institutionen ihre Strategien der Lenkung und der Sorge um das öffentliche Wohl, indem sie zu einem „Krieg gegen das Fett" aufrufen.

Im Grunde zeigt sich im Nebeneiander der Tyrannei der Schlankheit und Schönheit und den vielen übergewichtigen Körpern abermals das Phänomen, das Mary Douglas beschrieben hat: Der Körper ist bevorzugt das System, an dem kulturelle Konflikte, Empfindlichkeiten und Leitideen abgehandelt werden – er ist ein „natural symbol".

Der Körper in der Mediengesellschaft

Diese Relevanz des Körpers und die Ausformung eines bestimmten Körperkonzepts werden durch die zunehmende Medialisierung unserer Gesellschaft weiter verstärkt. Medien dringen in immer weitere Bereiche unserer Alltagswelt ein, der Prozess der Entdinglichung des Realen schreitet immer weiter voran. Andererseits entwickelt unsere Gesellschaft seit dem 18. Jahrhundert eine hohe Wertschätzung des Authentischen und Natürlichen.[61] Die Beschäftigung mit dem Körper stellt eine der wenigen Möglichkeiten dar, sich etwas scheinbar Natürlichem und Authentischem zuzuwenden.

Beträchtlich ist der Einfluss, den Medien und mediale Darstellungen auf die Durchsetzung spezifischer Körperkonzepte haben, auch wenn dies von den Produzenten nicht explizit angestrebt wird. Wenn man so will, übernehmen Medien heute die Aufgabe, die staatliche Institutionen bei der Verbreitung des disziplinierten Körpers im 18. Jahrhundert spielten.

Um ein spezifisches Körperkonzept durchzusetzen, bedarf es stets eines ganzen Arsenals von Gegebenheiten. Auf der Ebene des einzelnen Individuums: Sehnsüchte, Wünsche, Ängste, Anreize; auf der Ebene der sozialen Gruppen: soziale Sanktionen, Distinktionsgewinne, soziale Mileus, Vorbilder; auf der Ebene der Kultur: Leitwerte, wissenschaftliche Aussagen, Institutionen.

In unserer Gesellschaft, die den Idealen des Neoliberalismus verpflichtet ist, die demokratisch und parlamentarisch organisiert ist, würden wir naturgemäß nicht die Institutionen des 18. Jahrhunderts akzeptieren, die Körperkonzepte über Kontrolle und Zwang durchsetzten. Das heißt nicht, dass wir nicht mächtige Institutionen kennen, die uns sehr wohl beeinflussen und die ein bestimmtes Verhalten ermöglichen oder, wie Kulturkritiker behaupten, vielleicht auch erzwingen. Auch hier wird die Entwicklung vom Außenzwang zum Innenzwang deutlich.

Es sind die Bilderfluten, die Medien jeder Art (Werbung, Zeitschriften, Spielfilme, Fernsehserien, neue Medien etc.) erzeugen: Wir alle sind dauernd diesem Strom von Bildern ausgesetzt, in denen Körper gezeigt werden – wünschenswerte Körper oder negativ gesetzte Körper. Man kann als Einzelner die Botschaften dieser Bilder als verpflichtend für das eigene Verhalten annehmen

---

61 Kornelia Hahn, Michael Meuser: Körperrepräsentationen. Die Ordnung des Sozialen und der Körper, Konstanz 2002

oder nicht, in jedem Fall veröffentlichen Medien das, was wir unter einem wünschenswerten Körper zu verstehen haben.

Körperbilder und Körperkonzepte werden also sowohl durch reale Vorbilder als auch durch mediale Repräsentanten geformt. Das sind nicht nur Schauspieler, Models, berühmte Stilikonen, sondern auch medial geschaffene Figuren wie jene in Filmen und TV-Serien, die speziell auf Kinder und Heranwachsende einen großen Einfluss ausüben. Sie alle propagieren das Ideal des makellosen, schlanken, jugendlichen, sportlichen Körpers und sie veröffentlichen auch den jeweils neuesten Stand der Körperideale. So zeigen diese medialen Repräsentanten im Bereich der Jugendkultur derzeit nicht mehr den leistungsfähigen, muskelbepackten Körper der Fitnesskultur, sondern einen beweglichen, makellosen, schlanken, auch androgynen Körper. Diese Körper werden auch im Bereich des Jugendsports, etwa der Snowboardkultur, demonstriert, wo es nicht auf Kraft, sondern auf akrobatische Gelenkigkeit ankommt und wo Körper vollkommen androgyn präsentiert werden.

Die Entwicklung dieses Körperideals zeigen auch Figuren, die gänzlich medial erschaffen sind, so jene in James Camerons Film „Avatar“. Darauf werden wir im Kapitel über „schöne Körper“ noch näher eingehen.

Eine weitere Beeinflussung von realen Körpern anhand medial repräsentierter stellt schließlich die Entwicklung des „social net“ dar: Facebook, YouTube etc. Diese Medien ermöglichen Sichtbarkeit in einem quasi öffentlichen Raum für jedermann. Indem ich private Bilder von mir veröffentliche – „ich beim Baden“, „ich beim Sport“, „ich in der Sauna“ –, stelle ich notwendigerweise auch meinen Körper dar. Wenn ich das nicht tue, beschränke ich mich auf eher langweilige Situationen.

Für alle diese ausgestellten Körper aber gilt das Gebot der Schlankheit: Wenn fette Körper ins Netz gestellt werden, ist mit drastischer Abwertung anderer Teilnehmer zu rechnen. Das gilt schon für Kinder, die andere fette Kinder geradezu mobben.

So entsteht ein „digital divide“ der besonderen Art: Um als junger Mensch adäquat am Leben im Netz teilnehmen zu können, was als Vorbedingung einer sozial kompetenten Person gilt, und um eine Rolle in für mich wichtigen sozialen Gruppen zu spielen, muss ich über einen perfekten Körper verfügen.

Schließlich basiert auch die Konstruktion virtueller Personen in den MUDS, in Rollenspielen, auf Körperkonzepten der zeitgenössischen Realität, die dadurch weiter verstärkt werden. Dies wird etwa im Bereich der Inszenierung der Geschlechter deutlich. So werden zum Beispiel männliche Figuren zum Selbstmord aufgefordert, wenn sie zu viele Emoticons setzen, weil diese Gefühlsäußerungen als adäquat für Frauen, nicht aber für Männer klassifiziert werden.[62]

Das Cryos-Kind

Das folgende Beispiel zeigt, wie weit der Markt mit seiner spezifischen Ideologie in Bereiche der Körperbehandlung bereits eingedrungen ist und wie sehr die Möglichkeiten der Selbststeuerung schon genutzt werden.[63] Auf der Website der Cryos-Samenbank, die in New York beheimatet ist, ist das Bild eines lieben Babys zu sehen und die Überschrift: „Congratulations! It’s a Viking.“ Cryos bietet Personen, die sich zu einer künstlichen Befruchtung entschlossen haben, Samenspenden an, aus denen man die für sich geeignetste auswählen kann. Der Internethandel mit Samen ist in den USA eine gebräuchliche Form, ganz im Gegensatz zu Europa, wo es meist der Arzt ist, der den Samen auswählt. Bemerkenswert am amerikanischen Ansatz sind zwei Dinge: Zum einen wird Samen hier dezidiert im Sinne eines Konsumguts angeboten und zum anderen wird für die Wahl des Unternehmens argumen-

---

62 Christiane Funken: Körper Online, in: Körperrepräsentationen, S. 261 ff.

63 Journal of Consumer Culture 9/1, März 2009

tiert, dass dieses Unternehmen nur Samen erster Qualität führt, was über die Verbindung zum Komplex des Vikingbabys begründet wird: Viele Spender stammen aus der skandinavischen Kultur, sie werden über Merkmale beschrieben, die sie als besonders attraktiv erscheinen lassen: blond, blauäugig, groß, kräftig, schlank, gebildet, heterosexuell, aber auch sensibel und einfühlsam.

Damit wird ein ganzes Bündel an kulturellem Wissen, aber auch an kulturellen Bewertungen abgerufen. Zunächst einmal die Attraktivität des Komplexes Wikinger/Skandinavier, woran sich Bilder von starken und mutigen Männern knüpfen, dann auch ein bestimmtes Bild von Männlichkeit, das durch physische Attraktivität, Kraft, aber – da es sich um moderne Männer handelt – auch Sensibilität gekennzeichnet ist (so legen die Samenspender jeweils einen Brief bei, in dem sie ihre Entscheidung, Samen zu spenden, mit sensiblen und menschenfreundlichen Argumenten erklären).

Es sagt aber auch etwas über die Gesellschaft und die Individuen aus, von denen ja vorausgesetzt werden muss, dass sie sich genau jene blonden, blauäugigen, großen, kräftigen Männer als Väter für ihre Kinder wünschen – erstaunlich für eine moderne multikulturelle Gesellschaft.

In den Prospekten von Cryos wird dann weiter ausgeführt, dass dieser künstlich zugeführte Samen im Prinzip dem Samen des potenziellen Vaters überlegen sei, einmal durch seine Kraft, dann aber eben durch sein genetisches Material. Wobei das Problem auftritt, dass Männer meist zutiefst beschämt sind, wenn sie erfahren, dass ihr Samen nicht genügend durchsetzungsfähig, zu langsam oder zu schwach ist.

Dies alles demonstriert sehr deutlich unsere Absicht, die Natur zu überlisten, aber auch unseren Wunsch, unter allen Umständen das Perfekteste haben zu wollen, und natürlich auch die Tatsache, dass Marktmechanismen als exzellente Lösungen für alle Probleme betrachtet werden, wobei dann wieder auf weitverbreitete Konzeptionen des Wünschenswerten zurückgegriffen wird.

Auch in Österreich gibt es bereits einen vergleichbaren Ansatz. Eine Grazer Klinik für Reproduktionsmedizin bietet Frauen, die Karriere machen wollen, an, eine Eizelle einfrieren zu lassen, wenn sie die beste Qualität hat, nämlich bei ca. 25 Jahren. Dann können die Frauen beruhigt Karriere machen, denn mithilfe der eingefrorenen Eizelle können sie sich den Kinderwunsch, der sonst vielleicht problematisch verlaufen würde, später erfüllen.

Die Inszenierung politischer Körper

Sie werden sich fragen, was die Inszenierung politischer Körper in einem Kapitel über die Markt- und Mediengesellschaft zu suchen hat. Möglicherweise führt eine solche Verbindung auch zu einer Abwehrreaktion: Wie weit sind wir gekommen, wenn wir Politik unter dem Aspekt der Inszenierung betrachten und nicht unter dem Aspekt der Vernünftigkeit ihrer Argumente?

Wir alle kennen den Vorwurf, dass die Politik amerkanisiert, emotionalisiert und personalisiert wird und dass dies beklagenswert ist. Dabei übersehen wir jedoch, dass Politik zu allen Zeiten Inszenierungen kannte und dass sie diese wohl auch braucht: Politik lebt nicht nur vom vernünftigen Argument, sondern auch von einer rhetorischen Aufbereitung dieses Arguments, sodass es die Emotionen anspricht. Natürlich sollte das nicht die Vernünftigkeit der Argumente beeinträchtigen, aber ohne Inszenierung ist Politik undenkbar. Es scheint übrigens, dass wir weit eher an mangelnden oder einfallslosen Inszenierungen leiden als an Argumenten. Man betrachte dazu nur die Inszenierungen der Idee der Europäischen Union.

In einer Gesellschaft wie der unseren, die für alles und jedes die Zustimmung der Beteiligten fordert, die zahllose Prozesse medialer Inszenierung kennt, darunter auch jene der Konsumgüterindustrie, wäre die Politik gut beraten, ihre Ideen und auch ihre Repräsentanten auf die Qualität ihrer Inszenierungen hin zu prüfen. Dies ist aber immer noch ein Buch über den Körper und nicht über Politik. Der Körper spielt jedoch in Zusammenhang mit Politik eine unübersehbare Rolle: Zum einen werden politische Ideen oft über Vergleiche mit dem Körper vermittelt, zum anderen spielt die Inszenierung der Körper von Politikern eine immer größere Rolle. Sie können nicht irgendwie auftreten, als öffentliche Figuren vermitteln sie vielmehr über ihr Auftreten und über ihre Körperlichkeit eine spezifische Botschaft: Es ist eben auch für sie nicht möglich, nicht zu kommunizieren.

Die Inszenierung politischer Ideen über Körpervergleiche

Wir haben an verschiedenen Stellen des Buches Beispiele für die enge Verschränkung von Körperkonzepten und Gesellschaftsvorstellungen angeführt: die Formung des höfischen Körpers am Übergang vom Mittelalter zur Neuzeit, die des disziplinierten Körpers mit der beginnenden Ausformung der Zentralstaaten, das bürgerliche Juste Milieu mit seiner Betonung von Harmonie und Mittelmaß, die Parallele zwischen Körper und Nationalstaat im 19. Jahrhundert, die Furcht vor Bakterien, die den Volkskörper bedrohen etc. All das hat uns gezeigt, dass zwischen Körperkonzepten und politischen Vorstellungen seit jeher eine enge Beziehung besteht. Beides ist metaphorisch verschränkt: Man kann auch heute noch vom Herzen Europas sprechen und davon, dass die Wirtschaft fit gemacht werden muss. Der Körper dient also dazu, Gesellschaftskonzepte zu verdeutlichen, und auch dazu, sie zu legitimieren, da er ja „von Natur aus“ bestimmte Verhältnisse zeigt, andererseits werden Körperkonzepte sehr oft von den gesellschaftlichen Leitvorstellungen einer Zeit geprägt.[64]

64 „We risk imposing on nature the very stories we like to hear“, nennt das die Kulturwissenschaftlerin Evelyn Fox Keller. Evelyn Fox Keller: Reflections on Gender and Science, New Haven 1985, dt.: Liebe, Macht und Erkenntnis: männliche oder weibliche Wissenschaft? München 1986

Politisch-gesellschaftliche Konzepte bedurften zu allen Zeiten nicht nur einer logischen Begründung, sondern auch einer emotional einprägsamen „Übersetzung", die sie merkbar, attraktiv und überzeugend macht. Von den vielen Verfahren, die dafür zur Verfügung stehen, ist besonders eine rhetorische Figur oft benützt worden: die Metapher. Bei dieser werden zwei Sachverhalte so miteinander in Beziehung gesetzt, dass sie eine Teilmenge von gemeinsamen Merkmalen aufweisen, die einen Vergleich erlauben, dass sich aber darüber hinaus Merkmale des einen Konzepts notwendigerweise auf das andere übertragen.[65] Metaphern finden sich in nahezu allen Überzeugungsstrategien, sie werden auch heute noch vielfach in der Werbung eingesetzt. Wenn etwa Esso sagt: „Tu den Tiger in den Tank", wird niemand annehmen, dass damit ein tierquälerisches Verhalten gemeint ist, sondern jeder versteht die Figur als Metapher.

„Tu den Tiger in den Tank"

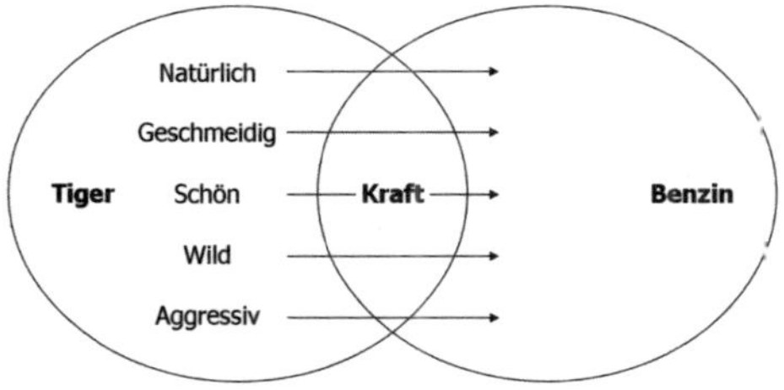

Das verbindende Element ist der Aspekt der Kraft, der damit besonders betont wird, es werden aber auch Merkmale wie natürlich, schön, geschmeidig etc. übertragen.

Auffallend ist nun, dass politisch-gesellschaftliche Vorstellungen sehr oft mit Metaphern verbunden werden, die sich inhaltlich auf biologische Gegebenheiten oder eben auf Körper beziehen,

65 J. Dubois, F. Edeline, J. M. Klinkenberg, P. Minguet, F. Pire, H. Trinon: Rhetorique Generale, Paris 1970

auf ihre Konstruktion oder ihr Funktionieren, sie stützen sich also auf das Wissen, das eine Gesellschaft über den Körper hat. Die Überzeugungskraft dieser Metapher liegt offenbar darin, dass der Körper etwas Selbstverständliches zu sein scheint, etwas Gegebenes, das jedermann bekannt ist, etwas Natürliches, das anders nicht sein kann.

Die Beispiele, die sich für diese Koppelung finden lassen, sind primär historische, sie reichen bis in die Zeit des Zweiten Weltkriegs, ab diesem Zeitpunkt werden kaum mehr Staatsdarstellungen und Metaphern aus dem Bereich des Körperlichen gewählt, um die Überzeugungskraft von politischen Argumenten zu steigern. Je mehr der Staat also zu einer Vertragsdemokratie wird, die durch Regeln und bürokratische Verwaltungen gesichert ist, desto weniger besteht eine Notwendigkeit, in dieser Form zu argumentieren. Die Europäische Gemeinschaft etwa hat sich nie um irgendeine Form der Rhetorik bemüht, um sich als Zusammenschluss von Staaten darzustellen. Auf anderen Ebenen existieren jedoch diese Vorstellungen weiter, so etwa in der Koppelung von Terrorismus und Bioterror oder in der Metapher vom Fitmachen der Wirtschaft.

Aus der Antike stammt eines der berühmtesten Beispiele für diese Körpermetaphorik. Titus Livius schildert in seinem Buch „Das Leben des Koriolan" die Rede des Koriolan, in der er die aufgebrachten Plebejer, die die Vorrechte der Senatoren nicht legitimiert sahen, beschwichtigte. Er verglich das Gemeinwesen mit dem Körper, in dem Herz, Kopf, Glieder jeweils ihre Rollen zu erfüllen haben: der Kopf die der Lenkung – das waren die Senatoren –, die Glieder die der Arbeit, der Fortbewegung etc. – das waren die Plebejer. Nur wenn alle Glieder und Körperteile, die von Natur aus verschieden sind, die ihnen von Natur aus zugedachten Funktionen erfüllen, kann es einem Gemeinwesen gut gehen – eine klare und prägnante Übersetzung des hierarchistischen Gesellschaftsmodelles.

Ebenso eindrucksvoll ist die Darstellung des Staates bei Hobbes. In dem berühmten Titelblatt des „Leviathan" erscheint der

Staat unter dem Bild eines Körpers, der aus den einzelnen Körpern der Gesellschaftsteilnehmer gebildet ist, die alle als gesichtslos, anonym, gleichförmig und beherrscht durch Schwert und Glaubenszeichen gesehen werden.[66]

Abb. 7

Auch religiöse Konzepte stützen sich umfangreich auf Körpermetaphorik. Die katholische Kirche benützt die Metapher von der Zusammengehörigkeit der Mitglieder über die Bezeichnung der Gläubigen als Elemente des Leibes Christi. Sie knüpft ihren zentralen Glaubenssatz sehr deutlich an eine Körpermetaphorik: Dies ist mein Leib.

Auch die von Mary Douglas in „Reinheit und Gefährdung" beschriebenen Reinheitsgebote der jüdischen Kultur stellen diese enge Parallelität dar. Der Körper des Volkes muss von Eindringlingen und Vermischungen rein gehalten werden, ebenso müssen Körperöffnungen strikt kontrolliert werden und es muss strenge Regeln darüber geben, was in den Körper gelangen kann und was nicht.

66 Vgl. dazu auch G. Vowe: Im Schatten des Leviathan. Das Leitbild des modernen Staates, in: T. Knieper, M. G. Müller (Hg.): Kommunikation visuell. Das Bild als Forschungsgegenstand – Grundlagen und Perspektiven, Köln 2001

Die Metaphorik der Bakterien als der unsichtbaren Feinde, die in den Körper eindringen, war seit ihrer Entdeckung allgegenwärtig und entfaltete eine besondere Gefährlichkeit, als sie sich mit der Vorstellung eines Volkskörpers verband; dies war bekanntlich zentral in der Argumentation des Nationalsozialismus.

Diese Metapher betont das Naturhafte des Gesellschaftszusammenschlusses und gleichzeitig das Geschlossene, nach außen Begrenzte und im Inneren Zusammenhängende sowie die vitalistischen Komponenten – ein Volkskörper kann wie ein Lebewesen entstehen und vergehen, er muss ernährt werden, vor Krankheiten, Eindringlingen geschützt werden etc. Rainer Guldin geht in seinem sehr lesenswerten Buch dieser engen Verschränkung von Politik und Körpermetaphern nach.[67]

Unsere heutigen Körperkonzepte speisen sich deutlich aus der Kultur des Individualismus, die unsere prägende politisch-gesellschaftliche Vorstellung ist, aber auch aus der Kultur des Marktes. Die Merkmale, die unsere Körperkonzepte charakterisieren, finden sich in vielen anderen Bereichen unserer Gesellschaft: Wettbewerb auf jeder Ebene, also auch Wettbewerb der Körper, Eingriffe in den Körper, um ihn zu optimieren, Steigerung der Leistungsfähigkeit, unbegrenzte Wahlmöglichkeiten, zunehmende Ausdifferenzierung aller Teile und spezialisierte Behandlung sehr kleiner und voneinander isolierter Bereiche.

Den Werten der Öffnung und Durchlässigkeit, die wir für unser soziales System postulieren, entspricht die Darstellung von Körpern als geöffnete und bis ins Innere sichtbare Körper. Teilweise beginnen wir auch ein Bewusstsein dafür zu entwickeln, dass nicht alles, was in geschlossene Körper- oder Territorialgrenzen eindringt, vernichtet werden muss.

---

67 Rainer Guldin: Körpermetaphern. Zum Verhältnis von Politik und Medizin, Würzburg 2000

Der Körper des Politikers

Im Bereich der politischen Vorstellungen spielt auch die Körperlichkeit derjenigen, die Macht ausüben, eine Rolle. Diese ist unterschiedlich ausgeformt, aber der Körper des Machtträgers ist zu allen Zeiten von Bedeutung. In vielen Gesellschaften wird dabei der Körper des Regierenden, sei es ein Stammesführer oder König, mit dem Staatswesen gleichgesetzt: Geht es dem Körper des Repräsentanten gut, geht es auch dem Staatswesen gut, schwächelt der Körper des Repräsentanten, schwächelt auch der Staat. Der König von Jukun in Nigerien zum Beispiel wurde in aller Stille erdosselt, wenn er Alterserscheinungen zeigte.[68]

Erst in letzter Zeit ist es bei uns üblich geworden, den Gesundheitszustand von Politikern öffentlich zu machen. In einer Reihe zeitgenössischer Diktaturen ist es auch heute noch unüblich, von der Krankheit der Herrschenden zu berichten, selbst wenn Potentaten im Sterben liegen, wird darüber in den Medien nicht berichtet.

Berühmt ist das Konzept von den zwei Körpern des Königs/Kaisers, das Kantorowicz für das Mittelalter beschrieben hat.[69] Vom Mittelalter bis zum Barock wurde die Legitimierung der Herrschaftsgewalt durch die Lehre von den zwei Körpern des Kaisers/Königs begründet. Der gewählte und gesalbte König besaß einen sakralen Körper, der sein Amt repräsentierte, seine unmittelbar auf Gott zurückführbare Herrschaftsgewalt. Dieser Körper war nicht vergänglich und seine Sakralität zeigte sich zum Beispiel auch darin, dass der König durch Handauflegen Aussätzige heilen konnte, was auch immer wieder praktiziert wurde. Daneben besaß er einen natürlichen Körper, der wie der Körper aller anderen Menschen funktionierte und denselben Einschränkungen unterworfen war.

---

68 Elias Canetti: Masse und Macht, zit. in: Guldin, Körpermetaphern, S. 108

69 Ernst Kantorowicz: Die zwei Körper des Königs. Eine Studie zur politischen Theologie des Mittelalters, München 1990

Die Vorstellung, dass Herrschende über zwei oder mehr Körper verfügen, findet sich in vielen Kulturen. Unserer gegenwärtigen Gesellschaft ist diese Vorstellung fremd. Wir gehen vielmehr davon aus, dass der private Körper des Politikers mit seinem öffentlich gezeigten übereinzustimmen hat, ein Politiker muss in unseren Augen authentisch und natürlich sein. Naturgemäß finden sich in diesen öffentlich gezeigten Körpern Inszenierungsbemühungen, die ihn an unsere Vorstellungen vom Wünschenswerten annähern: In einer Medien- und Marktgesellschaft kann ein Politiker eben nicht jeden beliebigen Körper präsentieren. Untersuchungen zufolge gibt es einen Schönheitsbonus auch beim Wahlverhalten: John F. Kennedy ist ein Beispiel dafür oder auch Obama. In einer kanadischen Studie teilte ein Forscher die Kandidaten für die Parlamentswahlen in drei Stufen von Attraktivtät ein und stellte fest, dass die schönsten dreimal mehr Stimmen erhielten als die unattraktiven.[70] Die Tyrannei der Schlankheit ergreift daher auch die Politiker.

Die Figur des etwas molligen österreichischen Finanzministers Josef Pröll (Abb. 8) wurde immer wieder leicht vorwurfsvoll in den Medien diskutiert, er selbst gab bereitwillig Auskunft über sein Gewicht und die Diät, die er gerade durchführte (was er eigentlich permanent tat).

In der Art, wie sich Politiker in der Öffentlichkeit präsentieren, finden sich darüber hinaus Unterschiede zwischen einer Inszenierung als Privatperson und einer Inszenierung, die der Würde des Amtes angemessen ist – wir erwarten etwa vom Bundespräsidenten oder von der Kanzlerin, dass sie nicht in einem informellen Rahmen im Freizeitlook auftreten. Da die Bandbreite zwischen öffentlich und privat dennoch beträchtlich ist, sind Missgriffe nicht selten.

Epochen und Gesellschaften unterscheiden sich naturgemäß in der Ansicht, ob zu einer attraktiven Inszenierung eines Politi-

70 Vgl. Ulrich Renz: Schönheit. Eine Wissenschaft für sich, Berlin 2007, S. 210

Abb. 8

Abb. 9

kers eine Inszenierung seiner Körperlichkeit gehört oder nicht – und wenn, welcher Körperlichkeit. Wenn wir Tizians Bild von Karl V. (Abb. 9) betrachten, also einer hochrangigen politischen Figur, und uns vorstellen, unser Bundespräsident würde auch nur ansatzweise eine derartige Inszenierung seiner Körperlichkeit versuchen, wird der gewaltige Abstand deutlich. Das ist nicht nur ein Abstand in der Männermode, sondern auch in der Art, wie wir Männer denken, aber auch in den Merkmalen, die wir an politischen Repräsentanten sehen wollen. Ohne die Mode des Hosenlatzes genauer zu interpretieren, liegt eine der Bedeutungen dieser Akzentuierung männlicher Genitalien im Fokus auf die Zeugungsfähigkeit des Besitzers. Männliche Potenz im Sinne von Zeugungsfähigkeit war ein wichtiges Merkmal in einer Gesellschaft, in der Rang primär durch Abfolge geregelt wurde.

Die Inszenierung männlicher Körperlichkeit, speziell der unteren Körperhälfte, ist ab dem 19. Jahrhundert in unserer Gesellschaft im Alltag nicht mehr anzutreffen, sie hält sich nur noch in den Uniformen der Eliteregimenter. Das Bürgertum lässt den Männerkörper unter verhüllenden Anzügen verschwinden, und damit verliert diese Art der Inszenierung für die Politiker der entstehenden parlamentarischen Demokratien jede Bedeutung. Das heißt aber nicht, dass Körper nun in Verbindung mit Politikern bedeutungslos geworden wären. Zum einen scheint es, dass berühmte Politiker jeweils den Körpertyp aufweisen, der wesentliche Werte ihrer historischen Situation ausdrückt, zum anderen gehört auch heute eine bestimmte Inszenierung des Körpers zur politischen Rhetorik. Konrad Adenauer besaß genau den asketischen Körper, der in seiner Zeit, die durch eisernen Aufbauwillen unter Hintanstellung jedes Hedonismus gekennzeichnet war, relevant war.[71] Ludwig Erhard dagegen spiegelt den Wohlstand und die einsetzende Genussfreudigkeit der Sechzigerjahre in seinem Körper wider.

Für hochrangige Politiker ist es gegenwärtig sehr attraktiv, sich als sportlich, körperlich leistungsfähig und wenn möglich mit einem optimalen Körper zu präsentieren: Viele Politiker lassen sich beim Joggen beobachten oder beim Bergsteigen, was meist von etwas älteren Politikern praktiziert wird. Barack Obama zeigt sich als begabter Surfer, Putin betont seine vielfältigen sportlichen Fähigkeiten, er trägt bei jedem Wetter einen sportlich anmutenden Anorak und teilt mit dem französischen Präsidenten Sarkozy die Vorliebe, sich mit nacktem Oberkörper fotografieren zu lassen, der Muskeln aufweist und nach unten in einen relativ flachen Bauch übergeht.

Und der weibliche Körper?

Weder in historischen noch zeitgenössischen Beispielen stellen weibliche Politikerinnen Körperkonzepte vor, die in irgendeiner

71 Danke an Rainer Gries für den Hinweis

Abb. 10

Form ihre Weiblichkeit und erotische Wirkung akzentuieren. Weiblichkeit wird einerseits negiert, so bei Elisabeth I., die sich immer als jungfräuliche Königin inszenierte, die die Reinheit ihrer Untertanen spiegelte, oder bei Golda Meir oder Margaret Thatcher, die sich eher als hart oder männlich anmutend zeigten. Das gegenteilige Konzept ist das des mütterlichen Körpers, Maria Theresia etwa oder, zumindest vom Körpertyp her, auch Angela Merkel.

Als Eva Glawischnig, Klubobfrau der Grünen in Österreich, bei ihrer Hochzeit (damals war sie Stellvertretende Bundessprecherin) ein bauchfreies Top trug, wurde dies wochenlang in allen Medien als abweichendes und unkluges Verhalten zum Thema gemacht. Ähnliche Reaktionen gab es, als Angela Merkel anlässlich der Eröffnung der Osloer Nationaloper in einem dekolletierten Abendkleid auftrat.

In einer semiotischen Analyse der Auftritte österreichischer Politiker, die wir 2010 durchführten, zeigte sich, dass es spezifisch männliche und weibliche Präsentationscodes gibt und dass eine Verbindung zwischen einer Ideologie und einem Auftrittsstil existiert. Dabei zeigten sich auch beträchtliche Unterschiede zwischen deutschen und österreichischen Politikern. Österreichische männliche Politiker folgen in ihrem Auftritt weitgehend einem Stil, den man Beamtenstil nennen könnte: unscheinbar, einfach, ohne Repräsentationsbemühung, ohne offensichtliche

Qualitätssignale, jede Inszenierung des Körpers ist tabu. Auch auf den Bildern aus der Freizeit finden sich keinerlei Inszenierungen des Körpers – dieser verschwindet unter der ernsthaften und bescheidenen Verhüllung. Dies entspricht im Kern dem hierarchistischen Design und es hat auch etwas mit der Auffassung des Staates in Österreich zu tun, der immer noch über weite Strecken als ein charakteristischer Beamtenstaat gesehen wird. Der elegante Businesslook, bei dem der Anzug lässig und ganz natürlich getragen wird und bei dem es viele Qualitätszeichen gibt – vom Stoff über körpernahen, aber nicht engen Schnitt und die richtige Arm- und Beinlänge bis zu guten Schuhen –, ist so gut wie nicht vorhanden. Diesen Stil finden wir bei englischen Politikern wie Cameron, die die Tradition der englischen Herrenmode weiterführen, und neuerdings auch bei deutschen (Ex-)Politikern wie zu Guttenberg oder Rösler. Der Stil lässt sich als ein Design der individualistischen Kultur (Kultur des Marktes/Unternehmers) charakterisieren. Ganz offensichtlich wird hier ein anderes Verständnis von Politik signalisiert als beim Beamtenhabitus der österreichischen Politiker.

Ein anderes Stilkonzept für männliche Politiker besteht im akzentuierten Einfließenlassen modischer Elemente. In Österreich ist dies die Position von Politikern am rechten Rand: Jörg Haider praktizierte dieses Konzept bereits in den Achtzigerjahren, H. C. Strache folgt ihm darin nach: Er zeigt sich in vielen, stets wechselnden Stilen mit modischen Attributen – Schal, umgehängter Pullover, modisch geschnittene Anzüge –, er wechselt dauernd sein Outfit, er zeigt seinen Körper auch beim Sport. Das ermöglicht ihm auszudrücken, was er nicht ist: Zeichenhafte Inszenierungen bieten ja die Möglichkeit zu vermitteln, was man ist, aber auch, was man nicht ist. In diesem Fall: nicht alt, nicht beamtenhaft, vielmehr ein glaubwürdiger Repräsentant des guten Lebens, das er unter anderem seinen Anhängern verspricht.

Politikerinnen müssen entscheiden, inwieweit sie weibliche bzw. modische Signale aussenden, inwieweit sie dem Code der

Abb. 11

Dignität folgen, der ja eher ein männlicher Code ist und dem Erhabenen weit näher steht als dem Lieblichen. Jede Variante ist möglich und jede verfügt über Fallstricke, auch deshalb, weil der weibliche Dresscode erheblich mehr Wahlmöglichkeiten kennt als der männliche.

Bedeutungsvermittlung ist immer nur innerhalb von geordneten Zeichensystemen möglich. Diese könnte man auch Sprachen oder Codes nennen. Eine einzelne Äußerung nützt immer die Bedeutungen aus, die diese Codes systematisch aufbauen. Viele Bereiche kennen daher spezifische Codes, die sich anbieten, um spezifische Inhalte zu vermitteln, so etwa den elitären Code, den wir anwenden, wenn etwas als besonders und elitär gekennzeichnet werden soll (viel freier Raum, Unfunktionales, Verschwendung, ästhetisierende Tendenzen etc). Mit dem Code der Dignität, der Sprache der Würde, wird etwas als hochrangig, wichtig, seriös gekennzeichnet. Signale dafür sind unter anderem ein bestimmter Farbcode: zurückhaltende Nichtfarben wie schwarz, dunkelblau, grau, dunkle Farben ganz allgemein, sowie eine dezente, geordnete Ästhetik, Qualitätsmerkmale auf jeder Ebene. Dieser Code der Dignität wird mit hochrangigen Objekten und Gelegenheiten, eher mit Männern als mit Frauen in Verbindung gebracht: Ein großes teures Auto kann nicht babyrosa sein, ein Feuerzeug sehr wohl, wir würden keine Währung akzeptieren, deren Scheine giftgrün sind und die das Bild eines Popstars ziert, beim Schwimmen können beide Geschlechter alle Farben tragen, der Vorsitzende des Aufsichtsrats wird sich hüten, zur entscheidenden Sitzung in einem roten Sakko zu erscheinen, was seine weibliche Kollegin sehr wohl könnte.

Von hier aus gibt es im Übrigen Verbindungen zu Ansichten über die Natur des Schönen. Von dem englischen Philosophen Edmund Burke stammt die Unterscheidung zwischen dem Erhabenen und dem Lieblichen. Beides empfinden wir laut Burke als schön, das Erhabene verbindet sich jedoch mit Würde und Tiefgang, es ist dem männlichen Geschlecht vorbehalten, das Liebliche erfreut das Auge, aber es ist ein Oberflächenphänomen – und charakteristisch für das weibliche Geschlecht.[72]

Politikerinnen bzw. Frauen in hohen sozialen Positionen sind demzufolge besser beraten, wenn sie sich dem Stil des Erhabenen annähern als dem Stil des Lieblichen, da sich Dominanz mit dem männlichen Code und dem Code der Dignität verbindet, Subdominanz mit dem Gegenteil. Imitiert wird im gesamten Bereich der Präsentation eher der dominante Stil als der subdominante: Frauen tragen Hosen, aber Männer keine Röcke.

Claudia Bandion-Ortner (Abb. 12), die österreichische Justizministerin, verwendet ein wenig zu oft modische Signale: lila Jäckchen, große Blumenmuster, stets farbig wechselnde Brillen, billiger Schmuck. Maria Fekter, Innenminsterin der ÖVP, präsen-

72 Edmund Burke: Philosophische Untersuchung des Ursprungs unserer Ideen vom Erhabenen und vom Schönen (1756), hg. von Werner Strube, Hamburg 1989

Abb. 12

Abb. 13

Abb. 14

tiert stests einen konservativen Beamtinnenlook, mit ein wenig zerzausten Haaren. Junge Politikerinnen, etwa Laura Rudas (Abb. 13), Bundesgeschäftsführerin der SPÖ, inszeniert sich bei allen offiziellen Auftritten quasi als ganz private Person, wie eine „normale" junge Frau in einem informellen Kontext. Keiner der österreichischen Politikerinnen gelingt es, sich innerhalb des Codes der Dignität zu präsentieren, wie dies Angela Merkel tut. Diese trägt zumeist weiblichen Businesslook: Hosen, Sakkos, gerade Schnitte, keine Muster, keine Schals, alles seriös, korrekt, geordnet bis in die Haarspitzen, aber mit zwei kleinen weiblichen Signalen, der dezenten Halskette und vor allem der Position innerhalb des Farbcodes (Abb. 14).

Für Politikerinnen gilt selbstverständlich, dass jegliche Präsentation ihres teilweise unbekleideten Körpers in der Freizeit, wie dies Putin oder Obama praktizieren, völlig tabu ist.

Wenden wir uns nun aber im Detail den beiden großen Forderungen zu, die wir für den perfekten Körper erheben: Gesundheit und Schönheit.

Der gesunde Körper

Was tun Sie für Ihre Gesundheit? Jeden Tag einen Apfel essen? 30 Minuten flott gehen? Auf die Darmtätigkeit achten? Im Frühjahr eine Entschlackungskur machen? Oder nichts von alledem? Was? Sie tun gar nichts?

Das ist doch unverantwortlich!

Tatsächlich wird kaum jemand zugeben, dass er gar nichts für seine Gesundheit tut, auch wenn dies faktisch der Fall sein sollte.

Unser gesellschaftliches Klima, zahllose Medienappelle halten uns ständig dazu an, sich um unsere Gesundheit zu sorgen: Funktioniert unser Immunsystem? Bewegen wir uns genug? Halten wir unser Gewicht? Stimmen unsere Cholesterinwerte? Sorgen wir vor?

Gesundheit zählt zu unseren wichtigsten Konzeptionen des Wünschenswerten. Im Namen von Gesundheit kann man jedes Opfer verlangen, an Gesundheit kann man immer appellieren. Gesundheit wird von staatlichen Institutionen geregelt, von wissenschaftlichen Instanzen erforscht, sie ist ein wichtiges Marktgut: Experten gehen davon aus, dass Gesundheitsmärkte zu den am stärksten wachsenden Märkten der Zukunft gehören.

Gesundheitsvorstellungen beziehen sich immer in irgendeiner Form auf den Körper und stehen daher mit den Körperkonzepten in Verbindung, die wir bereits kennengelernt haben. Sie benützen aber naturgemäß spezifische Argumentationen, um die es im Folgenden gehen soll.

Was ist Gesundheit?

Je näher man ein Wort anschaut,
desto ferner blickt es zurück.
(Karl Kraus)

Gesundheit ist ihrer Bedeutung nach ein abstraktes Konzept, das unterschiedlich definiert werden kann: historisch, zwischen den Kulturen, zwischen Laien und Experten, einzelnen Gruppen der Bevölkerung, als Teildisziplin oder Instanz, die sich damit beschäftigt: Soziologie, Medizin, Psychologie, staatliche Planung, der Markt – alle diese Instanzen weisen Gemeinsamkeiten in ihren Konzepten auf, aber ebenso weitreichende Differenzen. Diese bestimmen die Annahmen darüber, wie Gesundheit zu erhalten ist und wodurch sie bedroht ist. Dabei ist nochmals zu unterscheiden, was diese Instanzen explizit als Gesundheitsverständnis formulieren und was sich aus der kommunikativen Umsetzung und dem impliziten Umgang mit dem Begriff erschließen lässt.

Ähnlich stellt sich die Frage nach dem Verhältnis von Gesundheit und Krankheit dar, die ja offensichtlich als Konzepte zusammengehören. Die Abwesenheit von Krankheit charakterisiert Gesundheit in einem elementaren Sinn. Ein kranker Mensch ist per Definition nicht gesund, aber darin erschöpft sich die Auffassung von Gesundheit keineswegs.

Wir neigen derzeit dazu, Gesundheit in einem sehr umfassenden Sinn zu definieren, nämlich auch als die Fähigkeit, angemessen am sozialen Leben der Gesellschaft teilzunehmen und ein erfülltes Leben zu führen – was keineswegs selbstverständlich ist. Dies macht die bekannte Definition der WHO aus dem Jahr 1946 klar: „Gesundheit ist der Zustand des völligen körperlichen, psychischen und sozialen Wohlbefindens und nicht nur das Fehlen von Krankheit und Gebrechen.“[73]

73 Zit. in: Hurrelmann, Gesundheitssoziologie, S. 117

In dieser Definition erscheint der Einzelne als der Experte, als die beurteilende Instanz, es ist ein gefühltes Wohlbefinden, das seinen Gesundheitsstatus definiert. Postuliert wird ferner ein umfassendes Wohlbefinden, nicht nur auf der körperlichen, sondern auch auf der psychischen und sozialen Ebene. Gesundheit ist damit etwas, das nicht in den Zuständigkeitsbereich der Medizin allein fällt.

Eine Analyse der Definitionen, die in der Fachliteratur für Gesundheit gegeben werden, kommt zu folgenden Konzepten von Gesundheit:[74]

- Gesundheit als das Schweigen der Organe
- Gesundheit als erfolgreiche Überwindung von Störungen in einem biologischen System
- Gesundheit als persönliche Stärke, mit körperlichen und psychischen Beeinträchtigungen umzugehen
- Gesundheit als Leistungsfähigkeit bei der Erfüllung von gesellschaftlichen Anforderungen
- Gesundheit als Fähigkeit einer Lebenskunst

Dazu kommt Gesundheit als Ware, die erworben und eingekauft werden kann. Bekanntheit hat auch das Konzept der Salutogenese erzielt, das von Aaaron Antonovsky entwickelt wurde.[75] Antonovsky wendet sich primär der Frage zu, warum Menschen trotz beträchtlicher Stressoren gesund bleiben. Er erklärt das mit der Entwicklung von Widerstandsressourcen, die verhindern, dass krankmachende Belastungsfaktoren auftreten oder erfolgreich bekämpft werden. Diese Widerstandsressourcen sind umfassend:

- Körperlich-konstitutionelle Widerstandsressourcen (v. a. die Immunkompetenz)

74 Vgl. hierzu V. Schneider 1995, zit. in: Hurrelmann, Gesundheitssoziologie, S. 113

75 Vgl. Anm. 47

- Personal-psychische Widerstandsressourcen (Gesundheitswissen, Selbstwirksamkeitsüberzeugungen)
- Soziale Widerstandsressourcen (Beziehungen, aber auch Integration in der Gesellschaft und materieller Status)

Dieses komplexe Verständnis kommt auch in populären Definitionen von Gesundheit zum Ausdruck.[76] Gesundheit wird verstanden als eine von innen wahrgenommene und von außen spürbare Qualität: „Der gesunde Mensch fühlt sich vital, kreativ, aktiv, kooperativ und kann Probleme bewältigen."

Die folgende Übersicht stellt die einzelnen Bestandteile des Gesundheitskonzepts vor, wie sie sich aus einer ersten Analyse des Gebiets ergeben:

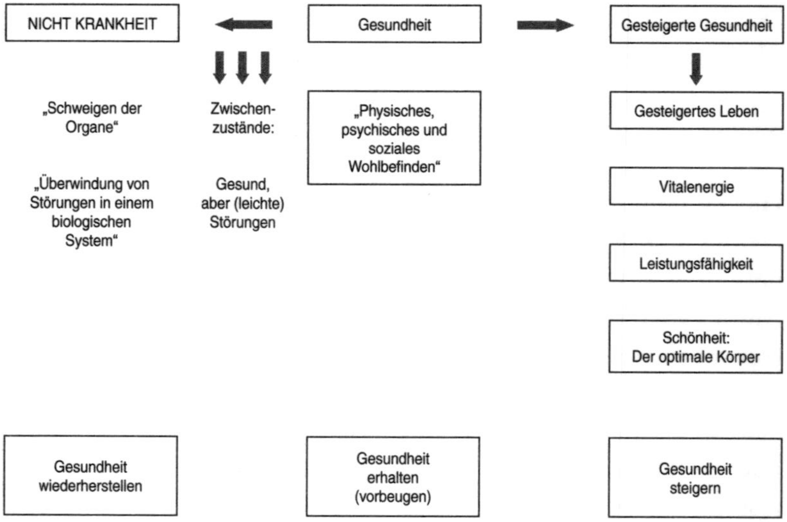

Gesundheit ist also ein Zustand, der immer wieder neu hergestellt werden muss, um den man sich, wie im Mittelalter um das See-

76 Vgl. Klaus Hurrelmann, Anja Leppin (Hg.): Moderne Gesundheitskommunikation. Vom Aufklärungsgespräch zur E-Health, Bern u. a. 2001, S. 198

lenheil, laufend bemühen muss. Da er so umfassend definiert wird und da er so viele Zwischenzustände zu Krankheit kennt, ist er latent immer bedroht: Man kann gegen alle möglichen Schädigungen vorsorgen, und selbst wenn Gesundheit erreicht ist, ist sie immer noch zu steigern – etwas sehr Wünschenswertes, aber eben auch wieder ein ideales Ziel für eine Marktgesellschaft, da hier enorme Motivationsmöglichkeiten bestehen.

Aus all dem wird deutlich, dass es mittlerweile zahlreiche Instanzen gibt, in deren Verantwortungsbereich Gesundheit fällt: die Medizin und die Pharmakologie, die für die Heilung und Vorbeugung von Krankheiten auf dem Boden des naturwissenschaftlichen Paradigmas zuständig sind, aber auch das Individuum selbst, das nach unserer Überzeugung dafür zu sorgen hat, dass es seine Gesundheit erhält, und das dafür neben der medizinischen Versorgung Hilfe von der alternativen Medizin, aber auch vom Markt in Anspruch nehmen kann.

Da Gesundheit in hohem Ausmaß auch von den sozialen Bedingungen, in denen der Einzelne lebt, abhängig ist, sind auch der Staat und überstaatliche Institutionen zuständig – sie haben für günstige Rahmenbedingungen zu sorgen und Gesundheit als ein „common good", ein Allgemeingut, das nicht dem Markt überantwortet wird, allen zugänglich zu machen. Gesundheit wird damit zu einem gesellschaftlichen Totalphänomen. „Gesundheit tritt als Heilserwartung der säkularisierten Moderne und als Leistungszwang, um sich in der individualisierten Marktgesellschaft behaupten zu können, in Erscheinung."[77]

Jede dieser Instanzen definiert Gesundheit anders. Die in der Übersicht angeführten Dimensionen sind in ihrem linken Teil eher eine Domäne der naturwissenschaftlich und politisch organisierten Diskurse, rechts eher die des Marktes und der alternativen Ansätze.

---

77 Elisabeth Beck-Gernsheim: Gesundheit und Verantwortung im Zeitalter der Gentechnologie, in: Ulrich Beck, Elisabeth Beck-Gernsheim: Riskante Freiheiten. Individualisierung in modernen Gesellschaften, Frankfurt am Main 1994, S. 316–334

Jeder sieht Gesundheit anders bedroht, anders zu beeinflussen, jeder äußert sich in einer anderen Sprache über Gesundheit. Und so wie man von chronischen Krankheiten spricht, kann man heute auch von „chronic health“ sprechen, von chronischer Gesundheit. Personen, die diesen – gesellschaftlich geforderten und subjektiv gewünschten – Zustand anstreben, werden wie chronisch Kranke einem strengen Regime unterworfen: Diätvorschriften, Bewegungstherapien, Monitoring, Aufnahme von Zusatzstoffen etc.[78]

Betrachten wir zum Abschluss noch das Angebot einer modernen „Gesundheitsklinik“, des Lanserhofs, einer medizinisch orientierten Einrichtung in der Nähe von Innsbruck, die privat zu bezahlen ist und die ein umfassendes Gesundheitsangebot anbietet. Das Gebäude ist eindrucksvoll ästhetisch gestaltet, es liegt in einer schönen Berglandschaft – beides wird auch als Einflussfaktor auf das Wohlbefinden und die Gesundheit angeführt.

Die Definition von Gesundheit des Lanserhofs umfasst alle Zugänge, die derzeit bekannt sind, naturwissenschaftliche ebenso wie alternative Ansätze, sie bietet Leistungen, die wahrscheinlich keine ernsthaften Krankheiten heilen, aber alle wichtigen Themen berühren, die man derzeit mit Gesundheit verknüpft: Regeneration, Vorsorge, Altern, Energiezufuhr, Entgiftung, seelische Gesundheit, Stressreduktion für Geschäftsleute, dies alles in einer Lifestyle-Sprache, die an den Code von Konsumgütern, nicht an den der Medizin erinnert – besser kann man ein Dispositif nicht inszenieren, das Gesundheit als Marktgut propagiert.

Was bedroht die Gesundheit?

Wollte man umfassend darüber Auskunft geben, was die Gesundheit bedroht, müsste der gesamte Wissensstand der Medizin

78 Matthias Zick Varul: Talcott Parsons, the Sick Role and Chronic Illness, Body & Society 16/2, Juni 2010, S. 72

dargelegt werden, einschließlich aller unterschiedlichen Expertenmeinungen zu einem Thema und den jeweils neuen Erkenntnissen.

Es geht hier jedoch wieder darum zu schildern, was der populärwissenschaftliche Diskurs als Gesundheitsbedrohung annimmt. Dabei wird eine Auswahl aus den möglichen Bedrohungen getroffen, die aber keine willkürliche ist. Zum einen spiegeln sich darin zeitgenössische Vorstellungen über generelle Bedrohungen und zum anderen ist offensichtlich, dass im Wesentlichen nur das als Gefahr formuliert wird, wogegen man aktiv etwas unternehmen kann.

Das optimale Funktionieren eines Körpers wird in diesem Diskurs primär bedroht durch:

- Schädliche Einflüsse, die von außen auf den Körper einwirken: Umweltbedingungen; gesellschaftliche Normen, die „Stress" verursachen; Angriffe kleinster Organismen/Objekte/Elemente, die in den Körper einzudringen versuchen und die er abwehren muss: der Diskurs der Ansteckung/Immunologie/Bakteriologie
- Fehlverhalten einer Person: ungünstiger Lebensstil, gesundheitsschädigendes Verhalten, Rauchen, Trinken etc.
- Schädigungen aus dem Inneren des Körpers: Abnützung, Alterung, Fehlkommunikation, gestörter Fluss etc.

Zwischen diesen Ebenen bestehen Wechselwirkungen: So können schädliche Einflüsse der Außenwelt etwa zu vorzeitiger Abnützung oder Alterung führen.

Im populärwissenschaftlichen Diskurs wird den ersten beiden Faktoren – Bedrohung von außen und individuelles Fehlverhalten – erheblich mehr Aufmerksamkeit geschenkt. Dies hängt, wie wir an den Argumentationen der Selbstmedikation noch sehen werden, mit unserer grundsätzlichen Haltung gegenüber Körperstörungen zusammen: Wir wenden uns nur jenen zu, von denen wir glauben, dass wir sie beeinflussen können – unheilbare, chronische Krankheiten, aber auch unaufhaltsame Alterungs- und Abnützungsprozesse werden dagen im populären Diskurs so gut wie nicht erwähnt.

Bedrohung der Gesundheit durch die Umwelt

Der Bereich der Bedrohungen durch äußere Faktoren umfasst eine Reihe von explizit beschreibbaren Faktoren: ungünstige Umweltbedingungen, soziale Verhältnisse, Lebensstile etc. Dahinter stehen jedoch immer Vorstellungen über das optimale Funktionieren einer Gesellschaft, aber auch solche über den Preis, den man dafür zahlt, in einer bestimmten Gesellschaft zu leben – die Gesellschaft bedroht den Einzelnen, indem sie bestimmte Normen rigoros durchsetzt, aber sie hilft ihm auch, indem sie sich für sein Leben verantwortlich fühlt. Gleichzeitig geht es hierbei immer auch um das moralisch richtige Verhalten, dieses kann benützt werden, um gegen bestimmte Gruppen Anklage zu erheben.

Die Vorstellung von der Bedrohung der Gesundheit durch die Umwelt hat eine lange Tradition, sie geht auf die Antike zurück, wird ab dem Beginn der zentralstaatlichen Macht detailliert verfolgt und bis heute ungebrochen als Erklärung herangezogen.

Die Antike entwickelte das Konzept der Humoralfaktoren. Es wurde angenommen, dass Faktoren wie schlechte Luft, Feuchtigkeit, Kälte, Wind, die sich in einer Umwelt bündeln, ungünstige Folgen für die Gesundheit haben. Das Mittelalter übernahm diese Vorstellung und sie ist in unserer Gesellschaft bis ins 19. Jahrhundert anzutreffen. Ab da setzte der Hygienediskurs ein, der für einige dieser Elemente, besonders für das Wasser, die tatsächlichen Ursachen für die Schädlichkeit ermittelte und Abhilfe schuf. Wasser stellt seit dieser Zeit – jedenfalls in den westlichen Industrienationen – keine Quelle der Gesundheitsgefährdung mehr dar.

Andere Faktoren spielen dagegen auch heute noch eine große Rolle, wenn auch nur ansatzweise.

Wir sprechen von einer Umweltbelastung, die unsere Gesundheit bedroht; sie besteht in einer Verunreinigung der elementaren Umweltfaktoren: Schadstoffe in der Luft, Abgase, Smog, Ozonbelastung, Verunreinigung des Bodens durch Überdüngung, wodurch schädliche Stoffe in unsere Nahrung gelangen, aggressive Sonnenbestrahlung. Eine besondere Rolle spielt das Phänomen der „Strahlen". Es gibt massive Ängste vor Schädigungen, die von den Strahlen von Mobilfunkgeräten und Sendemasten ausgehen. Man befürchtet, dass diese Strahlen das Erbgut schädigen, Leukämie auslösen, besonders gefährlich für den kindlichen Organismus sind, mindestens zu schweren Kopfschmerzen führen. Es gibt Personen, die ihre Häuser oder Wohnungen verkaufen, wenn sie feststellen, dass diese „verstrahlt" sind, was meistens nach Konsultation eines Experten, der mit einem Messgerät diese Verstrahlung misst, erfolgt.

Letztlich stehen alle diese Gefährdungen mit einer moralischen Haltung in Zusammenhang. Sie werden auch dazu verwendet, um Anklage gegen Instanzen zu erheben, die unmoralisch handeln und dadurch das Leben ihrer Mitbürger bedrohen. Dies ist historisch und in vielen Gesellschaften zu belegen: Es waren die Juden, die man im Mittelalter für die Verunreinigung der Brunnen verantwortlich machte, die Industriekapitäne, die im 19. Jahrhundert die Luft verpesteten, in Stammesgesellschaften folgt eine Dürre, wenn der Häuptling moralische Schuld auf sich geladen hat[79], und heute ist es zum einen unsere Art zu leben, unser Lebensstil, der zu ungünstigen Umweltbedingungen führt, zum anderen eine dezidiert verantwortungslose Haltung der Industrie, die aus Profitgier die Gesundheit ihrer Mitmenschen aufs Spiel setzt.

Wie immer: Nicht alle Gruppen in unserer Bevölkerung sind dieser Meinung, es sind eher die egalitär Orientierten, aber dass

---

79 Mary Douglas: Risk and Blame, London 1972

diese Ängste so leicht mobilisiert werden können, zeigt doch, dass es sich um einen relativ tief liegenden Mechanismus handelt.

Interessant ist auch die Semantik der „Strahlen", die seit dem 19. Jahrhundert immer wieder als bildliche Übersetzung einer geheimnisvollen Störung verwendet werden (Röntgenstrahlen, strahlendes Uran, Strahlen, die von der Mikrowelle ausgehen). Sobald etwas unter dem Bild der Strahlen beschrieben werden kann, ist seine Gefährlichkeit evident, man muss sie nicht weiter belegen. Dies ist im Übrigen ein Bereich, den wir gern an den Staat oder an staatliche Instanzen delegieren. Diese sollen mithilfe von wissenschaftlichen Autoritäten dafür sorgen, dass Grenzwerte festgesetzt werden, ab denen man mit einer Gesundheitsschädigung zu rechnen hat, und sie sollen geeignete Maßnahmen ergreifen, um die Bürger vor den Schädigungen zu schützen. Dass dies zu Konflikten führt, liegt auf der Hand. Weder sind sich Experten über Grenzwerte und schädigende Substanzen einig, noch können Regelungen so leicht durchgesetzt werden, da eben verschiedene Subkulturen recht unterschiedliche Meinungen über die Risiken haben, die sie einzugehen bereit sind.

Stadtverwaltungen zum Beispiel sind dazu aufgerufen, die Güte der Luft sicherzustellen. Dies fordert auch die EU, die auch Grenzwerte vorgibt. Die Güte der Luft kann nun durch Verschiedenes beeinträchtigt sein, durch Ozonkonzentrationen in Bodennähe, durch Feinstaub etc. Experten sind sich aber keineswegs einig, ab welchen Grenzwerten eine Schädigung eintritt, noch worin diese gesundheitliche Schädigung besteht und auch wodurch die Reinheit der Luft bedroht ist. Darüber wechseln immer wieder die Ansichten. So wurde lange Zeit Diesel als ein eher umweltfreundlicher Treibstoff betrachtet, bis Experten feststellten, dass der Dieselausstoß die Luft belastet. Dieselfahrer, die sich als „die Guten" gesehen hatten, wurden dadurch in die Rolle von Sündern gedrängt. Sicher ist hingegen, dass der Individualverkehr eine große Rolle spielt, jedenfalls im dicht verbauten städtischen Gebiet. Stadtverwaltungen müssen also reagieren, sie müssen

Messstellen errichten, Grenzwerte bestimmen und vor allem Maßnahmen zur Reduktion ergreifen.

Die Stadt Wien verordnete daher 2008, dass in bestimmten Zonen nur 30 km/h gefahren werden dürfe – was wütende Proteste der Autofahrer auslöste, sodass die Maßnahme wieder zurückgezogen wurde. Seitdem wird von allen Seiten diskutiert, was zu tun sei: Umweltorganisationen und grüne Parteien sorgen sich weiter um die Qualität der Luft und fordern rigorose Maßnahmen, Autofahrerverbände weisen jede Beschränkung zurück und zweifeln sowohl Grenzwerte wie die Effizienz der geforderten Maßnahmen an.

Schädigungen als Konsequenz sozialer Verhältnisse

Die Tatsache, dass Gesundheit eng mit der sozialen Stellung einer Person zusammenhängt, ist seit den ersten statistischen Untersuchungen im 18. Jahrhundert bekannt. Bis heute hat sich an dieser Tendenz wenig geändert. Es gibt eine Vielzahl von zeitgenössischen europäischen und internationalen Studien, die belegen, dass ein enger Zusammenhang zwischen der Stellung im sozialen Gefüge und dem Gesundheitszustand einer Person besteht. Dabei sind zwei Faktoren wirksam:

- der Grad an Isolation
- die Stellung – oben oder unten – in der sozialen Hierarchie

Isolation, Nicht-Teilnahme am sozialen Leben der Gesellschaft, mangelnde Einbettung in ein soziales Umfeld, wie sie durch Lebensumstände oder Arbeitslosigkeit bedingt sein kann, birgt eine hohe Wahrscheinlichkeit, dass eine Person erkrankt oder mit den Folgen einer Krankheit nicht fertig wird, bis hin zu erhöhten Selbstmordraten. Dieser Zusammenhang wurde zum ersten Mal von Émile Durkheim beschrieben, der an diesem Aspekt das Funktionieren von Gesellschaft überhaupt beschrieb.

Émile Durkheim (1858–1917)
Französischer Soziologe und Ethnologe
Durkheim beschrieb grundlegende Konzepte der Soziologie. Soziale und gesellschaftliche Strukturen sind für ihn eigenständige Systeme, unabhängig vom Bewusstsein der Akteure, aber mit einer verpflichtenden Kraft für ihr Handeln. Diese Systeme sind durch die Regeln der soziologischen Methode zu erforschen und es ist zu fragen, auf welche Weise sie ihr Funktionieren sicherstellen.
Durkheim untersuchte dazu die zeitgenössischen Industrienationen, die er durch eine weitreichende Arbeitsteilung charakterisiert sieht, welche die Menschen aufeinander angewiesen macht. Er entwickelte wichtige Konzepte, die noch heute Verwendung finden: mechanische (durch Tradition und Gruppenzugehörigkeit vorgegebene) und organische (freiwillig geleistete) Solidarität, „conscience collective", das kollektive Bewusstsein, das die unbewusste Grundlage des gesellschaftlichen Handelns bildet, Anomie (Regellosigkeit), jener Zustand, der auftritt, wenn Gesellschaften nicht mehr in der Lage sind, auftretende Probleme mit ihrem bisherigen ideologischen Regelwerk zu lösen, wenn Verwirrung über moralische Normen herrscht.
Wichtige Werke: De la division du travail social: Études sur l'organisation des sociétes supérieures, Paris 1893 (Über die Teilung der sozialen Arbeit, Frankfurt am Main 1977), Les règles de la méthode sociologique, Paris 1985 (Die Regeln der soziologischen Methode, Neuwied/Berlin 1961), Le suicide: Étude de sociologie, Paris 1897 (Der Selbstmord, Neuwied/Berlin 1973)

Zahlreiche Untersuchungen, vom aufsehenerregenden „Black Report" (Großbritannien 1980) bis zu einer jüngst vom Forum Gesundes Österreich veröffentlichten Studie, belegen: Es besteht ein enger und eindeutiger Zusammenhang zwischen der sozialen Stellung, dem Bildungsgrad, dem verfügbaren Einkommen und dem Gesundheitszustand.[80] Dies beginnt schon im Kindesalter: In statusniederen Gruppen ist die Säuglingssterblichkeit am höchsten, Kinder aus diesen Gruppen erleiden häufiger Unfälle, sie ernähren sich ungünstiger, nehmen weniger an Vorsorgeuntersuchungen teil, Armut erhöht bei Kindern das Risiko, körperlich oder psychisch zu erkranken.

Es setzt sich bei Jugendlichen fort: Jugendliche aus statusniederen Gruppen, die über geringere Bildung verfügen, sind häufiger übergewichtig und häufiger krank.

Der Zusammenhang findet sich auch bei Erwachsenen bis ins hohe Alter, wie die folgende Grafik und die Tabelle zeigen:

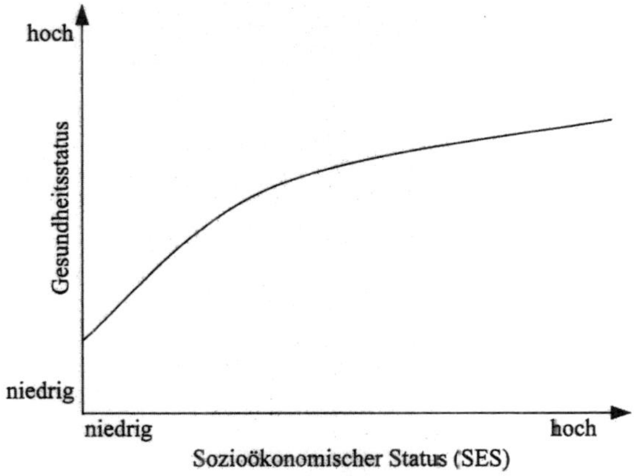

Der kurvilineare Zusammenhang zwischen sozioökonomischem Status und Gesundheitsstatus

80 Vgl. hierzu die Studien, die in Hurrelmann, Gesundheitssoziologie zitiert werden, sowie Simon J. Williams, Lynda Birke, Gillian A. Bendelow (Hg.): Debating Biology. Sociological reflections on health, medicine and society, London 2003 (Kapitel 2)

Stärkeres Auftreten bei niedrigem sozioökonomischem Status	**Stärkeres Auftreten bei hohem sozioökonomischem Status**
Gesundheitsverhalten	
– Fehlernährung – schlechter Ernährungsrhythmus – zu wenig Bewegung – mangelnde Körperhygiene – mangelnde Zahnpflege – Zigarettenkonsum – Alkoholmissbrauch bei Männern – Konsum illegaler Substanzen – Gewalthandlungen – wenige Vorsorgeuntersuchungen – wenige Früherkennungsuntersuchungen	– Alkoholmissbrauch bei Frauen

Krankheiten	
– Herz-Kreislauf-Krankheiten – Diabetes mellitus – Magenkrebs – Darmkrebs – Lungenkrebs – Nieren-/Blasenkrebs – Leukämie – maligne Lymphome – Krankheiten des Magens – Zahnkrankheiten – Bronchitis (bei Erwachsenen) – Bandscheibenschäden – Übergewicht/Adipositas – Rheumatische Krankheiten, Gicht – Unfälle (bei Kindern u. Jugendlichen) – psychische Krankheiten – Multimorbidität	– einige Allergien – Bronchitis (bei Kindern) – einige Hautkrankheiten, z.B. Neurodermitis (bei Kindern) – Kurz- und Weitsichtigkeit

Höherer sozialer Status verbessert eindeutig den Gesundheitszustand. Dabei spielt Bildung eine große Rolle, ebenso der finanzielle Spielraum sowie die berufliche Position: Je mehr jemand gewohnt ist, selbstbestimmt zu handeln – und damit zu erleben, dass das eigene Handeln Konsequenzen für sein eigenes Umfeld hat –, umso eher ist er zu einem gesundheitsbezogenen Verhalten bereit.

Auch im globalen Kontext findet sich dieser Zusammenhang: Länder mit niedrigem Einkommen weisen einen erheblich höheren Anteil an Krankheiten auf:

Die fünf häufigsten Todesursachen innerhalb eines Jahres

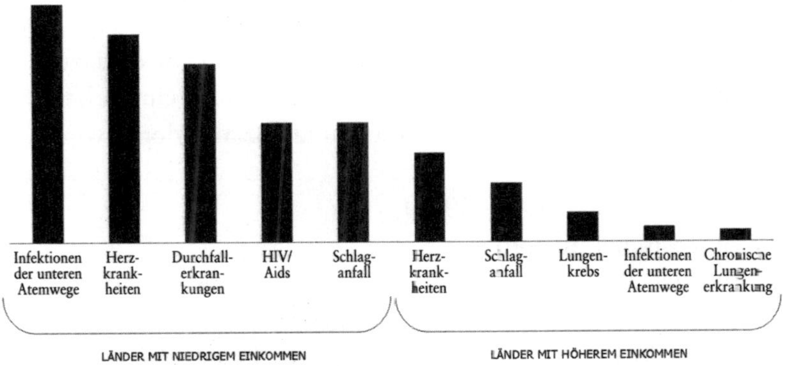

Diese Zusammenhänge haben eine lange Tradition: Zu allen Zeiten hatten die oberen Kader einer Gesellschaft bessere Chancen auf ein gesundes Leben: Sie hatten eher Zugang zu besserer Nahrung, komfortableren Wohnumständen und Umfeldern, sie konnten sich eher Hilfe und Betreuung beschaffen. Erstaunlich ist jedoch, dass diese Zusammenhänge auch in Gesellschaften auftreten, die demokratisch organisiert sind, die jedem das gleiche verbriefte Recht auf Lebenschancen zusichern. Ähnliches gilt für das Bildungswesen: Wie die Statistik Austria erst kürzlich festgestellt hat, schaffen Kinder aus Akademikerfamilien immer noch wesentlich öfter einen akademischen Abschluss als Kinder aus bildungsfernen Haushalten.[81] Beide Sachverhalte zeigen, dass die Fürsorge des Staates eine

81 Statistik Austria 2009: Von den 25- bis 44-Jährigen, die aus Akademikerhaushalten stammen, hatten 2007 rund 42,8 Prozent einen akademischen Abschluss; von den 25- bis 44-Jährigen aus bildungsfernen Haushalten nur 10,3 Prozent.

wichtige Vorbedingung darstellt, dass sie aber nicht ausreicht, um gesundheitsbezogenes Verhalten zu erzielen.

Dies ist von vielen komplexen Faktoren abhängig, von Erziehung, vom sozialen Umfeld, vom Informationsverhalten, aber eben auch vom finanziellen, sozialen und kulturellen Kapital einer Person: Man braucht einen gewissen finanziellen Spielraum, fördernde soziale Beziehungen, die entsprechende Mentalität, um gesundheitliche Vorsorge zu treffen, sich richtig zu informieren, sich richtig zu verhalten. Nach Pierre Bourdieu braucht es dazu den entsprechenden Habitus – eine Haltung, aber auch ein Verhaltensrepertoire, das man durch Erziehung und Sozialisation erwirbt.

Pierre Bourdieu (1930–2002)
Französischer Soziologe
Bourdieu verwendete in seinen Werken empirisch erhobene Daten, um die dahinter stehenden gesellschaftlichen und kulturellen Strukturen sichtbar zu machen. Er untersuchte eine Vielzahl sozialer Phänomene: Fernsehen, Lesen, Erwerb akademischer Titel, die männlichkeitsdominierte Herrschaft der Berberkulturen, die höfische Gesellschaft, Zeitbegriffe, Fotografie, die neuen sozialen Bewegungen.
Sein Hauptwerk „Die feinen Unterschiede" beschäftigt sich mit den Strategien, durch die in (zeitgenössischen) Gesellschaften soziale Positionen erworben, gefestigt und verteidigt werden. Dies geschieht durch Lebensstile, für die das Konzept des Geschmacks entscheidend ist. Obere Schichten verteidigen ihre Positionen, indem sie vorgeben, was der richtige Geshmack ist. Dieser bezieht sich nicht nur auf kulturelle Vorlieben, sondern auf eine bestimmte Art zu leben, sich zu geben, zu repräsentieren, seinen Körper einzusetzen, zu sprechen. Bourdieu bezeichnete dies als Habitus.
Von Bourdieu stammt der Begriff der Kapitalsorten, die soziale Akteure in einem sozialen Feld einsetzen, um Distinktionsgewinne, also Beachtung und Status, zu bekommen. Man

braucht drei unterschiedliche Kapitalsorten: finanzielles Kapital, soziales Kapital, also soziale Verbindungen, und kulturelles Kapital, das Wissen, wie man etwas macht. Diese drei Kapitalsorten kann man jeweils ineinander überführen, also zum Beispiel finanzielles Kapital einsetzen, um soziales Kapital zu bekommen.
Wichtige Werke: La distinction. Critique sociale du jugement, Paris 1979 (Die feinen Unterschiede. Kritik der gesellschaftlichen Urteilskraft, Frankfurt am Main 1982), Zur Soziologie der symbolischen Formen, Frankfurt am Main 1976

Wenn wir uns noch einmal die Resultate unserer Untersuchung zu den kulturellen Stilen vor Augen führen, so ist Gesundheit auch mit einer spezifischen Weltsicht verknüpft: Ich darf nicht wie die Fatalisten daran glauben, dass Gesundheit von den Genen, vom Schicksal oder vom Zufall abhängt, sondern ich muss überzeugt sein, dass ich aktiv daran mitwirken muss – dazu muss ich aber in meinem Leben deutlich erfahren haben, dass ich Handlungsmöglichkeiten habe, dass ich auf mein Leben aktiv einwirken kann, eine Erfahrung, die Fatalisten oft verwehrt ist.

All dies wird zum Problem, wenn es darum geht, über gesundheitsbezogenes Verhalten zu informieren oder zu motivieren. Es ist kaum zielführend, generell von autonomen und rationalen Akteuren auszugehen. Gerade die Tatsache, dass ihr eigener Gesundheitszustand mit ihrer Stellung in der Gesellschaft zusammenhängt, ist vielen gar nicht bewusst. In Untersuchungen zu der Frage, welche Faktoren für den Gesundheitszustand verantwortlich seien, werden weder von Laien noch von Ärzten sozioökonomische Faktoren in signifikantem Ausmaß genannt.

Dennoch besteht ein latentes Wissen um diesen Zusammenhang. Fragt man in qualitativen Untersuchungen, wie man sich jemanden vorstellt, der wenig Chancen hat, ein gesundes Leben zu führen, so werden regelmäßig Bilder von Personen entworfen, die arm sind, die Unterschichtsmerkmale besitzen, die eher ungebildet sind, die keine Lust haben, sich ernsthaft zu informieren, die an augenblicklichen Genüssen interessiert sind statt an Langzeitüberlegungen, die also deutlich auch moralische Defizite aufweisen.

Als zweites Bild wird jedoch der „gestresste Manager“ genannt, der sich durch Karrierebesessenheit um seine Gesundheit bringt. Das ist zwar statistisch nicht belegbar, spielt aber in den kollektiven Überlegungen eine große Rolle. Es ist insofern interessant, als damit angenommen wird, nicht nur die Stellung in den unteren Schichten der Gesellschaft sei ungünstig, sondern auch in den oberen. Das allerdings wäre neu.

Die wichtige und oft übersehene Tatsache aber, dass Isolation, das Nichteinbezogensein in die Gemeinschaft, die Gesundheit deutlich beeinträchtigen kann, ist ein weltweit bekanntes Phänomen. Aus Stammesgesellschaften gibt es zahlreiche Beispiele dafür: Jemand wird krank, wenn er nicht genügend in sein soziales Umfeld eingebettet ist, oder wenn er gegen moralische Gebote der Gemeinschaft verstoßen hat. Heilungsrituale zielen daher auch darauf ab, den sozialen Zusammenhalt der Gemeinschaft zu stärken, nicht nur den individuellen Kranken zu heilen.[82]

Krankheit als Folge gesellschaftlicher Zwänge

Sie können heute keinen Gesundheitsratgeber aufschlagen, ohne dem Begriff „Stress“ zu begegnen: „Raus aus der Stressfalle!“ ist eine allgegenwärtige Aufforderung. Unterstellt wird, dass jeder Stress erlebt, dass dies unter allen Umständen zu vermeiden ist und durch geeignete Maßnahmen auch möglich ist. Welch wunderbarer Mechanismus: Stress muss nicht wirklich definiert werden, ebenso wie die zahlreichen Praktiken dagegen – es ist evident, dass man dagegen etwas unternehmen muss und kann.

---

82 Carol Laderman, Marina Roseman: The Performance of Healing, London 1996

Stress hat allerdings auch einen durchaus realen Hintergrund. Die zeitgenössische Gesellschaft fordert einen extrem leistungsfähigen, jederzeit einsatzbereiten Menschen, der den Eindruck strahlender Gesundheit vermittelt. Die Gesellschaft setzt die Menschen, die in ihr reüssieren wollen, unter einen eminenten Leistungsdruck, der nicht bei allen, aber bei einer wachsenden Anzahl von Personen zu Krankheitserscheinungen führt. Dies ist die ernsthafte Seite des Phänomens „Stress“: Es ist der Stress, der Menschen krank macht – auf der physischen wie auf der psychischen Ebene.

Vor allem Bluthochdruck- und Herzkreislaufbeschwerden werden auf diese Stressfaktoren zurückgeführt, aber auch das Burn-out-Syndrom und Depressionen, die kontinuierlich zunehmen. In Österreich wurde im Sommer 2010 darüber diskutiert, psychologische Behandlungen auf Kosten der Krankenkassen einzuführen. In Deutschland stellt der Anteil an psychischen Erkrankungen mittlerweile die häufigste Ursache für die Frühverrentung dar.

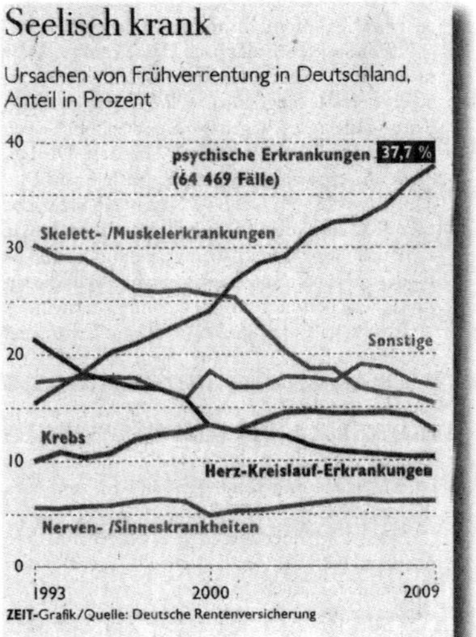

Abb. 15

„Stress“ ist ein abstrakter und offener Begriff. Er kann sehr verschieden definiert werden, von einem vagen Gefühl der Belastung bis hin zu objektiv beobachtbaren Symptomen. Sehr deutlich ist aber seine Funktion. Wenn eine gesundheitliche Störung auf Stress zurückgeführt wird, dann werden äußere Umstände dafür verantwortlich gemacht. Sie sind so belastend, dass der Einzelne nicht anders als mit gesundheitlichen Symptomen reagieren kann. Daran schließen sich zwei Interpretationen an.

Zum einen wird angenommen, dass Personen, die in der Gesellschaft aufsteigen wollen, dafür einen hohen gesundheitlichen Preis zahlen: Sie werden vor lauter Stress krank. Obwohl dies statistisch nicht wirklich belegbar ist, dient die Annahme jenen, die weder die Fähigkeiten noch den Willen haben aufzusteigen, zur Legitimation ihres Verhaltens: Sie werden sich hüten, diesen Preis zu zahlen.

Zum anderen beginnt die Suche nach den Schuldigen. Dies ist das vorherrschende Thema der alternativen Medizin sowie der populären Ratgeber und wird stets mit einer deutlichen Gesellschaftskritik verbunden: Der Einzelne erscheint als Opfer eines unmenschlichen kapitalistischen Systems, dem er nur entkommt, wenn er seinen Lebensstil und seine Wertorientierung ändert: weg von Leistung, materiellen Werten und Konsumorientierung, hin zu spirituellen und immateriellen Werten. Entsprechend werden Meditations- und Entspannungstechniken vorgeschlagen oder Stoffe aus der Natur, die lösend und aufbauend wirken.

Die naturwissenschaftlich orientierte Medizin nimmt sich dieses Themas erst dann an, wenn klinisch belegbare Störungen vorliegen, etwa wenn eine akute Depression diagnostiziert wird. Dann werden primär Medikamente eingesetzt, nicht jedoch ein Ausstieg aus dem System empfohlen.

Die vage Definition des Begriffs „Stress“ macht jedoch genau seine Nützlichkeit aus. Im Grunde kann alles Stress sein, der ganz normale Ablauf des Lebens, jede Forderung der Umwelt, jede geforderte Leistung. Jeder kann jederzeit Stress erleben und er muss entsprechend vorsorgen, dass daraus nicht weitreichende Schädigungen entstehen. Stress ist in diesem Sinne gewissermaßen der Nachfolger des im 19. Jahrhundert populären Neurasthenie-Konzepts. Neurasthenie wurde als Nervenschwäche definiert, die ein Resultat der Reizüberflutung des modernen Lebens war. Auch sie äußerte sich in vagen Symptomen und wurde besonders oft Frauen zugeschrieben, die besodners empfindliche Nerven besitzen würden.

Krankheit als Folge eines falschen Lebensstils

Es besteht weitgehende Übereinstimmung, dass Übergewicht und mangelnde Bewegung eine Bedrohung für die Gesundheit darstellen, sie führen zu Herzkreislaufstörungen, Stoffwechselkrankheiten bis hin zu einer erhöhten Anfälligkeit für Krebs.[83] Dies wird in der Bevölkerung kaum bestritten, dennoch steigt die Zahl der übergewichtigen Personen, auch schon im Kindesalter, kontinuierlich. Offensichtlich ist dies kein Bereich, der allein durch den Willen und den Verstand zu steuern ist, und der daher auch nicht durch bloße Information zu beeinflussen ist.

Das Thema, um das es in diesem Bereich geht, ist die Disziplinierung des Körpers, und zwar in seinen lust- und giergetriebenen Aspekten. Der Körper wird hier als ein Agent erlebt, der gierig nach lustvoller Nahrung verlangt, was im Allgemeinen mit Fett und Zucker gleichgesetzt wird, der Bewegung und harte körperliche Anstrengung scheut und diese Ansprüche gegen die Stimme der Vernunft durchsetzt. Nicht selten wird dafür das Bild des Kinder-Ichs oder der frühkindlichen Ich-Anteile bemüht, das

83 Allerdings gibt es auch Wissenschaftler, die dies keineswegs für erwiesen halten, es stellt für sie lediglich den derzeitigen Stand des Wissens dar, der in Zukunft durchaus revidiert werden könnte, so Markus Hengstschläger: Endlich Unendlich. Und wie alt wollen SIE werden? Salzburg 2008

ohne Intervention des Erwachsenen-Ichs gegen das Eltern-Ich aufbegehrt und es überlistet.

In soziokultureller Terminologie ist es der von seinen Lüsten getriebene Einzelne, der sich der gesellschaftlichen Forderung nach Disziplinierung, nach Unterdrückung der archaischen Lüste widersetzt. Wir treffen hier auf das schon bekannte Thema des Kampfes zwischen Geist und Körper: der Geist als das höhere Prinzip, der den „tierischen“ Körper zu beherrschen hat. Es existieren deutliche Konnotationen zu religiösen Modellen: Man hat täglich sein Gewissen zu erforschen, ob man gegen ein Gebot der guten Lebensführung verstoßen hat. Man hat jede Sekunde aufmerksam zu sein und alle möglichen Strategien zu entwickeln, wie man den Verführungen des Bösen widerstehen kann. Zu viel und das Falsche zu essen gilt als Sünde, für die sich der Körper rächt: Er verliert seine Form, Störungen der Stoffwechselvorgänge stellen sich ein.

Letztlich rächt sich auch die Gesellschaft: Dicke und unbewegliche Menschen haben mit einer Reihe von gesellschaftlichen Missachtungen zu rechnen, die unter anderem ihren sozialen Aufstieg beeinträchtigen, eben weil man von ihnen annehmen kann, dass sie nicht die gesellschaftlich geforderte Disziplinierung und Selbstverantwortung aufgebracht haben. Wie immer wieder festgestellt wird, verweist ein fetter Körper auf eine untere soziale Schicht, was durch Statistiken zu Übergewicht auch immer wieder belegt wird.

Andererseits ist jederzeit Umkehr, Buße und Errettung möglich. Es gibt einen feststehenden und häufig zitierten Typ von Errettungsgeschichten, deren Heldin meist eine Frau ist und die immer die folgenden Abschnitte enthalten:

- Verharren in Sünde, Entwicklung des unförmigen Körpers, soziale und psychische Beeinträchtigung
- Erweckungserlebnis, oft durch einen Partner oder durch eine dramatische Steigerung des Leidensdrucks
- Diät, Bewegung

- Errettung
- Entwicklung des gesunden, schlanken, beweglichen Körpers

Die Zeitschrift „Shape“ stellt in jeder Ausgabe unter der Rubrik „Applaus“ eine solche Errettungsgeschichte dar. Diese Geschichten zeigen immer drei charakteristische Bilder:

- den fetten unförmigen Körper, bei dem Bauch, Busen und Hüften hervortreten
- den Körper, der gerade durch Bewegung und Ernährung bearbeitet wird
- das Endstadium, den schlanken Körper, der durch eng anliegende Kleidung betont wird

Sie schildern dazu die Geschichten authentisch anmutender Frauen, die ihre ganz spezifischen Fallen darlegen, die zu ihren fetten Körpern geführt haben, ihr jeweiliges Erweckungserlebnis, ihren erfolgreichen Kampf, ihre Geheimrezepte, ihre Freude über den neu gewonnenen Körper.

In diese Argumentationen sind immer Diskussionen über einen falschen und einen richtigen Lebensstil einbezogen. Ein falscher Lebensstil ist durch folgende Aspekte geprägt: Es wird aus Unwissenheit, aus Willensschwäche oder Nachgiebigkeit, aus Faulheit, manchmal auch durch gesellschaftliche Belastungen bedingt, eine falsche Ernährung gewählt, die durch starke Anteile industriell vorgefertigter Lebensmittel, durch Fast Food gekennzeichnet ist. Es wird unregelmäßig gegessen, zu viel Alkohol konsumiert, die Bewegung kommt zu kurz, man sieht lange unbeweglich fern oder sitzt vor dem Computer, ein Lebensstil also, der bestimmten Strömungen der modernen Konsumgesellschaft folgt. Entsprechend verletzt er auch die Normen bürgerlicher Haushalte. Es wird eben nicht immer frisch für alle gekocht, es gibt keine gemeinsamen Mahlzeiten, der „kleine Appetit“ wird nicht diszipliniert aufgeschoben, vor allem Kinder verbringen viel zu viel Zeit vor den problematischen Medien TV und Internet und werden nicht adäquat versorgt.

Der richtige Lebensstil, den es zu erzielen gilt, ist entsprechend einer, der im Kern bürgerliche Normen bewahrt – frisch kochen, gemeinsame Mahlzeiten, Disziplinierung – und die Fallstricke moderner Lebensführung vermeidet. Gefordert ist eine weitgehend asketische Lebensführung, auch wenn dies selten zugegeben und meist mit dem Etikett „Genuss“ versehen wird. So nennen sich Diätanleitungen dann eben „Die sinnliche Genussdiät“.[84]

Auch der richtige Lebensstil hat seine Stars, die ihre Prinzipien als Erweckungs- und Errettungsfeldzüge darstellen, so etwa David Kirsch, der als Trainer von Heidi Klum bekannt geworden ist. In seinem Buch „Der Ultimative New York Body Plan“ leitet er jedes Kapitel mit einer dieser Geschichten ein.[85]

Bedrohung durch Bakterien/Viren: Das Immunsystem

Im Folgenden geht es um die Gefahren, die dem Körper drohen, wenn fremde Substanzen bzw. Elemente in ihn eindringen und im Inneren des Körpers Zerstörungen anrichten. Darunter fallen im einfachsten Fall Schnupfen und Grippe, aber auch Allergien, Aids, Vogelgrippe sowie Krankheiten, die wir überwunden glaubten: Typhus, Cholera, TBC, Pest.

Es gibt zahlreiche dieser fremden Substanzen: Bakterien, Viren, Bazillen, Mikroorganismen, Antikörper, Pollen etc. Gemeinsam ist ihnen, dass sie als winzige Teile gedacht werden, als unsichtbar, dass sie durch geeignete apparative Verfahren aber sichtbar gemacht werden können, und dass sie „fremd“ sind, von außen, aus einer gefährlichen, räumlich oder personal gedachten, Außenwelt/Fremde kommen. Als Träger dieser Substanzen erscheinen besonders gekennzeichnete Menschen oder Tiere bzw. Umwelten, der Prozess

---

84 Die sinnliche Genussdiät. Mit Starkoch Martin Sieberer. Österreich-Kochbuch, Wien 2009

85 David Kirsch: Der Ultimative New York Body Plan, München 2005

der Übertragung erfolgt in der Regel nach dem Modell der Ansteckung. Dieser Vorgang stellt immer das Überschreiten einer Grenze dar: der Körpergrenze, die den Körper als strikt geschlossen gegen seine Umwelt abhebt, dann auch einer Grenze im geopolitischen Sinn: als Grenze eines Gemeinwesens oder Nationalstaats.

Dieser Diskurs stellt ein ausgezeichnetes Beispiel für die enge Verschränkung von medizinisch-körperlichen und politisch-kulturellen Vorstellungen dar. Zweifellos existiert eine Gefährdung durch Bakterien oder Viren, aber in der Fokussierung auf dieses Thema wird auch das Problem des Fremden behandelt, das als prinzipiell bedrohlich gedacht wird, das Problem der strikten Aufrechterhaltung von Grenzen, die ein reines Inneres gegen ein unreines, gefährliches Außen schützen, das Problem der mobilen Außenseiter, die eine sesshafte Bevölkerung bedrohen.

Das Erkennen besonders gefährlicher Substanzen und ihre Ausschaltung gehören zu den großen Leistungen der Medizin, aber auch der Gesundheitsbehörden der Nationalstaaten im 19. Jahrhundert. Seit dieser Zeit haben – in unseren Breiten – fast alle gefährlichen Seuchen ihren Schrecken verloren. Die Denkmuster jedoch, die diesen Prozess steuern, sind immer noch in großem Umfang vorhanden und die Furcht, die diese Prozesse auslösen, kann sehr leicht und immer nach dem alten Muster aktiviert werden, was etwa die Diskussionen rund um die Vogelgrippe oder die Schweinegrippe zeigen, als eine panische Angst vor Ansteckung entwickelt wurde.

Diesem Typ von Bedrohung liegt ein altes und weitverbreitetes Denkmuster zugrunde, das sich in vielen Kulturen und Zeiten findet und in unseren gegenwärtigen Körpervorstellungen eine prominente Stellung einnimmt, und zwar über unser Konzept des Immunsystems, das sowohl ein medizinisches Konzept wie auch eine politische und soziale Metapher ist: Es ist im Kern das Immunsystem, das dem Körper seine Abgeschlossenheit gegenüber seiner Umgebung und in gewissem Sinne auch seine Reinheit garantiert.

Seine Grundkonzeption sei zunächst mit dem bereits eingangs erwähnten Konzept von Mary Douglas beschrieben.[86] In „Reinheit und Gefährdung" beschreibt sie den universalen Mechanismus, den alle Gesellschaften kennen und brauchen: anzugeben, was draußen, außerhalb der Gesellschaft, bleiben soll, ausgegrenzt werden soll, was immer auch bedeutet, dass dadurch angegeben wird, was als normal, natürlich, sozial wünschenswert gilt, als rein – Werte, die von denen vertreten werden, die drinnen bleiben, die die Gesellschaft bilden, weil sie sich als rein gegen die Unreinen und Gefährlichen abgrenzen können. Diese Grenzziehung funktioniert am besten, wenn der Kontakt mit dem oder denen, die außerhalb der Gesellschaft bleiben sollen, als gefährlich deklariert wird. Jeder Kontakt mit ihnen ist zu vermeiden, ansonsten droht Ansteckung mit gefährlichen Substanzen, als deren Träger die Außenstehenden gelten. Dieses Konzept hat eine Funktion nach außen, die Abwehr, und es hat eine Funktion nach innen, eine die Gesellschaft stabilisierende Funktion.

Diesem Denkmuster liegt die Analogie des menschlichen Körpers mit dem Körper der Gesellschaft zugrunde: Der Makrokosmos spiegelt sich im Mikrokosmos. Die Grenzen des menschlichen Körpers sind gleichzeitig die Grenzen der Gesellschaft und Drinnen und Draußen, die durch die Grenze der Haut geschieden sind, werden mit Reinheit und Gefährdung gleichgesetzt. Das bedeutet nicht, dass Kontakte mit bestimmten Substanzen und Trägermedien nicht tatsächlich gefährlich sind, dennoch werden sie in bestimmten kulturellen Termini gedacht und dazu genützt, um in bestimmte Forderungen einer Kultur einzuüben.

Dieses Muster funktioniert auch in einem geopolitischen Sinn: Hier erscheint das Gemeinwesen, die Stadt oder der räumlich umgrenzte Staat als der Raum, der durch eine strikt gezogene Grenze gegen das Eindringen der Feinde verteidigt werden muss,

86 Mary Douglas: Reinheit und Gefährdung. Eine Studie zu Vorstellungen von Verunreinigung und Tabu, Berlin 1985

wobei die Feinde auch als Bazillen bzw. Viren definiert werden – diese müssen vernichtet werden, da ihnen sonst die Stadt bzw. der Staat zum Opfer fallen. Die Abwehr der Feinde kann mehr oder weniger aggressiv erfolgen, die Feinde können sich ausschließlich im Draußen befinden oder auch im Inneren der Gemeinschaft, wie zum Beispiel die Juden im Mittelalter, sie können durch unterschiedliche Merkmale gekennzeichnet sein. Wesentlich ist, dass es sich um ein striktes Freund-Feind-Denken handelt, dass der Feind benannt wird, dass immer eine gewisse Aggressivität gegen ihn an den Tag gelegt wird und dass der Feind Merkmale besitzt, die ihn als fremd und gefährlich klassifizieren – sodass die gegensätzlichen Merkmale, jene, die die Mitglieder im Inneren besitzen, umso positiver hervortreten.

Es findet eine Gleichsetzung von Bazille/Virus mit dem Träger dieser Bazillen/Viren statt: Die gesamte Person ist so gefährlich wie der Virus selbst. Die eindringenden Bazillen/Viren und die mit ihnen verknüpften Gruppen verfügen über einige Merkmale, die ihnen immer wieder zugeschrieben werden: Sie sind mobil bzw. gehören Gruppen an, die als mobil betrachtet werden, und bedrohen damit eine „besitzende, sesshafte“ Population, die sich „ordentlich“ verhält.[87] So ist auch das Verhältnis der fluktuierenden Viren, die wie zum Beispiel Grippeviren ihre Gestalt wechseln können und sich nicht durch die übliche Zellteilung vermehren, im Vergleich zu den „bürgerlichen“ Körperzellen durch dieses Denkmuster bestimmt; auch Krebszellen, die den

---

87 Vgl. dazu Philipp Sarasin: Bakteriologie und Moderne. Studien zur Biopolitik des Unsichtbaren 1870–1920, Frankfurt am Main 2007, S. 450. Sarasin zitiert im Folgenden Virchow: „Was sind Bakterien? Wie unterscheidet man sie von (körpereigenen) Zellen? Während Zellen gute Republikaner sind, friedlich, sesshaft, mit legitimen Verwandten und gesicherten Loyalitäten im Körper als einer ‚Art von gesellschaftlichen Einrichtung lebend‘, sind Bakterien ‚fremde Eindringlinge‘, unabhängig‘, ‚von außen kommend‘, ‚in den Organismus eindringend wie Sudanesen‘, ‚das Recht des Stärkeren‘, der ‚Invasion und Eroberung‘ gegen alle Bindungen und Loyalitäten ausspielend.“

Körper im Inneren bedrohen, zeigen diese Unregelmäßigkeit und Unberechenbarkeit im Vergleich zu normalen Körperzellen.[88]

Die Merkmale werden ferner Gruppen zugeschrieben, die am Rand der Gesellschaft stehen und abweichendes Verhalten zeigen, oft sexueller Natur. Bettler, Aussätzige, Prosituierte, all jene also, die marginalisiert in der Gesellschaft lebten, wurden bis in das 19. Jahrhundert für den Ausbruch und die Verbreitung von Seuchen verantwortlich gemacht. So wurde immer wieder angeführt, Seuchen wie Typhus hätten ihren Ausgang in den Proletariervierteln der rasant wachsenden Städte des 19. Jahrhunderts genommen, und von allen „Massen“, die gegen Ende des 19. Jahrhunderts in den Blick kamen – und von Gustave Le Bon, dem Begründer der Massenpsychologie, und Sigmund Freud beschrieben wurden –, wurde eine diffuse Bedrohung angenommen.

Die Bedrohungen, die von Massen ausgehen, werden auch heute noch dargestellt, wenn es um die Stärkung des Immunsystems geht. In Werbefilmen von Actimel sind immer wieder Menschen besonders von Ansteckung bedroht, die mit öffentlichen, überfüllten Verkehrsmitteln fahren; der Gefahr können sie nur durch den Genuss von Actimel entgegenwirken.

Der Prozess, durch den sich die Substanzen auf gesunde Menschen übertragen, ist der der Ansteckung. Das Thema Ansteckung wird gern und häufig an einen bestimmten Typ von Geschichte gebunden, in der sich wiederkehrende Themen, Charaktere, Konfigurationen finden: Es existieren bestimmte gefährliche Substanzen, die man sich oft unter dem Bild des Schmutzes vorstellt und die in bestimmten Milieus besonders gut gedeihen. Es gibt ferner ein Trägermedium, einen Menschen, der infiziert ist und der dadurch gekennzeichnet ist, dass er mit vielen anderen Menschen Kontakte hat – dieser ist für den Ausbruch der Krankheit verantwortlich, da sie sich durch ihn massenhaft verbreitet.

88 Vgl. dazu Guldin, Körpermetaphern, Teil II

Priscilla Wald, die diese Geschichten das „outbreak narrative" nennt, führt detaillierte Beispiele für solche Trägermedien an. Einmal den Fall von Mary Mallon, bekannt als Typhoid Mary, einer Köchin, die aus den Londoner Unterschichten stammte, mit Typhusviren infiziert war und sie durch ihre Tätigkeit und ihre wechselnden Dienstverhältnisse in weiten Kreisen der Londoner bürgerlichen Gesellschaft verbreitete. Sowie den Fall eines homosexuellen Flugbegleiters, der mit Aids infiziert war und die Krankheit über seine Sexualpartner an verschiedene Orte verbreitete, da er eben sehr mobil war.[89]

Auffallend ist, dass Ansteckungsgeschichten besonders oft in Zeiten dramatischer sozialer Umbrüche auftreten. Dies lässt sich jedenfalls für die beginnende Industrialisierung des 19. Jahrhunderts behaupten, und Ansteckungsgeschichten begleiten auch die gegenwärtige Globalisierung.

Weiters nehmen wir an, dass gefährliche Bedrohungen aus fernen exotischen Gegenden kommen, in denen Menschen ein Leben führen, das unserem entgegengesetzt ist. Aids kommt diesem Muster zufolge aus Afrika, die Vogelgrippe aus China. Auch verknüpfen wir damit moralische Kategorien und stigmatisieren damit problematisches Verhalten bestimmter Gruppen: Aids ist eine Krankheit, die vorzugsweise Homosexuelle befällt und Personen, die sexuelle Promiskuität praktizieren. Die Vogelgrippe, so wurde berichtet, kam aus einer kleinen Farm in China, wo Menschen und Tiere auf engem und schmutzigem Raum zusammenleben, der Rinderwahnsinn wurde daurch ausgelöst, dass Kühe mit dem Fleisch anderer Tiere gefüttert wurden, und zwar aufgrund von Profitüberlegungen. Mobilität und Globalisierung werden für die Übertragung gefährlicher Keime verantwortlich gemacht etc. Da es sich um sehr alte Denkmuster handelt, werden auch leicht panische Ängste ausgelöst. So kaufte beispielsweise der österreichi-

89 Priscilla Wald: Contagious. Cultures, Carriers, and the Outbreak Narrative, Durham 2008

sche Staat 2006 acht Millionen Schutzmasken, um sie an die Bevölkerung zu verteilen, sollte die Vogelgrippe Österreich erreichen.

Es existiert auch eine Verbindung zum Thema Terrorismus. Philipp Sarasin zitiert in seinem Buch „Antrax“ Baudrillard: „Le terrorisme, comme le virus, est partout.“[90] Wie der Virus ist auch der Terrorismus weit verbreitet, unsichtbar, er kommt von außen, aus einer Welt, die wir zutiefst ablehnen, er ist auf gefährliche Zerstörung aus und gehört daher selbst zerstört, ausgelöscht. Die Reden von Bush unmittelbar nach den Anschlägen des 11. September basierten immer wieder auf dieser Semantik. Sarasin vermutet, dass dabei auch eine Legitimation der Staatsgewalt im Spiel sein kann: Nur ein starker Staat kann das Gemeinwesen vor solchen Eindringlingen schützen.

Dies ist in der Tat eine historisch wichtige Legitimierung des Staates, die besonders eindrucksvoll von Thomas Hobbes geschildert wurde, der den Staat unter dem Bild des Leviathan fasste. Dieser Staat übt eine unbedingte Gewalt über seine Bürger aus, er ist aber in dieser Form notwendig, um das Gemeinwesen gegen äußere Feinde, aber auch gegen innere Konflikte zu schützen, die notwendigerweise ausbrechen, da laut Hobbes der Mensch nicht zu kooperativem Verhalten fähig ist, sondern dem Mitmenschen feindselig gegenübersteht.

Thomas Hobbes (1588–1679)
Englischer Staatstheoretiker und Philosoph
Hobbes geht vom Menschen als einem Wesen aus, das im Naturzustand egoistisch und asozial ist („lupus est homo homini“). Aus Angst vor völliger Vernichtung übertragen die Menschen ihr Selbstbestimmungs- und Selbstverteidigungsrecht auf den Staat, auf einen starken Souverän, der sie voreinander und vor eindringenden Feinden schützt. Der Staat ist

90 Philipp Sarasin: „Anthrax“. Bioterror als Phantasma, Frankfurt am Main 2004, S. 8

hier nicht wie bei Aristoteles dazu da, das „gute Leben“ zu ermöglichen, sondern das Schlimmste zu verhüten.
Sein Hauptwerk ist die staatstheoretische Schrift „Leviathan“ (Leviathan or The Matter, Forme and Power of a Common Wealth Ecclesiasticall and Civil, London 1651). Berühmt ist das Titelblatt, das den Staat, gebildet aus Menschenkörpern, die von Schwert und Hirtenstab regiert werden, zeigt und als Überschrift den Bibelspruch trägt: Non est potestas Super Terram quae Comparetur ei (Keine Macht auf Erden ist der seinen vergleichbar).

Zwei weitere Themen, die sich mit dem Komplex der Ansteckung verbinden, sind das der Erotik und das des Schmutzes. Die Trägermedien sind oft Personen, die ein von der Gesellschaft als unmoralisch und nicht wünschenswert angesehenes Sexualleben praktizieren – Homosexualität, wechselnde Sexualpartner, Prostitution, jedenfalls nicht die durch die bürgerliche Familie vorgegebene Sexualmoral. Schmutz, was auch immer im Einzelnen darunter verstanden wurde, gilt als eine gefährliche Substanz schlechthin: Schmutz ist immer „Materie an der falschen Stelle“, so Mary Douglas, und Schmutz bedroht daher immer die Ordnung der Welt.

In unserer Gesellschaft fokussierte der Hygienediskurs des 19. Jahrhunderts zum ersten Mal dezidiert auf den Schmutz und auf Verunreinigungen jeder Art. Zu dieser Zeit begann die Sorge des öffentlichen Gesundheitswesens um reines Wasser und gute Luft, auch um die Sanierung der Armenviertel der großen Städte, die ja besonders mit Schmutz in Verbindung standen.[91]

Eine außerordentliche Belebung erfuhr das Thema, als es Louis Pasteur gelang, erstmals einen identifizierbaren Feind auszumachen: die Bakterie. Diese konnte nun durch das Mikroskop und später durch Färbungen sichtbar gemacht und bekämpft werden. Pasteur wandte sich primär der Erforschung der Cholera

91 Vgl. dazu Sarasin, Bakteriologie und Moderne

zu, in der Folge Robert Koch mit einem analogen Ansatz der Bekämpfung der Tuberkulose, als deren Verursacher nun Tuberkeln entdeckt wurden. Pasteur, aber auch Koch wurden in der Öffentlichkeit als Bazillenjäger aufgebaut, als Stars der Wissenschaft, die unmittelbar Heil brachten, eine breite Unterstützung ihrer Staaten besaßen und beträchtliche Mittel zur Entwicklung des Gesundheitswesens erhielten.

Philipp Sarasin, der der Entwicklung des Bakteriologiediskurses des 19. Jahrhunderts einige Bücher gewidmet hat, weist darauf hin, dass diese wissenschaftlichen Entwicklungen mit dem politischen und gesellschaftlichen Diskurs ihrer Zeit eng verwoben waren: Er ermöglichte ihre Durchsetzung, aber verwendete ihre Erkenntnisse auch für seine Zwecke. Die Jagd auf Bakterien stellte eine Metapher bereit, um politische und gesellschaftliche Anliegen der Zeit zu formulieren. Zunächst repräsentierte das Bakterium etwas, das das bürgerliche Leben bedrohte: Es war ein mobiler, ungebundener, gefährlicher Agent, der die sesshaften Zellen angriff. Dann mobilisierte es das alte Thema der Reinheit und Gefährdung: Es war das Fremde, das Unsichtbare, das den gesunden Zellverband unterwanderte.

Speziell letztere Idee wurde in vielfacher Form in ganz Europa aufgegriffen: Man stellte sich vor, die gefährlichsten Bakterien kämen „aus dem Osten", die Cholera etwa aus Indien (obwohl bald nachgewiesen wurde, dass der Ausbruch der Choleraepidemie in Hamburg auf völlig verschmutztes Trinkwasser zurückging), und nicht sesshafte oder sozial abweichende Personen wären die Überträger der Bakterien. Gegen dieses Fremde musste aufgerüstet werden, es musste vernichtet und ausgerottet werden, es musste verhindert werden, dass es die eigenen Grenzen überschritt.

Auch die USA praktizierten dieses Verhalten. So kontrollierten sie strikt die Grenze nach Mexiko und unterwarfen alle Einwanderer aus Mexiko strengen Entlausungs- und Desinfektionsverfahren.

Bekanntlich zehrte der Nationalsozialismus am deutlichsten von dieser Metapher der Bakterie, die den gesunden Zellkörper bedroht. Die fremden Bakterien wurden nun mit den Juden gleichgesetzt, die den gesunden Volkskörper unsichtbar unterwanderten und im Inneren zersetzten. Wie Bakterien mussten sie daher ausgemerzt werden. Goebbels bezeichnete sich selbst als Robert Koch des deutschen Volkes und der Film „Robert Koch" stellte Koch als den deutschen Bakterienjäger dar.

Das Denkmuster der Bakterienjagd findet sich auch in der Literatur, speziell bei Thomas Mann. Auch hier kommt die Gefahr immer aus dem Osten und sie ist mit einer moralischen Kategorie verbunden: Robert Aschenbach im „Tod in Venedig", eine Person mit homosexuellen, also nichtbürgerlichen erotischen Neigungen, stirbt an der indischen Cholera, Madame Chauchat im „Zauberberg" ist an TBC erkrankt, sie ist Russin und gleichzeitig erotisch verlockend. In ihr verbindet sich die Achse: aus dem Osten – französisch – sexuell aufreizend.

In der Gegenwart findet sich dieses Denkmuster im Wesentlichen auf das Immunsystem konzentriert. Dieses hat die Aufgabe, Eindringlinge abzuwehren, sich gegen das Fremde zu wappnen, wir alle kennen die Furcht vor winzigen unsichtbaren Elementen, die Schädigungen verursachen. Wir definieren diese Elemente als etwas Heimtückisches und Aggressives und entwickeln Methoden, um sie zu bekämpfen, sie „auszurotten". So wirbt ein amerikanisches Putzmittel mit dem Claim gegen Keime: „You can't remove germs, you can only kill them." Das ist nichts anderes als die schon bekannte Freund-Feind-Metaphorik.

Das Immunsystem ist notwendig, um den geschlossenen, scharf abgegrenzten Körper zu garantieren, und es erscheint als ein hochgerüstetes militärisches System, das in der Lage ist, Feinde abzuwehren und den Menschen von innen zu stärken. Die Stärkung des Immunsystems wird von vielen Produkten versprochen; benützt wird dabei immer eine militärische Terminologie. Sein Sitz wird übrigens meist mit dem Darm in Verbindung gebracht, was die Überbeschäftigung mit dem Thema Darmgesundheit in vielen Anzeigen derzeit erklärt.

So stellt zum Beispiel ein Artikel in der Zeitschrift „Nachlese“ des ORF das Immunsystem mit folgenden Überschriften dar:

- Leibgarde im Winter
- Polizei im Körper
- Angegriffenes Überwachungssystem
- Abwehrkräfte steigern

Die Semantik, in der dieses Thema vorgetragen wird, ist immer die der Bedrohung, des Eindringens oft unsichtbarer Bestandteile durch Barrieren, die man für unüberwindbar gehalten hat, und als Lösung die Semantik des Schutzes, des Schildes, der Errichtung von Barrieren. Die folgende Anzeige ist ein prägnantes Beispiel dafür:

Abb. 16

Die Metapher des „Körpers im Krieg gegen Eindringlinge“ beherrscht zwar noch die populären Vorstellungen, von medizinischer Seite gibt es aber inzwischen immunologische Forschungen, die dieses Konzept relativieren und die zeigen, dass es sich eben um ein kulturell konstruiertes Konzept handelt. Rudolf Virchow wandte sich übrigens bereits im 19. Jahrhundert gegen das Freund-Feind-Schema und führte zusammen mit englischen Forschern aus, dass nicht jede Mikrobe abgewehrt werden muss, dass es vielmehr auch ein sinnvolles Zusammenleben gibt.

Heute gibt es eine Reihe von Untersuchungen, die belegen, dass es offenbar Mechanismen der Erkennung und der Adoption sind, die den Prozess steuern. Der Körper vernichtet bei weitem nicht jeden Zellverband, der in ihn eindringt, sondern nur jene, die von körperinternen Monitorsystemen als schädlich erfasst werden. Dies zeigen zum Beispiel Forschungen zum Zelltransfer zwischen mütterlichen Zellen und den Zellen des Fötus, der im Körper der Mutter heranreift (Mikrochimärismus). Diesen müsste der mütterliche Organismus ja eigentlich abstoßen, da er auch fremdes Erbgut, das des Vaters, enthält. Es zeigt sich aber, dass Zellen des Fötus noch Jahre nach der Geburt im Blut der Mutter kreisen und sich dort als nützlich erweisen. Forscher, die diesen Vorgang beschreiben, greifen daher auch konsequent zu anderen Metaphern, oft zum Bild von nützlichen Immigranten, die in einem Gemeinwesen hilfreiche Funktionen verrichten.[92]

Ebenso sehen wir, dass erfolgreiche Produkte der Marktkultur das Eindringen höchst nützlicher Bakterien schildern. So stellt Activia immer wieder dar, wie diese Bakterien im Darm helfen, das Immunsystem zu stärken, und bei Yakult, einer anderen Marke dieses Bereichs, wird ein Dr. Shirota gezeigt, der sich wie ehemals Koch über sein Mikroskop beugt, seine Shirota-Gesundheitsbakterien erforscht und damit für „a healthier society" sorgt, wie die Headline ausführt.

Wir sehen also: Viele Gefährdungen existieren tatsächlich. Doch wie kann es bei all diesen realen und medial immer wieder beschworenen Gefahren überhaupt gelingen, ein einigermaßen gesundes Leben zu führen? Wie kann man sich wappnen? Mit welchen Waffen kann man sich dagegen rüsten?

Im Folgenden wollen wir die Waffenschränke inspizieren, die es uns ermöglichen, uns gegen die Anfechtungen des Lebens zu rüsten.

---

92 Aryn Martin: Microchimerism in the Mother(land): Blurring the Borders of Body and Nation, Body & Society 16/3, September 2010, S. 23

Wie helfe ich mir selbst?

In einer Reihe von indianischen Stämmen ist es üblich, dass Angehörige des Stammes stets ein Beutelchen mit sich tragen, das eine Reihe von sakralen Gegenständen, Amuletten und Medizinen enthält, die Schutz gegen alle möglichen Gefahren bieten. Eine ähnliche Funktion haben die Arzneikästchen, die bei uns in vielen Wohnungen stehen. Da finden sich Kopfschmerztabletten, Salben gegen Gelenkschmerzen, Präparate, die die Immunabwehr stärken, Schnupfentropfen, Heilsalben, Tabletten für den Darm etc. Irgendetwas hat jeder zu Hause. Einen Teil davon hat irgendwann ein Arzt verschrieben, einen Teil hat man zur Vorsorge gekauft. Die Präparate gehören der alternativen Medizin an oder es handelt sich um verschriebene oder frei verkäufliche Medikamente.

Der Markt der frei verkäuflichen Präparate, die man in Apotheken, Drogeriemärkten oder Arztpraxen erhält, ist ein großer und stest wachsender. Er dient der Selbstmedikation, der Selbstbehandlung von spezifischen Problemen, Störungen und Krankheiten oder der Vorsorge. An diesen Präparaten, an ihren Argumentationen und der Werbung für sie lassen sich einige Einsichten über unsere Auffassung von Gesundheit und Krankheit gewinnen.

Festzuhalten ist, dass es sich um einen Markt handelt: Diese Präparate werden nicht von Ärzten verschrieben und von den Krankenkassen bezahlt, man kauft sie, und das tut man nur, wenn man sich einen spezifischen Nutzen davon verspricht. Diesen Markt wollen wir im Folgenden näher betrachten. Hier geht es um Störungen, die nicht so ernst und gravierend sind, dass sie in die Hand des Arztes gehören. Sie müssen jedoch wahrnehmbar sein oder wie im Falle der Vorsorge oder Optimierung für möglich gehalten werden.

Die Kommunikation über diese Präparate muss sich daher auf das populärwissenschaftliche Wissen verlassen, auf Ansichten über die möglichen Ursachen von Krankheiten, die Bedrohungen der Gesundheit, die Optimierungsmöglichkeiten, das Wissen, was dem Körper guttut. Diese Ansichten basieren notwendigerweise auf einem spezifischen Körperkonzept, sie benützen die gängigen Klassifikationen und die Beobachtungskategorien, in denen Körper wahrgenommen werden. All dies lässt sich daher aus ihnen auch erschließen.

Dass sich dieser Markt, den es übrigens auch auf dem Gebiet der Ernährung und des Tourismus gibt, so ausgezeichnet entwickelt, hängt mit vielen Umständen zusammen. Zum einen ist es der hohe Wert, den wir dem Körper zuschreiben, das niemals hinterfragte Ideal des perfekten Funktionierens und der umfassenden Gesundheit, zum anderen ist hier wieder die Leitidee der autonomen Person angesprochen. Der Mensch der Moderne ist bestrebt, seine Handlungs- und Leistungsfähigkeit jederzeit zu beweisen, und er muss daher auch dafür sorgen, dass die Grundlagen dieser Handlungsfähigkeit erhalten bleiben, eben auch in körperlicher Hinsicht. Jeder ist heute aufgerufen, bestmöglich für seine Gesundheit zu sorgen und kleinere Störungen selbst zu behandeln. Er muss und will sich auch in vielen Fällen nicht sofort in die Obhut einer medizinischen Autorität begeben.

In dieser Beziehung würde er auf jeden Fall eine schwächere Position einnehmen. Das Expertenwissen des Arztes ist deutlich höher als sein Laienwissen (selbst wenn er sich im Internet informiert hat), und dieses Wissen wird in einer Sondersprache vermittelt, die naturwissenschaftlich orientierte Ärzte so gut wie nie aufzugeben bereit sind. Sie sind ferner im Rahmen ihrer gesetzlich erstatteten Leistungen nur eingeschränkt an den Themen „Vorsorge" und „Optimierung" oder an Gesprächen über die Lebenswelt des Patienten interessiert, und sie gehen immer noch sehr häufig von einem dualistischen und technokratischen Körpermodell aus, betrachten also den Körper als Maschine, die in kleinen

Teilen repariert und abgetrennt von der subjektiven Lebenswelt des Patienten behandelt werden kann.

Der gesamte Bereich lässt sich in zwei Zugänge untergliedern, in denen sich jeweils verschiedene Körperkonzepte finden, die sich vor allem dadurch unterscheiden, dass sie ihre Versprechen ganz anders begründen. Ein Zugang verspricht Wirksamkeit über Modelle der Magie. Der andere benützt den Code der Medizin bzw. der Wissenschaft, den er für den populären Gebrauch aufbereitet. Wir wenden uns zunächst der Magie zu.

Magie und Ritual

Es erscheint seltsam, im Zusammenhang mit körper- und gesundheitsbezogenem Verhalten von Magie und Ritual zu sprechen. Beide Konzepte gehören in den Bereich der Ethnologie, wo sie etablierte Beobachtungs- und Erklärungskategorien darstellen, die primär das soziokulturelle Gefüge von Stammesgesellschaften beschreiben, also von vorindustriellen Gesellschaften, die nicht staatlich organisiert und meist klein in ihrer Bevölkerung und territorialen Ausdehnung waren. Zwar variieren auch diese Gesellschaften erheblich, was ihre Verwendung von Magie und Ritual betrifft, aber im Kern besitzen sie fast immer einen Bestand an magischen und rituellen Praktiken.

Auch die Definitionen, was unter Magie und Ritual zu verstehen sei, unterscheiden sich je nach Forschungsrichtung. Übereinstimmung herrscht darüber, dass Magie den Versuch darstellt, die Welt unter Kontrolle zu bringen, gewünschte Wirkungen zu erzielen, und zwar auf eine Weise, die unserem naturwissenschaftlichen Verständnis nach nicht zu erklären ist.

Magie und Ritual sind auch aus der Antike und aus unserer eigenen historischen Vergangenheit gut überliefert, sie stellten Formen dar, in denen sich politische und religiöse Herrschaft dokumentierte und die der Einzelne benützen konnte, um relevante Wirkungen zu erzielen. Wir gehen jedoch davon aus, dass ab der Aufklärung die Bedeutung dieser Konzepte verschwunden ist. Dies ist zweifellos richtig, sofern offizielle Kontexte betrachtet werden; man kann heute die Legitimität von politischer Herrschaft nicht mehr dadurch dokumentieren, dass der gewählte Führer durch Handauflegen Kranke heilt oder indem bei schlechten Bedingungen für den Wintersport ein Schneeritual durchgeführt wird.

Das heißt jedoch nicht, dass Praktiken, die sich deutlich dem Bedeutungsfeld der Magie zuordnen lassen, in unseren modernen industrialisierten Gesellschaften verschwunden sind: Wir praktizieren sie sehr wohl, aber wir etikettieren sie nicht mehr als Magie.

Magie bezeichnet in der Ethnologie Strategien, um bestimmte Wirkungen in der Außenwelt und/oder in anderen Personen herbeizuführen: Man versucht das Jagdglück, den Sieg im Krieg oder das Wetter zu beeinflussen, Krankheiten zu heilen, eine andere Person zu schädigen oder ihr zu helfen. Es gibt Gesellschaften, in denen jeder Einzelne, und Gesellschaften, in denen nur bestimmte Individuen Magie praktizierten konnten: Magier und Schamanen.[93]

Marcel Mauss (1872–1950)
Französischer Ethnologe, Neffe von Émile Durkheim, Lehrer von Claude Levi-Strauss
Mauss beeinflusste die Ethnologie vor allem durch sein Werk „Die Gabe“ (1924), in dem er Gesellschaften beschrieb, die in ihrer Ökonomie und in ihrem sozialen Zusammenhalt auf dem Mechanismus der Gabe beruhen. Güter in diesen Gesellschaften werden nicht gekauft, sondern geschenkt, wobei der Beschenkte die Verpflichtung hat, das Geschenk zu erwidern.

93 Vgl. hierzu Marcel Mauss: A General Theory of Magic, London 1972 (Original: Paris 1950)

Mauss stützte sich dabei auf das Werk von Bronisław Malinowski, der in „Argonauten des westlichen Pazifik" einen solchen Gabenzyklus auf den Trobriand-Inseln (Papua-Neuguinea) beschrieb: den sogenannten Kula-Ring. Dabei handelt es sich um ein zeremonielles Tauschsystem, das über 18 Inseln, einschließlich der Trobriand-Inseln, praktiziert wird. Die Teilnehmer legen in Kanus Hunderte Kilometer auf offener See zurück, um zu den anderen Inseln zu gelangen. Getauscht werden Halsketten aus rotschaligen Muscheln in Richtung Norden und Armbänder im umgekehrten Uhrzeigersinn. Wenn die erste Gabe ein Armband ist, muss die Abschlussgabe eine Halskette sein. Die Gegenstände werden einem jeweiligen Partner auf der anderen Isnel angeboten, der zu einer Gegengabe verpflichtet ist und die Kula-Gabe nach einiger Zeit weitergeben muss. Dieses System schafft Verbindungen und Verpflichtungen zwischen Menschen, die oft ein Leben lang halten. Die Gegenstände, die getauscht werden, sind wertvoll durch das Prestige des Besitzers, dem sie gehören, sie können niemals gekauft oder verkauft werden.
Mauss war einer der Ersten, der untersuchte, wie Menschen in Gesellschaften durch ihre Körperlichkeit, durch ihre Vernunft, aber auch durch ihre gesellschaftlich-kulturellen Bedingungen geformt werden, und zwar bis in kleinste Bereiche ihres Verhaltens. So beschäftigte er sich auch mit Körpertechniken und mit magischen Praktiken.
Hauptwerk: Soziologie und Anthropologie (Band 1: Theorie der Magie, soziale Morphologie; Band 2: Gabentausch, Soziologie und Psychologie, Todesvorstellung, Körpertechniken, Begriff der Person), München, Wien 1974 und 1975

Magie funktioniert immer nur in einem bestimmten magischen Setting. Bestimmte äußere Bedingungen müssen eingehalten werden: Raum, Zeit, Gegenstände, Beschwörungsformeln etc. Noch wichtiger jedoch ist ein Satz von Prämissen, an die geglaubt werden muss. Die wichtigste ist naturgemäß der Glaube, dass Dinge in der Außenwelt durch die Kraft des Gedankens, durch nicht physisch beobachtbare Vorgänge und Kräfte beeinflusst werden können. Dies wird in vielen Gesellschaften von der Überzeugung begleitet, dass die Dinge in der umgebenden Welt, die Tiere, Pflanzen, Landschaftselemente, auch die von Menschen hergestellten Gegenstände und Artefakte, Kraftladungen (Wirk- und Bindungsenergien) besitzen, die man für sich nützen kann. Diese Kraft wird in indianischen Kulturen Mana, im Polynesischen Orenda genannt, im Griechischen entspricht es dem Konzept der Arete, was die Wirkkraft der Dinge bezeichnet. Von hier aus gibt es Verbindungen zu unserem Konzept der Lebenskraft, das wir im Kapitel über Vitalismus beschrieben haben. Daran schließt sich das Konzept des Fetischs an, der als ein Objekt gedacht wird, das von sich aus eine hohe Wirkkraft besitzt, die man nützen kann – die Ethnologie nennt dies Agency.

Magie ist nicht selten mit totemistischen Konzepten verbunden, also mit besonderen Gliederungen der Tier- und Pflanzenwelt, die Denkmuster für soziokulturelle Verhältnisse bereitstellen.

Magie benützt oft eine Gleichsetzung von Zeichen und Bezeichnetem: Indem man eine Puppe schädigt, die den verhassten Menschen darstellt, schädigt man den Menschen selbst.

Es gibt zwei wichtige Typen von Magie:

- ***Ähnlichkeitsmagie/Mimetisch sympathetische Magie:*** Sie beruht auf dem Gesetz der Ähnlichkeit: Die Walnuss hat die Form des menschlichen Gehirns, sie ist daher gut, um Gehirnfunktionen anzuregen.
- ***Kontaktmagie:*** Diese funktioniert durch Übertragung, man berührt einen heiligen oder kraftspendenden Gegenstand oder nur ein Stück davon, manchmal genügt auch räumliche Nähe ohne Berührung; so stellte man sich im Mittelalter vor, dass Reliquien auch durch Behälter hindurch wirken können.

Ein verwandtes Konzept ist das des Rituals. Ein Ritual bezeichnet einmal einen Vorgang, der genau vorschreibt, wie Magie praktiziert werden muss, aber auch einen Vorgang, der vom sozialen Kollektiv ausgeübt wird, und in dem es um die Beschwörung, die öffentliche Manifestation und die verpflichtende Kraft von Werten des Kollektivs geht.

Hier werden oft die Mythen einer Gesellschaft erzählt und dargestellt. Mythen haben die Traumzeit der Vergangenheit oder das Leben der Ahnen oder der mythischen Kulturheroen zum Inhalt und bezeugen, warum alles so sein muss, wie es jetzt gerade ist. Es geht dabei aber auch um das Herstellen von kollektiver Ergriffenheit durch Pathosformeln, durch Ekstase, durch „Verzauberung" – all dies stärkt den sozialen Zusammenhalt des Stammes, löst oft auch soziale Konflikte.

In diesen Zusammenhang gehört auch die Institution des Schamanen, die kanadische und kaukasische Stämme sowie die Inuit, die Eskimos, entwickelt haben. Der Schamane ist ein Geistheiler, der hinzugezogen wird, wenn eine Person schwer erkrankt. Er versetzt sich in Trance, stellt die Ursache für die Krankheit fest und beseitigt sie oft mithilfe von Hilfsgeistern, aber auch über Pflanzensäfte und Wirkstoffe. Die Ursachen von Krankheiten liegen im Eindringen von Dämonen oder dämonischen Gegenständen, sehr oft aber auch in einer moralischen Verfehlung der erkrankten Person oder ihres sozialen Umfeldes. Die Heilerfolge von Schamanen sollen in etwa dem der europäischen Ärzte entsprechen, sieht man von Infektionskrankheiten ab.

Wir sind geneigt, Verhalten dieser Art als naiv und vorwissenschaftlich zu klassifizieren und es ausschließlich Stammesgesellschaften zuzuschreiben. Es gibt jedoch mindestens zwei Felder, die sich deutlich auf diese Konzepte stützen: Zum einen ist es der Bereich der Produktkultur und der sie begleitenden Kommunikation, zum anderen die Gesundheit und im weiteren Sinne körperbezogenes Verhalten. Hier wirken mächtige Traditionen weiter, die klarmachen, dass seit dem Beginn der Moderne und neben dem Gedankengut der Aufklärung immer schon antiwissenschaftliche und antibürokratische Tendenzen existierten und dass es eine ungebrochene Faszination des Okkulten und des Mystischen gibt.[94] Weite Bereiche des Gesundheitsdiskurses folgen diesem Paradigma des Magischen: alternative Medizin, Naturheilkunde, Wellnesskuren, rezeptfreie Arzneimittel, Kräuterheilkunde etc. Die Zahl der Personen, die den Erhalt ihrer Gesundheit diesem Bereich anvertrauen, wächst beständig und wir haben es mittlerweile mit millionenschweren Märkten zu tun.

Wenn alle diese Ansätze unter dem Begriff des Magischen subsumiert werden, soll damit nicht behauptet werden, dass sie in einem naturwissenschaftlichen Sinn völlig wirkungslos sind. Dies ist zum Teil sicher der Fall, zum Teil aber nicht. So ist erwiesen, dass bestimmte Kräuter und Pflanzen nachweisbare heilende Wirkungen haben, ebenso, dass die Selbstheilungskräfte des Körpers durch bestimmte Praktiken angeregt werden können, was auch die Placebo-Forschung demonstriert. Es geht in unserem Zusammenhang aber gar nicht um den wissenschaftlichen Nachweis der Wirkung: Es geht um den Glauben an diese Behandlungen und Stoffe, um ihr magisches Setting.

Die steigende Bedeutung dieses Marktes legt aber noch eine andere Erklärung nahe: Attraktive Angebote in einer Gesellschaft entstehen immer aus Defiziten und Sehnsüchten und nicht selten aus dem, was die Gesellschaft ihren Mitgliedern schuldig bleibt. Es scheint, dass ein tiefes Bedürfnis nach Wundern und Staunen besteht, nach Hilfe jenseits des wissenschaftlichen Paradigmas. Man möchte vertrauen: der Natur, dem alten Wissen, den östlichen Kulturen, Instanzen, die nichts von der Leistungsgesellschaft an sich haben, ja, die ihr kritisch gegenüberstehen.

Viele, wenn auch nicht alle, Instanzen im Bereich der alternativen Gesundheitspraxis nehmen den Menschen in seiner Gesamt-

94 Hartmut Böhme: Fetischismus und Kultur. Eine andere Theorie der Moderne, Reinbek 2006

heit wahr, sie erkundigen sich nach seiner Lebenswelt, sie verschreiben nicht nur Medikamente, sondern vermitteln auch Regeln zur Lebensführung, sie basieren oft auf dem Konzept des fühlenden Körpers und sie treten in eine nahe Beziehung zum Patienten. Sie bilden also auch eine Gegenwelt zur offziellen Medizin und ihrem sezierenden, punktuellen Vorgehen, der Distanz der Sachautoritäten.

In diesen Zugängen setzt sich noch eine andere Entwicklung fort: der Gegensatz der Volksmedizin zur Elitemedizin, der sich am Beginn der Renaissance herausbildete. Die Volksmedizin setzte auf einfach zugängliche Kräuter, magisch heilende Besprechungen, auf Heiler, die nichts anderes taten, als die Selbstheilungskräfte des Körpers anzuregen, die Elitemedizin behandelte mit seltenen, feinen Stoffen, unterwarf die Patienten einem strikten Regime von Diät und Askese und suchte sie durch Kuren von Überflüssigem zu befreien. Die Ärzte begannen sich als Sachautoritäten auszuformen. Die heutige alternative Medizin steht der Volksmedizin weit näher als der Elitemedizin.[95]

Eine Analyse der Werte und Konzepte, die in diesem Bereich des Magischen verhandelt werden, zeigt, dass hier ein anderer Satz von kulturellen Werten etabliert wird, als es unsere offizielle Kultur vorsieht, was wiederum darauf verweist, dass in einer Gesellschaft immer verschiedene Subkulturen bestehen – siehe dazu das Kapitel „Cultural Theory".

Alternative Medizin

Diese Codes des Magischen finden sich vor allem in den Vorstellungen der Alternativmedizin. Die Entfaltung des alternativen Gedankengutes erfolgte parallel zur Durchsetzung der Aufklärung, die dann zu unserem vorherrschenden sozialen und wissen-

95 Guldin, Körpermetaphern, S. 166

schaftlichen Paradigma wurde. Beide Bereiche laufen nebeneinander her, der eine dominant, der andere subdominant, sie stehen zueinander in einem eher feindlichen Verhältnis. Diese Entwicklung zeigt sehr deutlich eine Tatsache, die in der Kulturwissenschaft seit längerem Beachtung findet: Jeder dominante Diskurs wird von einem ihn ergänzenden oder widersprechenden begleitet – eine Gesellschaft kann nicht existieren, wenn ein Diskurs als der allein beherrschende gesetzt wird, kein Ansatz kann alle Probleme lösen, eine Gesellschaft braucht notwendigerweise mehrere Diskurse nebeneinander: „United we fall, divided we stand", sagt die Cultural Theory.[96]

Diese Aufgabe wird heute von einem Teil des Gesundheitsdiskurses übernommen – alternative Medizin, Naturmedizin, eine Reihe populärwissenschaftlicher Erklärungen, die sich auch auf esoterische und asiatische Konzepte stützen. Allen diesen Konzepten ist gemeinsam, dass sie sich gegen die Erklärungsmodelle der Naturwissenschaft wenden, gegen ihre Forderungen nach intersubjektiver Beweisführung und empirischer Überprüfung, nicht selten auch gegen die Gesellschaftsordnung einer hochindustrialisierten und individualisierten Marktwirtschaft, die sie ablehnen und der sie ein einfaches naturnahes Leben gegenüberstellen.

Stammesgesellschaften sehen die funktionale, auf beobachtbare Effizienz bezogene Ausrichtung und die magische Beeinflussung, die bei uns als feindliche Konzepte gedacht werden, als sinnvolle Ergänzungen an. Bronisław Malinowski hat dies in seinen Berichten über die melanesische Gesellschaft, die Trobriander, die in der Literatur durch ihre Praktiken des Kula-Ringes berühmt wurden, beschrieben.[97] Die Trobriander waren auch besonders geschickte Gartenbauer, denen es gelang, dem Dschungel und den

---

96 Michael Thompson, Richard Ellis, Aaron Wildavsky: Cultural Theory, Boulder 1990

97 Bronisław Malinovski: Argonauten des westlichen Pazifik, Frankfurt am Main 1979

unwirtlichen Korallenriffen blühende Gärten zu entreißen. In dem Buch „Korallengärten und ihre Magie“ schildert Malinowski die Anlage und Kultivierung dieser Gärten, in denen große Mengen von Yams und Tarok gezogen wurden und die durch eine bewusst kultivierte Ästhetik und Eleganz beeindruckten.[98]

Die Gesellschaft basierte auf der Fülle und der Qualität dieser Nahrungsmittel, die in vielfältiger Weise in das Leben und die soziale Organisation des Stammes einbezogen waren. Die Trobriander beachteten diffizile und empirisch erprobte Regeln des Pflanzenanbaus, sie waren höchst geschickte und erfahrene Gärtner, aber sie verließen sich nie auf ihre technischen Kenntnisse allein: Jeder Schritt des Anbaus, der Aufzucht und der Ernte war von magischen Praktiken begleitet. Zu diesem Zweck gab es die Institution des Gartenmagiers – meist ein Häuptling oder ein sehr vornehmer Mann –, der festsetzte, wann man mit der Aussaat zu beginnen hatte, wann die einzelnen Schritte der Behandlung zu erfolgen hatten, und der die einzelnen Phasen mit magischen Zaubersprüchen und rituellen Handlungen begleitete. Diese hatten das Ziel, Schädlinge von den Pflanzen fernzuhalten, die Qualität der Früchte zu beeinflussen, die Werkzeuge wirksamer und den Boden fruchtbarer zu machen. Die Trobriander waren überzeugt, dass diese magischen Praktiken zum Gelingen eines Gartens notwendig waren, aber sie waren ebenso überzeugt, dass sie niemals Arbeit und technische Effizienz ersetzen konnten: Auch Zaubersprüche würden einem Boden nicht helfen, den der Besitzer nicht ordentlich mit einem Grabwerkzeug bearbeitete. Zu einem guten Gelingen mussten eben beide Systeme zusammenwirken: das magische und das technische.

Es scheint, dass die völlige Eliminierung des magischen Systems aus unserer Kultur ein Defizit in der Psychologie der Gesellschaftsteilnehmer zurücklässt: Es gibt ein Bedürfnis nach Syste-

98 Bronisław Malinovski: Korallengärten und ihre Magie, Frankfurt am Main 1981

men dieser Art, die Trost und Zuversicht spenden, sie befinden sich bei uns aber in offenem Gegensatz zu den offiziellen Erklärungsmustern. Diese Sehnsucht wird am deutlichsten im Bereich des Körpers, der – wie ausgeführt – an mehreren Bereichen teilhat und von ihnen beeinflusst wird: Gesellschaft, Kultur, Wissenschaft, aber eben auch Natur, „Leben“, die nach eigenen Gesetzmäßigkeiten zu funktionieren scheinen. Gleichzeitig ist der Körper das Objekt, das man selbst beeinflussen kann, über das man Autonomie hat, und am Körper wird der Wert dokumentiert, den wir als außerordentlich wichtig erachten: der Wert der Gesundheit. Dieser nimmt gleichsam einen ähnlichen Platz ein wie die Yamsproduktion für die Trobriander: Er gehört zu unseren zentralen Werten und es besteht damit der Wunsch, ihn gleichzeitig naturwissenschaftlich, aber auch magisch zu beeinflussen, auch wenn man dazu zwei sich feindlich gegenüberstehende Systeme bemühen muss.

Der Einzelne vermag diese Systeme oft recht gut zu vereinen: So greifen viele Menschen auf hochtechnisierte Medizin und alternative Medizin nebeneinander zurück, und von Ärzten, die in der Alternativszene einen guten Ruf genießen, wird gesagt, sie seien in beiden Systemen, dem der klassischen Medizin und der Alternativmedizin, ausgebildet. Produkte begründen ihre Wirksamkeit auch manchmal damit, dass sie sich in beiden Bereichen bewährt haben. Die Argumentation verläuft dabei oft so, dass die Naturmedizin oder die alternative Medizin einen Wirkstoff schon lange gekannt hat, der erst später von der Wissenschaft in seinen Wirkungen entdeckt und bestätigt wurde.

Im Folgenden wollen wir einige der Konzepte und Strategien, die im Bereich der magischen Praktiken zur Anwendung kommen und in vielen Argumentationen magische Anteile beisteuern, im Detail betrachten.

Magische Strategien

Ähnlichkeitsmagie

Diese Form der Magie wird in vielen Gesellschaften, die weit voneinander entfernt leben, und in vielen historischen Epochen praktiziert. Es handelt sich um einen Satz von Annahmen, die unabhängig voneinander immer wieder entwickelt wurden. Der Kern dieser Annahmen liegt darin, dass Objekte bzw. Elemente, die einander ähnlich sind, zu gleichen Wirkungen führen bzw. dass sie einen wechselseitigen Einfluss aufeinander ausüben können: Ihre Wirkkräfte übertragen sich gleichsam in Form der Ansteckung.

Betrachten wir zunächst eine magische Tinktur, die der Gartenmagier der Trobriander zusammenstellt, um das Wachstum der Yamswurzeln anzuregen und besonders schöne Yamswurzeln zu erzielen, die der Stolz der trobriandischen Gärtner sind. Die magischen Strategien der Gartenmagie haben jeweils zwei Ziele: das Böse zu eliminieren und das Gute anzuregen. Das Böse, das die Gärten bedrohen könnte, sind hauptsächlich Schädlinge und die wilden Tiere des Busches, die durch Zäune, Tinkturen und eben auch durch magische Sprüche, in denen sie beschworen werden, das Feld zu verlassen, ferngehalten werden. Das Gute wird herbeigelockt, indem der Boden beschworen wird, sich für die neuen Pflanzen zu öffnen, und indem die Pflanzen beschworen werden, sich zu besonders schönen Exemplaren zu entwickeln. Zu diesem Zweck bestreicht der Magier die Werkzeuge, mit denen sie bearbeitetet werden, mit einer magischen Tinktur, für die er folgende Ingredienzien sammelt: Kokos- und Arecablätter, weil sie die dunkelgrüne Farbe haben, die der Yams hat, wenn er stark und gesund ist; Erde aus den Nestern der Buschhühner, die eine beträchtliche Größe haben; einen Teil der großen runden Nester von Erdhornissen – zu dieser Größe soll der Yams aufschwellen;

Ubwara, eine kleine Pflanze mit langen weißen Knollen, die auf der Insel als besonders schön gilt – so schön soll der Yams werden (die Ästhetik der Knollen stellt ein besonderes Gütemerkmal dar, zu diesem Zweck wird der Yams dann auch nach der Ernte von allen Haaren gesäubert und zu kunstvollen Pyramiden aufgeschichtet); Blütenblätter einer Pandanussart, die dem Yams einen süßen Duft verleihen sollen.[99]

Auch im Bereich der Tabus, denen der Magier unterliegt, kommt die Ähnlichkeitsmagie zum Tragen: Er darf nicht vom Fleisch des Sina-Vogels essen, der mit dem Regen assoziiert wird – sonst würde der Regen erschrecken und der Magier könnte dann kein feuchtes Wetter mehr erzeugen, das jede wichtige Zeremonie zu begleiten hat (weshalb der Gartenmagier auch ein besonderer Experte in meteorologischen Beobachtungen ist).

Aus allen Kulturen und Epochen ließen sich Beispiele anführen, die dieses Prinzip der Ähnlichkeitsmagie belegen.

Betrachten wir nun eine Ausgabe der Zeitschrift „Natur und Heilen", der „Monatszeitschrift für Gesundes Leben". Wir wollen diese Zeitschrift als Quelle für besonders aufschlussreiche Beispiele aus dem Bereich der Alternativmedizin heranziehen, da sie sich explizit auf dieses Feld bezieht. So stellt sie sich im Editorial auch vor: „Natur und Heilen ist eine unabhängige Zeitschrift für gesundes Leben. Sie wird für all jene herausgegeben, die nach Möglichkeiten naturgemäßen Lebens und Heilens suchen. Ausgehend von einer ganzheitlichen Sicht des Menschen wird über traditionelle und neue Wege zur Gesundheit berichtet." Prägnant bringt sie ihr Programm auch in einem Artikel zur Geltung, der den bezeichnenden Titel trägt: „Lieber unwissenschaftlich gesund als wissenschaftlich krank".[100]

In der Aprilausgabe 2008 wird über Eisenmangel berichtet und über die Möglichkeiten, sich Eisen auf natürlichem Weg zu-

99 Malinovski, Korallengärten, S. 125

100 Natur und Heilen 11/2007

zuführen, was einer Zufuhr von Eisenpräparaten haushoch überlegen sei („Es geht auch ohne Eisensubstitution"). Die Notwendigkeit, dem Körper Eisen zuzuführen, wird damit begründet, dass eine ausreichende Versorgung des Körpers mit Eisen eng mit der Lebenskraft zusammenhängt. Als Beleg werden antike Ärzte sowie Paracelsus zitiert, die jedes Metall dem Planeten Mars, dem Kriegsgott, zuordneten und eisenhaltige Pflanzen bei Vitalitäts- und Aufbauschwäche, Angstzuständen, Störungen der Willensbildung, Blutarmut und allgemeiner Schwäche – dezidiert keine Kriegertugenden – verschrieben. Als Opposition zu Eisen wird dann konsequenterweise Milch beschrieben (die Milch der sanften Denkungsart und offenbar ein weibliches Element), von der behauptet wird, dass sie die Eisenaufnahme im Darm senkt, starken Milchtrinkern wird eine auffällige Blässe zugeschrieben (die Farbe der Milch).

Als bevorzugte Pflanze, um dem Körper Eisen zuzuführen, wird die Brennnessel empfohlen. Sie wird als Marspflanze beschrieben: „Ihr Wesen ist Aggression, die sich in ihren Brennhärchen zeigt. Die Pflanze hat eine starke Vorliebe für eisenhaltige Böden." Aggression wird bei der Brennnessel auch dahingehend interpretiert, dass sie Altes und Verbrauchtes offensiv anpackt, um es auszuscheiden. Sie soll auch bei Reinigungskuren im Frühjahr eingesetzt werden, weil sie Stoffwechselprodukte kraftvoll in Angriff nimmt und die Ausleitung unterstützt.

Nun soll nicht behauptet werden, dass Brennnesselsaft keine gute Wirkung auf den Körper und die Zufuhr von Eisen hat, dies kann durchaus der Fall sein. Was hier interessiert, ist aber die Begründung dieser Leistung und diese ist deutlich dem System der Ähnlichkeitsmagie zuordenbar, sie verwendet dieselben Argumentationslinien wie die Gartenmagie die Trobriander.

Es lässt sich nun fragen, welche Prämissen als gegeben angenommen werden müssen, damit eine solche Argumentation sinnvoll erscheint. Die zentrale Prämisse besteht in der Annahme, dass es eine Entsprechung zwischen den Gegebenheiten der Natur

– zwischen all dem, was die natürliche Umgebung des Menschen ausmacht: Tiere, Pflanzen, Mineralien etc. – und den Verhältnissen im menschlichen Körper gibt, eines kann auf das andere einwirken, weil es sich im Kern um etwas Gleiches oder Ähnliches handelt, und der eine Bereich kann immer in den Kategorien des anderen Bereichs gedacht werden. Dies ist eine alte und weitverbreitete Vorstellung. Sie liegt den Klassifikationssystemen von Stammesgesellschaften zugrunde, speziell totemistischen Systemen, in denen die soziale Gliederung einer Gesellschaft in den Klassifikationen der umgebenden Tier- und Pflanzenwelt gedacht wird, und sie bildet die Basis vieler magischer Praktiken.

Nun geht auch die moderne Naturwissenschaft davon aus, dass sich Entsprechungen zwischen allen organischen Organismen finden, dass für Natur und Mensch gleiche Gesetzmäßigkeiten gelten, man nimmt jedoch nicht an, dass sie allein über das Merkmal der Ähnlichkeit aufeinander einwirken können.

Das Konzept der Natur, die als Hüterin geheimer Schätze und Gesetze gilt, ist dem modernen naturwissenschaftlichen Verständnis fremd. Der Philosoph R. Whitehead drückt dies prägnant so aus: „Der Natur wird etwas zugeschrieben, was in Wahrheit von uns stammt: der Duft der Rose, der Gesang der Nachtigall, das Strahlen der Sonne. Die Dichter irren sich sehr. Sie sollten ihre Gedichte an sich selbst richten und sie als Oden an die Exzellenz des menschlichen Geistes formulieren. Die Natur ist langweilig, ohne Töne, ohne Duft, ohne Farben – nur Stoffe, die herumwirbeln, endlos, bedeutungslos."[101]

---

101 „Nature gets credit which should be in truth reserved for ourselves: the rose for its scent, the nightingale for its sound, the sun for its radiance. The poets are entirely mistaken. They should address their lyrics to themselves, and should turn them into odes of self congratulation on the excellency of the human mind. Nature is a dull affair, soundless, scentless, colourless; merely the hurrying of material, endlessly, meaninglessly." Theory, Culture & Society. Explorations in Critical Social Science, Sage Publications, Sonderheft Life, S. 13

Dies ist eine für viele Menschen schwer erträgliche Vorstellung. Ab der Aufklärung, die diese Sicht der Natur durchsetzte und Wirksamkeit nur über Beweise und wissenschaftliche, logisch-rationale Prüfung gelten ließ, entwickelten sich daher parallel andere Naturkonzepte, die ihren Zauber und ihre magische Wirksamkeit wiederherstellten. Dazu gehören die Naturkonzepte der Romantik, aber auch die Entwicklung okkulter Strömungen; schließlich steht auch das Konzept des Vitalismus in diesem Zusammenhang. Diese Sehnsucht besteht ungebrochen bis heute, sie steigert sich offenbar in ebendem Ausmaß, in dem die offiziellen Lebenswelten von technischer Rationalität bestimmt werden.

Auch weite Teile der Produktkultur machen vom Konzept der magischen Entsprechung Gebrauch. So begründet zum Beispiel Juvelia, eine Creme von Beiersdorf, ihre Wirkung, einen glänzenden ebenmäßigen Teint zu geben, mit Perlen-Bestandteilen, die ebendiesen matten Glanz aufweisen. Oder eine Creme von La Prairie verspricht einen schimmernden strahlenden Teint über die Partikel echten Goldes, die in der Creme enthalten sind. Die tatsächlichen Wirkstoffe sind dagegen chemisch zu beschreibende Ingredienzien. Ähnliches gilt im Übrigen für Nahrungsmittel.

Wirksamkeit, die sich über die Prinzipien der Ähnlichkeitsmagie ergibt, kennzeichnet in weitem Umfang auch die homöopathische Praxis. So werden in einem Artikel mit dem Titel „Herzensruhe mit pflanzlich homöopathischen Urtinkturen" zunächst Erkrankungen des Herzens mit psychischen Spannungszuständen und Blockaden begründet, sodann wird die gezielte Verabreichung von Heilpflanzen empfohlen, die mit der Psyche kranker Menschen in enger Beziehung stehen: primär Weißdorn, Passionsblume, Wolfstrapp.

Besonders prägnant wird diese Parallele bei der Passionsblume, die wie folgt beschrieben wird: „Passionsblume und die lösende Ruhe nach dem Wechselbad der Gefühle. – Wenige Heilpflanzen bilden eine Blüte von solch vollendeter Schönheit wie die Passionsblume. Die nur einen Tag blühende und geöffnete Blüte zeigt einen strahlenden Kranz aus zehn Kelchen und Kronblättern mit zehn Kreisen, die sich konzentrisch um einen Mittelpunkt anordnen: In diese Mitte lösen die Ringe sich auf und kommen zur Ruhe. In dieser Symbolik ist der Kreis ein Zeichen, das zu sich selbst zurückführt. Er steht für Einheit, Vollkommenheit und das Absolute. So wundert es nicht, dass eine Heilpflanze, die das Kreishafte als zentrales Wesenselement in sich trägt, die Transformation verwirrender und blockierter Emotionen hin zu Stille, Harmonie und Herzensruhe unterstützt." Empfohlen wird eine Passiflora-Urtinktur.

In diesen Beschreibungen zeigen sich zwei weitere Elemente, die für den heutigen Code des Magischen wichtig sind: die Verbindung zu einer Theorie der Emotionen – fast allen Heilstoffen werden auch Wirkungen auf die Psyche und die Gefühle zugeschrieben – und die Verbindung mit uraltem oder in einer anderen Kultur wichtigem Wissen.

Eine bekannte Verbindung von magischem Parallelismus und Beeinflussung der Emotionen findet sich in der bekannten Bachblütentherapie, die verspricht, disharmonische Zustände, seelische Störungen, die in der Folge zu körperlichen Störungen führen, zu heilen. Die Therapie wurde im 19. Jahrhundert von dem englischen Arzt Edward Bach entwickelt und geht davon aus, dass seelische Gesundheit dadurch zustande kommt, dass sich die Seelenpotenziale von Menschen, wie es Bach nannte, Ausdauer und Verbissenheit, Tapferkeit und Angst, Geduld und Ungeduld etc., jeweils in einer Balance befinden müssen. Ist dies nicht der Fall, kann mit pflanzlichen Substanzen geholfen werden, und zwar deshalb, „weil menschliche Eigenschaften energetisch harmonische Repräsentanten" in der Pflanzenwelt haben. Diese können mit dem „menschlichen Energiefeld in Resonanz treten". Die Pflanzen, die in den jeweiligen Tropfen zur Anwendung kommen, werden entsprechend bezeichnet: Centaury (Tausendgüldenkraut), die Blüte des Dienens, oder Agrimony, die Ehrlichkeitsblüte, oder Vine, die Autoritätsblüte, oder Wild Oat, die Berufungsblüte.

Kontaktmagie

Weniger zahlreich sind Beispiele für Kontaktmagie zu finden, eine Form der Magie, bei der die Heilung dadurch erfolgt, dass der Kranke in Verbindung mit einem besonders heilkräftigen oder sakralen Gegenstand gebracht wird. Diese Berührungen, die durch Magier erfolgen können oder durch geheiligte Objekte, waren und sind im Volksglauben auch bei uns noch üblich: Berührung von Reliquien, wundertätige Quellen und Steine, Amulette etc.

Wir finden einen Anklang davon in der Flut von Massagepraktiken, die immer davon ausgehen, dass durch die Berührung Blockaden gelöst werden, Energie erzeugt wird, alles ins Fließen kommt. Auch Gegenstände besitzen Merkmale, die sich durch den Kontakt auf den Menschen übertragen: Die Applikation von Vulkansteinen bei der Massage steigert die Wärme und Durchblutung, das Sitzen auf einem Olivenholzstuhl überträgt die Merkmale des Olivenbaums – Langlebigkeit und Zähigkeit – auf den Menschen.[102]

Die Vorstellung wird auch im Konzept besonderer Orte deutlich, Orte, an denen bestimmte Schwingungen herrschen, die sich wohltuend auf den übertragen, der sie aufsucht. So werben etwa Klöster, die sich touristisch öffnen, mit ihrer spezifischen spirituellen Atmosphäre, andere Orte bezeichnen sich als Orte der Kraft, die Stille, Ruhe und Ordnung bieten.

Kontaktmagie findet sich auch im Bereich der Konsumkultur: So werden Taucheruhren nicht zuletzt deshalb getragen, um Menschen in alltäglichen Kontexten das Gefühl zu vermitteln, an der aufregenden Welt des Meeres und des Sports teilzunehmen. Auch in der Sitte von Fans, die getragenen Trikots ihrer Fußballmannschaft als eine Art Reliquie zu bewahren oder selbst zu tragen, findet sich Kontaktmagie, ebenso in den Höchstpreisen, die Kleider oder persönliche Gegenstände von Berühmtheiten erzielen.

---

102 Natur und Heilen 05/2008

Wirkstoffe

Auch die Naturmedizin kennt die Behauptung, dass ein bestimmter Wirkstoff eine heilsame Wirkung habe oder vorbeugend wirken könne – die primäre Strategie der Pharmazie also. Diese sucht ihre Wirkstoffe allerdings auf der Mikroebene der Stoffe, da, wo sie chemisch beschrieben und analysiert werden können. Derzeit wird im Zusammenhang mit Gesundheitsreformen zum Beispiel vorgeschlagen, dass der Arzt nur einen bestimmten Wirkstoff verschreiben, der Apotheker dagegen das konkrete Medikament wählen soll, und zwar so, dass er das jeweils billigste wählt, das diesen Wirkstoff enthält.

Diese mikroskopische Sicht auf Wirkstoffe ist der Naturmedizin und dem magischen Diskurs fremd. Beide gehen davon aus, dass die Wirkstoffe natürlichen Klassifikationen entsprechen, dass sie eine ganzheitliche pflanzliche oder organische, manchmal auch mineralische Herkunft haben: Kamillenblüten, Arnika, Weinlaub, Eibisch, Misteln, Aloe Vera, Collostrum, die Vormilch von Kühen, Salbe aus dem Fett der Murmeltiere, kolloidales Silber etc. Mit wenigen Ausnahmen wird Wert darauf gelegt, dass jeweils die ganze Pflanze genossen wird, da ein einzelner Stoff nur in Verbindung mit den in seiner natürlichen Umgebung vorkommenden Sekundärstoffen wirksam werden kann – wirksam ist also eigentlich ein natürlich vorgegebener Verbund von Stoffen. Ebenso wird oft ein breites Spektrum von Wirkungen beschrieben: Wirkungen für mehrere Probleme bzw. Leiden, Wirkungen, die gleichzeitig auf Körper und Seele einwirken. Besonders betont werden Wirkungen im Bereich von physischen Störungen: gegen Depressionen, Störungen von Gehirnaktivitäten, Schlaflosigkeit, Unruhe, Angst.

Isolierte, von ihren Kontexten gelöste abstrakte Wirkstoffe der Pharmazie – mit gezielter Wirkung – und in ihre natürliche Umgebung eingebettete Wirkstoffe der Naturheilkunde – mit breiter Wirkung – werden gegenübergestellt. Die Wirkung, die diese Stoffe haben, wird naturgemäß nicht durch klinische Studien belegt. Wenn man nicht an genuine magische Konzepte anknüpft, so beruft man sich auf Erfahrung, Beobachtung, Tradition, die Verankerung in altem Wissen, in Volkswissen, in einer langen Praxis der erfolgreichen Anwendung, oft wird auch behauptet, moderne medizinische Forschungen hätten die Wirksamkeit dieser Stoffe nachträglich durch Studien bewiesen.

Festzustellen sind also wieder die Prinzipien Ganzheitlichkeit, breite unspezifische Wirkung, konkrete Verständlichkeit, Anknüpfen an die Klassifikationen des Alltags. In dieser Form geht die Wirkstoffargumentation auch in Marktkonzepte ein. So werben etwa Klosterfrau Melissengeist oder Schwedentropfen mit ihrer breiten Wirksamkeit gegen alle Arten von Verstimmung und mit ihrem traditionellen, durch viele Generationen überlieferten, aber geheim gehaltenen Rezept.

Bis auf wenige Ausnahmen haben diese Wirkstoffe der Naturmedizin eine pflanzliche Herkunft. Ganz selten werden Tiere als Lieferanten genannt, so etwa bei der Murmeltiersalbe (aus dem Bauchfett der Murmeltiere gewonnenes „natürliches“ Cortison) oder der Vormilch von Pferden. Natur wird also weitgehend mit dem Bereich des Pflanzlichen gleichgesetzt.

Universales Wirkspektrum

Produkten, die im Bereich des magischen Diskurses entwickelt werden, wird eine breite, manchmal allumfassende Wirkung zugeschrieben. Sowohl die Probleme, bei denen sie anwendbar sind, wie auch die heilenden Wirkungen sind weitaus breiter, als dies irgendein Produkt, das anhand des naturwissenschaftlichen Paradigmas entwickelt wird, je von sich behaupten würde. Die Wirkungen umfassen sehr oft sowohl körperliche wie auch psychische Beschwerden und Wirkungen.

So war angeblich ein Produkt, das im Jahr 1860 gegen „Neurasthenia“ (nervöse Erschöpfung) entwickelt wurde, gegen folgende Beschwerden wirksam: „Schlaflosigkeit, Schwindel, schlechte Träume, cerebrale Reizungen, erweiterte Pupillen, Kopfschmerz, Ohrgeräusche, mentale Irritierbarkeit, zu schwache Zähne, Zahnverfall, Verdauungsstörungen, Suchtverhalten, abnormale Trockenheit der Haut, Schwitzen, Angst vor Blitzen, Platzangst, Angst, allein zu sein, Angst vor Ansteckung, Entscheidungsschwäche, mangelndes Durstgefühl, Überempfindlichkeit der Wirbelsäule, Wetterfühligkeit, kalte Hände und Füße, Herzklopfen, Muskelschmerzen, Schluckbeschwerden, Krämpfe, Impotenz, häufiger Harndrang, trockenes Haar, Haarausfall …" Die Liste wird noch über einige Seiten fortgesetzt.[103]

Die Breite des Anwendungsbereichs macht Produkte dieser Art fast für jedermann geeignet – denn eines der Probleme trifft sicher zu. Gleichzeitig wird ein kontrollierter Wirkungsnachweis unmöglich: Man könnte alle diese Wirkungen, die sich in einem Produkt konzentrieren, gar nicht nachweisen. Wie immer geht es uns jedoch nicht um die Frage der Wirksamkeit in einem naturwissenschaftlichen Verständnis, sondern um die Frage, aufgrund welcher Prämissen eine solche allumfassende Wirkung überhaupt geglaubt werden kann und wodurch sie ihre Überzeugungskraft gewinnt. Diese scheint auf zwei Ebenen zu liegen.

Zum einen entspricht sie einem spezifischen Konzept der Realitätskonstruktion, dem wir schon öfters begegnet sind. Es ist der Wunsch, dass die Welt bzw. die Natur und das organische Geschehen anders konstruiert sein mögen, als sie im offiziellen Diskurs seit der Aufklärung erscheinen: nicht zerstückelt, in Segmente und Bestandteile aufgeteilt, die von einem wissenschaftlich

103 Pasi Falk: The Consuming Body, London 1994, S. 164. – Diese breite Wirksamkeit wird allerdings nicht für Medikamente der homöopathischen Medizin behauptet; diese werden vielmehr vom Arzt so ausgesucht, dass sie genau auf den Charakter und das Temperament einer individuellen Person passen, weshalb der Arzt auch ein langes Erkundigungsgespräch führt, in dem er das Temperament, die Gestimmtheit, auch spezifische Charaktereigenschaften eines Menschen zu erfassen sucht.

sezierenden Blick jeweils isoliert in Augenschein genommen werden, sondern ganzheitlich, in einem organischen Ganzen zusammengefasst, in dem jeder Teil mit jedem anderen zusammenhängt und in dem Körper und Seele eine enge Verbindung eingehen. Nur von einer solchen Konzeption des Wünschenswerten her, die sich parallel zur Aufklärung als Gegenkonzept durchsetzt, werden solche Produkte denkbar: Sie führen vor, dass es nicht darum geht nachzuweisen, dass Wirkstoff X eine kontrollierbare Wirkung auf Problem Y hat, sondern dass es Substanzen oder Verbindungen gibt, die breite und eigentlich unspezifische Wirkungen haben. Ob sie diese Wirkungen tatsächlich haben, ist offenbar eine Frage des Glaubens bzw. kann subjektiv erfahren werden.

Gleichzeitig werden in Produkten dieser Art Definitionen von Krankheit und Gesundheit deutlich, die diese aus der Ebene naturwissenschaftlicher Definitionen in die Ebene mythischer Größen rücken: In solch unspezifischer und umfassender Wirkung wird in religiösen Systemen Heil und Unheil, Fluch und Segen, das Sakrale und das Böse gedacht.

Zauberei

Die beschriebenen magischen Strategien versuchen immerhin in irgendeiner Form die Wirksamkeit von Verfahren und Heilstoffen zu begründen. Es gibt jedoch auch eine Klasse von Behauptungen, in denen eine Wirksamkeit behauptet wird, die nach unserem derzeitigen Weltverständnis schlicht unmöglich ist: Abnehmen im Schlaf, Muskelaufbau ohne körperliche Betätigung, Abnehmen, obwohl man nichts an seinem Essverhalten ändert. Die überwiegende Menge solcher Argumentationen finden wir im Bereich der Essstörungen oder der Bemühungen um Schlankheit: Dies weist eindringlich auf das Quälende hin, das dieses Problem für viele Menschen hat, sodass man geneigt ist, auch zu offensichtlichen Zaubermitteln Zuflucht zu nehmen. Dass man an einen negativen

Kalorieneffekt von Pflanzen glaubt und 20 Kilo und mehr abnehmen kann, ohne seine Ernährung nachhaltig umzustellen, ist nach unserem Realitätsverständnis allerdings nicht möglich.

Abb. 17

Wirksame Prozesse

Neben diversen Elementen wird auch bestimmten Prozessen Wirksamkeit zugeschrieben. Diese Vorstellungen sind weit verbreitet, sie werden teilweise auch von der Schulmedizin eingesetzt und befürwortet – aber wiederum: Es geht hier nicht um die Frage, ob Prozesse dieser Art eine nachweisbare Wirkung haben oder nicht – dies kann durchaus der Fall sein –, sondern um die Argumentation, warum sie wirksam sind. Hinter diesen Argumentationen stehen sehr charakteristische Vorstellungen, die wiederum weit verbreitet sind. Im Einzelnen geht es um Prozesse, die Schadstoffe im Körper eliminieren, die ihm Energie zuführen, und um die bereits aus den einführenden Kapiteln bekannten Konzepte der Harmonie, der Reinheit und des vitalen Flusses.

Schadstoffe eliminieren: Der Schamane sucht den Geisterpfeil

In der Praxis der Schamanen gibt es ein spezifisches Ritual, mit dem eine Erkrankung behandelt wird. Der Schamane kommt nach der Erzählung über den Beginn und den Verlauf der Krankheit des Patienten zum Schluss, dass die Krankheit durch einen magischen Gegenstand verursacht wurde, der in den Körper des

Kranken eingedrungen ist – durch Schadenszauber, den ein rachsüchtiger Ahne oder ein übelwollender Nachbar oder Verwandter ausgeübt hat, oder durch irgendeinen rituellen Fehler des Erkrankten, der auch in einer sozialen Sünde bestehen kann, sodass sich ein Geist veranlasst sah, einen Pfeil in den Leib des Betroffenen zu schießen. Der Schamane setzt sich in Ekstase, sucht den Körper des Erkrankten mit seinem Mund ab, bis er den schädlichen Gegenstand findet und mit seinem Mund herauszieht – ab diesem Zeitpunkt besteht eine Heilchance.

Schamanen sind vor allem aus den Stammeskulturen Sibiriens und der Inuit bekannt, ähnliche Instituionen sind die des Medizinmannes oder des Geisterheilers. Schamanen fungieren als Vermittler zwischen dem Diesseits und dem Jenseits. Sie sind imstande, die diesseitige Welt zu verlassen und sich auf eine Reise in eine transzendente Welt zu begeben, wo sie nützliche Leistungen für das soziale Kollektiv erbringen. Sie werden hinzugezogen, um das Jagdglück oder Kriegsglück zu beschwören, in großem Umfang aber auch, um Krankheiten zu diagnostizieren und zu heilen.
Schamanen agieren in einer Seance, an der die ganze Gemeinschaft teilnimmt. Der Schamane verfügt über wirkungsvolle Ekstasetechniken, die er zu Beginn der Seance anwendet. Er trägt ein besonderes Kostüm, bei dem jedes Detail eine rituelle Bedeutung hat. Berühmt sind die Schamanentrommeln, mit deren Hilfe sich der Schamane auf seine Reise in die anderen Welten begibt. Der Schamane ist oft von Hilfsgeistern begleitet und er nimmt mit den Geistern der Unter- oder Oberwelt Kontakt auf, die auch aus ihm sprechen können. Schamenen haben im Allgemeinen einen hohen Status in ihrer Gruppe.
Mircea Eliade: Schamanismus und schamanische Ekstasetechnik, Frankfurt am Main 1978; Klaus E. Müller: Schamanismus. Heiler, Geister, Rituale, München 2006

Dies ist ein Konzept, das sich in vielen Kulturen und Zeiten findet und das auch in unserer Zeit noch eine große Bedeutung hat. In unserem Kulturkreis wird der Schaden, der sich im Körper des Menschen findet, großflächiger gedacht, nicht in Form eines Gegenstandes, in dem sich die bedrohlichen Substanzen sammeln, sondern als Ansammlung von Schad- und Giftstoffen, die der Körper von sich aus nicht loswerden kann und die sich in bestimmten Körperteilen konzentrieren. Diese Stoffe müssen entfernt werden, bevor Neues entstehen kann.

Die Behandlungen sehen im Allgemeinen drei Stadien vor:

- Die Zufuhr schädlicher Stoffe muss gestoppt werden: Man darf kein Fett, keinen Zucker zu sich nehmen, keine reizenden Stoffe wie Alkohol oder Kaffee.
- Der Körper muss angeregt werden, die Giftstoffe auszuschwemmen: durch Wasserströme, Flüssiges, Kräuter, Schwitzen etc.
- Der Körper ist nun entgiftet und kann langsam wieder an normale Ernährung gewöhnt werden, die er nun optimal verwertet.

Die Vorstellung, die diesem Konzept zugrunde liegt, besagt, dass der Körper von Zeit zu Zeit von schädlichen Substanzen, von Schlacken und Schadstoffen, von Resten, die sich angesammelt haben, von Negativem und Abgestorbenem, befreit werden muss und dass anstelle von diesen negativen Substanzen Neues, Frisches, Gutes, Positives zugeführt werden muss, für das der Körper dann eben wieder bereit ist.

Auch für diese Vorstellung finden sich Beispiele in fast allen Kulturen. Bekannt sind etwa das Ölziehen der ayurvedischen Medizin, die Aderlässe des Mittelalters, das Purgieren, die Klistiere, die Schwitzkuren und vieles mehr. Auch die F.-X.-Mayr-Kur, auf die zahlreiche Kurhotels spezialisiert sind, und die vielen Anleitungen zum Heilfasten, die jedes Jahr besonders im Frühjahr publiziert und praktiziert werden, basieren auf diesen Ideen.

Selbst Kliniken, die angeben, mit neuesten medizinischen Methoden zu heilen, geben diesen Dreierschritt vor:[104]

- Detoxieren
- Stabilisieren
- Vitalisieren

Auffallend ist die religiöse Semantik, in der diese Vorgänge vorgetragen werden – darin liegt wohl auch eine Erklärung für die hohe Faszination dieser Prozeduren. Der Körper wird als ein Schlachtfeld gesehen, auf dem Gut und Böse einen mythischen Kampf austragen: Wenn das Böse eliminiert wird, kann das Gute als Sieger einziehen, so wie bei der Buße für Sünden als Vorstufe für den Einzug neuen Heils. Die Stoffe, die eliminiert werden müssen, werden sehr oft als Reststoffe gesehen, die bleiben, wenn wir uns gegen den Körper versündigen: Wenn wir zu fett, zu viel, zu süß essen, wenn wir Speisen essen, die mit fremden Stoffen verunreinigt sind. Diese Stoffe werden von der Naturmedizin oft als industrielle Zusätze oder fremde Stoffe bezeichnet – sodass sich auch hier eine altbekannte Opposition andeutet: moderne Zeit und Gesellschaft, die uns krank macht, weil sie fremde und verunreinigende Stoffe in uns einführt, versus gesunde reine Natur.

Die Körpervorstellung, die hinter diesen Modellen steht, ist die eines Körpers, der in der Art eines Ofens Stoffe verbrennt und bei diesem Prozess Schlacken zurücklässt, die sich unsichtbar im Inneren des Körpers befinden und entfernt werden müssen, bevor neues Feuer entzündet werden kann. Teilweise wird angenommen, dass Stoffwechselvorgänge an sich Schlacken hinterlassen. Der Körperteil, der in besonderer Verbindung mit diesen Prozessen der Schlackenbildung und Verunreinigung gedacht wird, ist der Darm; in ihm denkt man sich in spezieller Weise Schlacken und Giftstoffe angesammelt. Der „Tod sitzt im Darm“ und der

---

104 Vgl. hierzu das Angebot des bereits erwähnten Lanserhofs (www.lanserhof.at)

„Darm muss saniert" werden, bevor Nahrung wieder wirken kann, heißt es in Anweisungen und in der Werbung immer wieder. Weitere Orte, wo sich Schlacken ansammeln, sind die Blutgefäße, die Innenwände von Gefäßen und die Haut.

Der Prozess, bei dem der Körper von den Schad- und Giftstoffen gereinigt wird, weist zumeist irgendeine quälende Komponente auf: Es wird gehungert, Bitterstoffe werden zugeführt, Klistiere werden eingeführt, man verzichtet auf Genussstoffe, leistet gewissermaßen Buße für Sünden und reinigt so den Körper. Als bevorzugte Zeit wird der Frühling oder die österliche Fastenzeit gewählt, was wiederum auf die religiöse Konnotation hinweist. In zweiter Linie werden Blutreinigungskuren durchgeführt, Kuren, die „das Blut" von Schlacken befreien und es leichter durch die Adern fließen lassen – ein altes Verfahren der Volksmedizin.

Diese rituellen Reinigungsvorgänge sind in vielen Gesellschaften üblich. Oft stehen sie in Verbindung mit religiösen Ritualen. In vielen Kulturen ist es üblich, vor dem Betreten heiliger Bereiche bzw. vor wichtigen Zeremonien Reinigungsvorgänge durchzuführen. Auch Personen, die im Zuge eines Rituals wichtige Leistungen für die soziale Gruppe erbringen, beginnen diese oft mit einer rituellen Reinigung, mit Bädern, Schwitzen, Kräutertränken, die zum Ziel haben, das im Inneren befindliche Böse loszuwerden.

Die naturwissenschaftlich orientierte Medizin kann noch so oft erklären, dass diese Ansammlung von Resten, Giftstoffen und Schlacken schlechterdings unmöglich ist – sie kommt bei einem normal funktionierenden Körper gar nicht vor –, offenbar gibt es einen anthropologisch konstanten Wunsch, dass es so sein möge: dass man Schlechtes, dass Spuren von Sünden, Bedrohungen durch die Gesellschaft, durch das Feindliche und Fremde, die in den Körper eindringen und in ihm verbleiben, entfernen kann, dass man den Körper reinigen und befreien kann, man damit erlöst werde und neues Heil einziehen könne.

Energie zuführen: Die Kraft, die aus der Wildnis kommt

Die Doguan, ein in Afrika beheimateter Stamm, kennen einen traditionellen politischen Ritus, der in bestimmten Abständen vom Stammesführer praktiziert wird. Das Amt des Stammesführers ist nicht erblich, vielmehr muss er sich in einem stetigen Kampf gegen eine Gruppe von mächtigen Führern von Subclans, die ihn zwar gewählt haben, aber auch jederzeit zu Fall bringen können, behaupten. Dies erfordert Kraft, Energie und Durchsetzungsvermögen und diese Kraft wird in einem spezifischen Ritus immer wieder erneuert und dem Häuptling von außen zugeführt.

Dazu begibt sich der Stammesführer in den Dschungel, in ein Gebiet, das üblicherweise gemieden wird, da es gefährlich und unzivilisiert erscheint. Dort ist eine gesteigerte Lebenskraft konzentriert, aber auch Gefahr und Aggression, dort herrschen die brutalen Gesetze des Dschungels und nicht die mäßigenden der menschlichen Zivilisation, die der Stammesfürst in seinem Stammesgebiet durchsetzt. Die Kraft wird als rote Kraft bezeichnet, die Kraft, die der Stammesfürst bei seinen Regierungsgeschäften ausübt, als weiße Kraft. Der Aufenthalt im Dschungel, der von spezifischen rituellen Aktivitäten begleitet ist, führt dazu, dass er mit roter Kraft aufgeladen wird, mit Lebenskraft in einer nicht gezähmten Variante, und genau dies führt zu einer optimalen Regierung.

Diese politische Vorstellung ist auch im alten Ägypten bekannt, wo der Pharao als die Verkörperung von Horus und Seth erscheint, wobei Horus als die Komponente der Vernunft und des Lichtes gedacht wird und Seth als die Verkörperung des Bösen, Aggressiven, Wirksamen, aber Dunklen. Auch für die Ägypter war Herrschaft nicht möglich ohne Gerechtigkeit und Vernunft, aber auch nicht ohne Aggression, die jedoch immer in die Kultur eingebunden bleibt.

Auch Stammesgesellschaften, die argrarisch organisiert sind, kennen dieses Konzept: Damit die Felder nach einer Zeit der Dürre wieder fruchtbar werden, muss ein Ritus durchgeführt werden, in dem eine Macht, die aus der Wildnis kommt (aus dem ungeordneten, chaotischen Raum, der dem Dorf und seiner Ordnung entgegengesetzt ist), herbeigerufen wird.[105]

Unsere politischen Konzepte haben sich weit von diesen Vorstellungen entfernt, vor allem gehen wir von einer völligen Trennung der guten und bösen Kräfte aus – die Guten haben stets die Achse des Bösen zu bekämpfen. Der Kern der Vorstellung ist jedoch erhalten geblieben: dass es, um einen optimalen Zustand zu erzielen, nötig sei, von Zeit zu Zeit Lebenskraft, Energie zuzuführen, die aus einem Raum stammt, der dem Raum der Zivilisation bzw. Kultur entgegengesetzt ist.

Das Konzept hat sich bei uns auf die Ebene des Gesundheitsdiskurses verlagert. Es gibt keine Kur, die nicht verspricht, dass die Lebensenergie erneuert, dass neue Energie zugeführt wird. Dies geschieht im Allgemeinen über Behandlungen, die es dem Behandelten erlauben, in einen Raum einzutauchen, der sich im Gegensatz zum Raum der Zivilisation befindet: das Meer, mit allen seinen Wirkstoffen, die Thalassotherapie, Wasserwelten mit ihren Regenerationskräften, Lagen im Hochgebirge, allgemein „Orte der Kraft“, die abseits der Zivilisation, in der Natur liegen.

Auch Behandlungen und Arzneien versprechen, Energie zuzuführen. Der Lanserhof, der unser Beispiel für medizinisch begründete, aber an vielen magischen Praktiken orientierte Behandlungen darstellt, beschreibt seine Küche nicht nur als „energy cuisine“, sondern bietet unter seinen vielfältigen Produkten auch eine „Energiemedizin“ an.

Von dieser „Lebensenergie“ ist Energie im Sinne von „ich bekomme neue Energie, damit ich mehr leiste“ zu unterscheiden. Diese gehört eher in den Diskurs der medizinisch orientierten Selbstmedikation.

---

105 Vgl. dazu Fritz W. Kramer: Schriften zur Ethnologie, Frankfurt am Main 2005

Harmonie

Das Konzept der Harmonie bildet eine Leitvorstellung des populärwissenschaftlichen und alternativen Gesundheitsdiskurses. Man fordert, dass sich alle Kräfte im Gleichgewicht befinden, dass sie optimal zusammenwirken, jedes nach seiner Art einen Beitrag leistet. Harmonie ist ein Wert, der seit der Antike bemüht wird, um Bedingungen zu bezeichnen, in denen Gesundheit am besten zu erzielen ist. Er bildet auch eine Leitvorstellung des Gesundheitsdiskurses im 19. Jahrhundert.

Harmonie ist in mehreren Kontexten wirksam: Alle Körpervorgänge müssen harmonisch ablaufen, Körper und Geist müssen sich in Harmonie befinden, die Umstände, in denen gelebt wird, müssen von harmonischer Ausgewogenheit sein, es geht um harmonische Ernährung und um eine insgesamt harmonisch ausgewogene Lebensführung. Nicht zu viel und nicht zu wenig von allen Dingen, sondern alles genau im richtigen Ausmaß. Ein Zuviel oder Zuwenig führt zu einer Störung des gesamten Systems (siehe dazu die Theorie von Hufeland im Kapitel über den Körper des aufgeklärten Bürgers).

Zu wenig Bewegung ist schädlich, aber exzessiver Sport schädigt das Immunsystem, zu viel Fleisch führt zu einer Erhöhung des Cholesterins, aber zu wenig Fleisch zu Eisenmangel, zu viel Stress bedroht das Wohlbefinden, aber mangelnde Herausforderung führt zu Depressionen, Ähnliches lässt sich von fast allen Maßnahmen behaupten.

Mit diesen Annahmen ist oft konsequenterweise die Forderung nach Experten verknüpft, die bestimmen, was in einem bestimmten Kontext das jeweils richtige Maß ist.

Die Vorstellung der Harmonie und des Gleichgewichts als Vorbedingung für Gedeihen und Gesundheit bzw. die Störung von Harmonie als Bedingung für Krankheit und Unglück ist nicht nur in westlichen Gesellschaften anzutreffen. Sie impliziert jedoch eine bestimmte Gesellschaftsvorstellung, wie sie für hierarchistische Gesellschaften charakteristisch ist. Man stellt sich vor, dass eine Gesellschaft dann am besten funktioniert, wenn sich jeder an seinem Platz befindet und seine Rolle ausfüllt. Es gibt naturgegebene Ungleichheiten, die auch notwendig sind, um ein System in Balance zu halten. Balance, Harmonie, das Zusammenwirken aller Teile, je nach ihren Möglichkeiten, führen zu Stabilität, zu Unveränderbarkeit des Gesamtsystems, was als optimaler Zustand betrachtet wird.

Diese „balance of powers" war eine wichtige politische Leitvorstellung des 19. Jahrhunderts und ist ein wichtiger Bestandteil bürgerlicher Werte. Sie ist zwar nicht mehr unsere zeitgenössische politische Leitvorstellung, wird aber als stimmig im Bereich der Gesundheitskonzepte erlebt. Viele Ratgeber beschreiben diesen Zustand als den optimalen – von allen Nahrungsmitteln ein wenig, keines im Übermaß, immer eine Balance von Anspannung und Entspannung, Harmonie zwischen Körper und Seele.

Einmal mehr zeigt sich, dass der Gesundheitsdiskurs alte Gesellschaftsvorstellungen und Wertfelder bewahrt und als positiv setzt, die sich in Gegensatz zu unserem gegenwärtigen System der Leistungsgesellschaft befinden.

Reinheit

Reinheit ist ein zentrales Konzept jeder Kultur, eigentlich ein Konzept der Grenzziehung. Es definiert, was als gut, positiv, wünschenswert im Inneren eines Organismus, sei er biologisch oder sozial, bleiben soll und was als fremd, negativ, nicht wünschenswert davon abgegrenzt werden soll (Mary Douglas). Reinheit spielt auf dem Gebiet der Alternativmedizin und der Laienvorstellungen von Gesundheitsbedrohungen eine große Rolle. So nennt sich eine Marke für Nahrungsergänzungsmittel PURE und sie begründet ihren sehr hohen Preis damit, dass sie nur reine Wirkstoffe enthält, während billigere Produkte eine Menge Verunreinigungen enthalten.

Die Angst vor kontaminierten Nahrungsmitteln, verunreinigter Luft (Feinstaub), verunreinigtem Wasser wird von vielen Menschen geteilt und es existieren staatliche Regelungen, die das Maß der erlaubten Schadstoffe begrenzen, um gesundheitliche Schädigungen zu vermeiden. Die Stoffe, die gefürchtet werden, sind fast immer Stoffe, die das Fremde und Bedrohliche darstellen. Je nach Standpunkt ist dies anders inhaltlich definiert. Am häufigsten sind es Stoffe, die durch industrielle Prozesse in ursprünglich reine Substanzen eingedrungen sind, in weiterer Folge sind es die Konsequenzen einer verantwortungslosen Gesinnung, die unseren Lebensstil begleitet.

Ebenso fordert die alternative Ernährungsberatung, dass man keine Nahrungsmittel zu sich nehmen solle, die industrielle Zusatzstoffe, Konservierungsstoffe, Geschmacksverstärker etc. enthalten, auch wenn sie gesetzlich erlaubt sind, da der Körper mit diesen fremden und verunreinigenden Stoffen nicht fertig würde und nach reinen Nahrungsmitteln verlange.

Alles im Fluss

Zur Definition von optimal funktionierenden Körpern gehört die Vorstellung, dass alles „im Fluss" sein muss: Die Körperflüssigkeiten müssen ungehindert strömen können, Stoffwechselvorgänge, Ausscheidungsvorgänge müssen fließend abgewickelt werden, der Atem muss fließen. Jede Blockade, alles, was dieses Fließen behindert, führt zu Störungen: verstopfte Adern, gebremste Nierenfunktion, gepresster Atem, Ablagerungen in den feinen Muskeln. Behandlungen, Diätvorschriften und Medikamente sollen dieses Fließen anregen; eine große Rolle spielt die Flüssigkeitszufuhr, der Körper muss laufend mit Flüssigem durchspült sein.

Die Vorstellung, dass für Gesundheit und Wohlbefinden vor allem der ungestörte Fluss der Lebensenergie in den Bahnen des Körpers notwendig sei, gehört zu den zentralen Konzepten fernöstlicher Gesundheitsmodelle. Die Lebensenergie wird hier als Qi bezeichnet und die auch im Westen sehr häufig praktizierten Übungen des Qigong richten sich darauf, den Fluss des Qi zu befördern, Blockaden aufzulösen und ein optimales Fließen zu ermöglichen.

Die Vorstellung des vitalen Flusses bildet heute einen festen Bestandteil der alternativen Medizin. Auch dahinter steht eine soziale und politische Vorstellung: die Forderung, die speziell individualistische Gesellschaften entwickeln, dass sich in einem Gemeinwesen alles im Fluss befinden solle, dass nichts den ungehinderten Fluss der Kräfte stören möge. Blut und Geld wurden daher schon früh metaphorisch verbunden. Ein Staat, so Adam Smith und die Physiokraten, kann nur dann optimal funktionieren, wenn in ihm Warenströme im Sinne des Blutkreislaufes zirkulieren, die alle Teile mit der notwendigen Energie versorgen. Der Blutkreislauf im medizinischen Sinne wurde im 19. Jahrhundert entdeckt, also zu einer Zeit, die vom beginnenden Siegeszug der Industrialisierung geprägt war und damit von der Akzentuierung des ungehinderten Fließens der Warenströme, für die auch Verkehrsadern durch das ganze Land gebaut wurden. Wir haben diese Vorstellung nicht nur beibehalten, sondern über die Forderung nach dem global ungehinderten Fluss der Waren nochmals verschärft.

Auch andere Gesellschaften kennen die Vorstellung des Fließens. Sie spielt zum Beispiel in der Ökonomie der Trobriander, die wir als begabte Gärtner kennengelernt haben, eine große Rolle. Der Kula-Ring, den wir in diesem Kapitel beschrieben haben, basiert auf dieser Idee des Fließens: Hier finden wir die Vorstellung, dass die Dinge in den sozialen Adern im Fluss bleiben müssen, und dieses Konzept wurde zum Beispiel auch im Dekor der Boote der Trobriander immer wieder inszeniert und akzentuiert.

Sie wurden auf kunstvolle Weise mit Abbildungen von Pflanzen, Tieren und Naturphänomenen geschmückt, die mit der Vorstellung des Fließens assoziiert waren.

Nach Rainer Guldin handelt sich dabei um eine „root metaphor" individualistischer Gesellschaften, die im alternativ orientierten und im populärwissenschaftlichen Gesundheitsdiskurs heute eine große Rolle spielt.[106]

Die Sprache des Magischen

Produkte, die dem Umkreis des magischen Diskurses zuzurechnen sind, stehen vor einer schwierigen kommunikativen Aufgabe. Wenn sie sich medialer Kommunikationsstrategien bedienen, wenn sie also nicht über persönliche Empfehlungen verkauft werden, müssen sie sich schon in ihrem kommunikativen Auftritt von anderen Produktfeldern abgrenzen, um Glaubwürdigkeit zu bewahren. Sie dürfen vor allem zwei Codes nicht benützen: den verführerischen Code der Produktgüter mit seinen vielen semiotisch-rhetorischen Strategien und den Code der medizinisch orientierten Selbstmedikation mit seinen rationalen Effizienzprüfungen, punktuellen Problemlösungen, maschinenartigen Darstellungen. Beides sind sie nicht, und die konsequente Vermeidung dieser Strategien sagt viel über sie aus. Es bleiben wenig wirklich optimale Strategien übrig. Von diesen seien drei herausgegriffen, die an alte Vorbilder anschließen: der mythische Kampf zwischen Gut und Böse, das Bekehrungserlebnis und der Rat eines Weisen.

106 Guldin, Körpermetaphern, S. 96

Abb. 18

Anzeigen wie die hier abgebildete wurden für Produkte der sogenannten „patent medicine" im 19. Jahrhundert geschaltet, sie entstammen also einer Anfangsphase von Werbung. „Patent medicine" waren frei gehandelte medizinische Produkte, die die Befreiung von langen Listen von körperlichen und seelischen Leiden versprachen, aber auch von nervösen Leiden wie „Neurasthenia" (nervöse Erschöpfung), einem typischen Zivilisationsleiden. Diese langen Listen von Leiden, die gewissermaßen „das Böse" in jeder Form darstellten, wurden in Form von mythischen Größen präsentiert und die Wirkung der Medizin entsprach dem Kampf einer Lichtgestalt gegen die Mächte der Finsternis. Die Argumentation hatte dezidiert religiöse Anklänge, sie schilderte einen Exorzismus.

Naturgemäß ist es heute nicht mehr möglich, diese einfache Form der Darstellung zu wählen. Das Konzept an sich ist aber durchaus noch gegeben. In vielen Argumentationen alternativer Produkte geht es darum, den Feind zu benennen und ihn anschließend zu besiegen. Dieser Feind ist dabei sehr oft das moderne Leben überhaupt oder die „Schulmedizin", von der behauptet wird, dass sie zusammen mit der Pharmaindustrie aus kapitalistischer Profitgier der Bevölkerung Schaden zufüge.

So führt der Kopp Verlag in seinem Katalog 2009 unter anderem folgende Buchtitel und Empfehlungen: Vernon Coleman:

„Wie Sie Ihren Arzt davon abhalten, Sie umzubringen"; Prof. Dr. Perter Yoda: „Ein medizinischer Insider packt aus"; Anthony Colpo: „Der große Cholesterinschwindel. Warum alles, was man Ihnen über Cholesterin, Diät und Herzinfarkt erzählt hat, falsch ist"; Prof. Dr. Klaus Maar: „Rebell gegen den Krebs".

Auch Konsumgüter benützen manchmal diesen Code, in dem folgenden Beispiel bemerkenswerterweise dann, wenn es gegen die mythischen Übeltäter Viren geht.

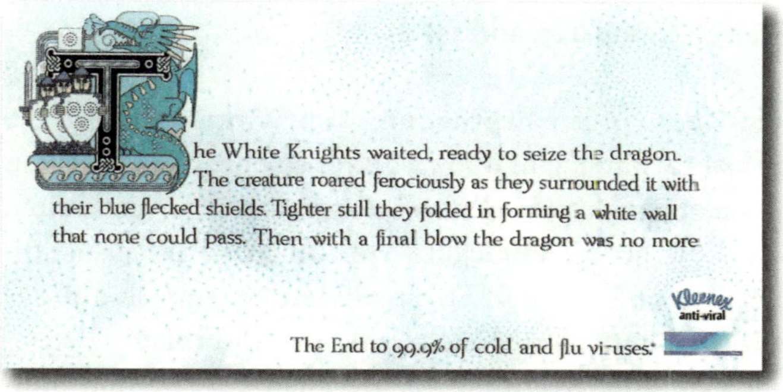

Abb. 19

Bekehrungserlebnisse

Die Wirksamkeit einer Behandlungsmethode oder Substanz wird hier am Beispiel einer Person vorgeführt, die sich von einer ungläubigen Person in eine vollkommen überzeugte Person verwandelt, indem sie das Heil des Produktes an ihrem Körper erfährt und fortan Zeugnis für seine Wirksamkeit ablegt. Eine Variante davon ist die Wunderheilung, in der einer übernatürlichen Macht für ihr spontanes Eingreifen gedankt wird. Dies ist die Strategie der Votivtafeln: St. Georg hat in höchster Not geholfen. Bei beiden Strategien handelt es sich um alte und in vielen Gesellschaften verbreitete Modelle.

Der Typ „Wunderheilung" findet sich auch in den Beispielen für primitive Magie und besonders oft in den Bilderserien, die

Abnehmprogramme begleiten. Diese kennen die Gegenüberstellung des negativen Körpers, das Schockerlebnis, in dem der Körper als abstoßend erfahren wird, die Aufnahme einer Kur oder eines Fitnessprogramms und die Umwandlung zu einem schlanken Körper, den man behalten wird, wenn man weiter Anhänger der reinen Lehre bleibt und nicht von ihren Lehren abfällt.

Rat eines Weisen: Long ago and far away

Einen breiten Raum in der Begründung von Wirkung nimmt die Berufung auf Autoritäten ein, und zwar auf solche, die einer alten Zeit und/oder einem fernen Raum entstammen.[107] Autoritäten dieser Art sind die heilige Hildegard von Bingen, Paracelsus, diverse Kräuterpfarrer, Sebastian Kneipp. Man beruft sich auf das Wissen des Mittelalters, der Mönche, der weisen Frauen.

Im Bereich fremder Kulturen spielt die chinesische und indische Kultur eine große Rolle, aber auch das Wissen der Indianer, der Azteken, selten jenes afrikanischer Weiser.

Die chinesische und die indische Kultur nehmen hier eine Sonderstellung ein, da ihre medizinischen Ansätze, auch ihre Arzneien, Diäten und Behandlungsmethoden, oft zur Gänze übernommen werden.

Die faktischen Anleihen, die man bei anderen Autoritäten oder Kulturen macht, sind meist punktuell, was zählt, ist der pauschale Hinweis, dass dies zu jener Zeit oder von jener Person und Kultur so praktiziert wurde, und in jedem Fall, dass es sich um altes Wissen handelt.

---

107 Vgl. hierzu Theory, Culture & Society 1/2008, S. 61: „Social theorists inform us that the past is the result of an active construction that is practised in the present." – „Sozialtheoretiker weisen darauf hin, dass die Vergangenheit das Ergebnis einer aktiven Rekonstruktion ist, die in der Gegenwart geleistet wird."

Auffällig ist, dass dabei ganze Zeiträume und auch wichtige Autoren ausgespart werden, so das 19. Jahrhundert oder zum Beispiel Hufeland, dessen Konzepte durchaus noch heute bekannt sind. Die zitierten Autoritäten und autoritativen Instanzen haben als Merkmale gemeinsam:

- Zeitlich sind sie vorindustriell anzusiedeln.
- Sie haben oft einen geistlichen Hintergrund oder befinden sich im Gegensatz zum offiziellen Wissen ihrer Zeit.
- Die zitierten Kulturen sind dafür bekannt, dass sie ein einfaches und naturnahes Leben praktizier(t)en.

Die Faszination der chinesischen und der indischen medizinischen Ansätze ergibt sich, wie weiter oben beschrieben, daraus, dass sie andere Körperkonzepte verfolgen, die weitaus näher am Konzept des fühlenden Körpers liegen als unser offizielles Körperkonzept.

Sowohl die Möglichkeit, Wirkung über Verweis auf tradierte Verfahren und alte Autoritäten zu legitimieren, wie auch die Merkmale dieser Autoritäten machen deutlich, dass auch dieser Argumentationsstrang ein Gegengewicht oder eine Gegenströmung zu unserem offiziellen Wertkanon darstellt. Unser Umgang mit der Zeit ist geprägt von der schnellen, linear fortschreitenden Zeit, verbunden mit einer Fortschrittsideologie, sie basiert auf Vergessen, Entlernen, auf die immer schnellere Abfolge von Augenblicken. Vergangenheit, Tradition lassen sich nur in ausgewählten Kontexten als positiver Wert behaupten. Die naturwissenschaftlich orientierte Medizin würde niemals mit dem Hinweis argumentieren können, dass dies schon Paracelsus so gesagt habe.

Auch diese Strategie, Wirksamkeit zu behaupten, gehört also in den Bereich der Errichtung von Gegenwelten zum offiziellen Wissen und zu den offiziellen Ideologien unserer Gesellschaft. Seine weite Verbreitung verweist wiederum auf das Bedürfnis nach diesen Gegenwelten und Werten, die gleichsam einem anderen kulturellen System angehören.

Das Einbeziehen anderer Kulturen stellt auch einen interessanten Beitrag zum Thema der Globalisierung dar. Unter Globalisierung verstehen wir ja im Allgemeinen die weltweite Verbreitung der ökonomischen Konzepte der westlichen Industriegesellschaften. Globalisierung kann aber auch anders interpretiert werden: als globale Natur, als Prinzipien, die ohne gesellschaftliche Unterschiede für Lebensvorgänge wichtig sind, und als globale Kultur, womit die Wirksamkeit von kulturellen Konzepten gemeint ist, die jenseits oder gegen die Ökonomie der westlichen Industriegesellschaften entwickelt werden.[108]

Selbstmedikation im Code der Medizin

Dieses Kapitel basiert auf einer Analyse von Anzeigen und Werbespots, die in Printmedien und im deutschen und österreichischen Fernsehen im Zeitraum zwischen 2008 und 2010 erschienen sind. In ihnen geht es um Marktangebote, also um Produkte, die man kaufen kann und soll. Es muss daher auch eine reale Basis geben, auf die diese Produkte antworten, es muss bekannt sein, dass so und so viel Menschen an Darmproblemen leiden oder Herzbeschwerden haben etc. Nur wenige Anbieter werden ein Produkt anbieten und bewerben, für das lediglich bei 0,5 Prozent der Bevölkerung Bedarf besteht. Darum geht es hier jedoch nicht.

Zum einen kann man diesen Markt wie jeden anderen Markt „machen“: Bevor es Anzeigen gab, die schilderten, dass sich 85 Prozent der Bakterien im Mund auf der Zunge befinden, war niemand auf die Idee gekommen, sich eine Zahnbürste mit Zungenschaber zuzulegen. Zum anderen sind diese Anzeigen, wie bereits dargelegt, aufschlussreich für unser Verständnis von Ge-

108 Siehe dazu Sarah Franklin, Celia Lury, Jackie Stacey: Global Nature, Global Culture, London, Thousand Oaks, New Delhi 2000

sundheit und Krankheit. Sie müssen sich ja immer auf allgemein geteilte Konzepte über Gesundheit und Krankheit beziehen, also das kulturelle Wissen nützen, das in diesem Bereich besteht.[109] Daraus lassen sich die Beobachtungskategorien rekonstruieren, die wir bewusst oder unbewusst verwenden oder die vorgeschlagen werden können, um einzelne Gegebenheiten zu beschreiben und zu bewerten. Das ist wie immer ein kulturell vermittelter Zugang. Man sieht nur das, wofür man eine Beschreibungskategorie hat, und jede Zeit lenkt ihre Aufmerksamkeit auf andere Tatbestände, keineswegs zufällig, sondern jeweils im Einklang mit ihren Grundwerten.

Ebenso müssen diese Anzeigen das Problem lösen, wie subjektiv gefühlte Empfindungen in objektiv beschreibbare medizinische Kategorien übersetzt werden können. Darin wird auch ein wichtiger Marktmechanismus sichtbar: Die Anzeigen stellen Beobachtungskategorien bereit, die der Einzelne anwenden kann, um festzustellen, ob er noch gesund ist oder sich bereits leichte und damit selbst behandelbare Störungen zeigen. Je diffiziler diese Kategorien sind, je einsichtiger ihre normative Kraft, desto höher ist die Wahrscheinlichkeit, dass sich jemand als nicht gesund wahrnimmt und zu frei verkäuflichen Mitteln greift. Das stellt daher einen wichtigen Motivationsmechanismus dar. Die Medikalisierung der Gesellschaft bedeutet auch, dass sich niemand wirklich sicher fühlen kann, gesund zu sein – es kann immer verborgene Störungen geben, und etwas, das man nicht beachtet hat, kann plötzlich ins Bewusstsein treten.

Die Anzeigen und Spots wurden einer semiotischen Analyse unterzogen. Semiotische Analysen erschließen die Botschaften, die vermittelt werden, indem sie aus den möglichen verbalen und visuellen Repertoires eine Auswahl treffen, indem sie spezifische Argumentationen, einen spezifischen Stil wählen und so-

109 Zum Begriff „kulturelles Wissen" siehe Michael Titzmann: Strukturelle Textanalyse. Theorie und Praxis der Interpretation, München 1977

mit Botschaften explizit, aber auch zwischen den Zeilen kommunizieren.[110]

Semiotik ist die Lehre von den Zeichensystemen; sie gehört in den Bereich der Kommunikationstheorien. Botschaften/Bedeutungen können nur mithilfe von Zeichensystemen übermittelt werden, es gibt keinen unmittelbaren Austausch zwischen dem Bewusstsein des Senders und des Empfängers. Zeichen sind immer materiell beobachtbare Einheiten: Man sieht sie, hört sie, fühlt sie. Zeichen können daher verschiedener Natur sein: Worte, Bilder, Farben, Materialien etc. Eine Bedeutungsvermittlung ist nur möglich, weil diese jeweiligen Zeichen in einem System geordnet sind, sie bilden eine Sprache, einen Code. Am besten erforscht ist die Sprache, die wir sprechen, Deutsch, Englisch etc. In einer Gesellschaft gibt es aber sehr viele Sprachen/Codes: die Sprache der Kleider, die Sprache der Küche, des Schmucks, der Autos etc. Keine Sprache setzt fest, wie etwas genau gesagt werden muss, sie stellt immer verschiedene Auswahlmöglichkeiten bereit. Bedeutung ergibt sich auch dadurch, dass etwas mitgedacht, aber nicht gewählt wurde. Semiotische Analysen beschäftigen sich mit diesen Möglichkeiten, die unabhängig von den Absichten des Senders bestehen, sie rekonstruieren das zugrunde liegende System.

Die Werbemittel wurden nach folgenden Gesichtspunkten analysiert:

- Welche der vielfältigen Probleme, die in Zusammenhang mit Gesundheit bestehen, werden behandelt?
- Wie wird Gesundheit definiert? Durch welche Merkmale ist ein gesunder Mensch gekennzeichnet?
- Was bedroht Gesundheit?

110 Das genaue Vorgehen schildere ich in: Karmasin, Produkte als Botschaften

- Welche Hilfen und Problemlösungen werden angeboten?
- Welche Bereiche des Körpers werden angesprochen und dargestellt?
- Welche visuellen Strategien, welche unterschiedlichen Codes werden benützt?
- Wie werden Nachrichten und Argumente vermittelt?

Vergleicht man Werbemittel dieses Bereichs mit der Werbung in anderen Konsumgüterbereichen, fällt auf, dass Anzeigen für Selbstmedikation einen holzschnittartigen Stil zeigen, eine einfache und lang überholte Ästhetik. Es wird so gut wie nie von den verführerischen rhetorischen und semiotischen Verfahren der Werbung Gebrauch gemacht. Dies kann man als Unvermögen der Produzenten und der beteiligten Agenturen betrachten, es kann jedoch auch tiefer liegende Ursachen haben. Es könnte sein, dass diese Anzeigen einen Gegensatz zur sonstigen Konsumgüterwerbung aufrichten und dass dies die Funktion hat, sie als „nicht Werbung" erscheinen zu lassen: Sie sind bewusst auf sachliche Problemdarstellung und Informationsvermittlung reduziert, sind frei von den verlockenden Strategien, die Werbung sonst verwendet und die ihr den Vorwurf eingetragen haben, dass sie lügt und manipuliert. Nicht so hier. In diesem Bereich der Gesundheit, der von den meisten Menschen als hochrelevant erlebt wird, soll es um seriöse Informationen gehen, um sachliche Problemdarstellung, um Wirkungsnachweis. Es ist etwas anderes, ein Parfüm zu kaufen als ein herzstärkendes Mittel. Anzeigen in diesem Bereich folgen über weite Strecken einem Argumentationsmuster, das die Werbung in vielen Bereichen inzwischen längst aufgegeben hat: Sie stellen im Sinne einer narrativen Strategie dar, wie das Produkt wirkt.

Narrative Strategien sind eine bevorzugte Strategie, wenn es darum geht, Wirkungen und Problemlösungen zu schildern.[111] Es

111 Näheres zur Strategie narrativer Strukturen in: Karmasin, Produkte als Botschaften

handelt sich dabei um ein universal verbreitetes Muster, Erzähleinheiten zu organisieren. Narrative Strategien finden sich zum Beispiel in vielen Märchen.

Das Muster besteht aus:
- Ausgangszustand: Problem / Störung
- Ereignis: Auftreten des Helfers / Helden
- Endzustand: Verwandlung des Ausgangszustandes in einen positiven Endzustand

Zum Beispiel folgendermaßen:
- Der Drache raubt die Königstochter, das Land trauert.
- Der Held mit einem Zauberschwert tritt auf und erschlägt den Drachen.
- Held und Prinzessin heiraten, das Königreich ist glücklich.

Ähnlich in der Waschmittelwerbung:
- Ein Fleck kann nicht beseitigt werden. Die Hausfrau ist entsetzt.
- Das Produkt wird übergeben und angewendet.
- Der Fleck ist verschwunden, die Hausfrau ist glücklich.

Es geht bei diesem Schema immer um einen Eingriff in die Realität, wodurch diese zum Positiven gewendet wird.

Werbung kennt zwar immer noch dieses narrative Schema, das natürlich wesentlich raffinierter ausgeformt sein kann, es wird jedoch weit seltener angewendet als früher. Produkte unterscheiden sich heute nur noch selten auf einer funktionalen Leistungsebene, sondern eher durch die Aufladung mit emotionalen und kulturell bedeutsamen Werten. Selbst Waschmittel operieren heute eher mit Lichtmetaphorik und einer Art spirituellen Reinheit als mit Flecklösungsvermögen, man vergleiche etwa die Kampagenen, die Ariel heute bzw. vor einigen Jahren verwendet hat.

Werbung im Bereich der Selbstmedikation basiert jedoch genau auf diesem Schema: Sie propagiert stets Wirksamkeit, und zwar sachliche, beweisbare Wirksamkeit, in einem begrenzten spezifischen Areal des Körpers. Sie nähert sich damit dem medizinisch wissenschaftlichen Code, im Übrigen auch dadurch, dass selten individualisierte Personen dargestellt werden – der Mensch ist hier wie meist im Bereich der offiziellen Medizin einfach ein Datenträger.

Gleichzeitig vermitteln diese Anzeigen jedoch auch ein Wissen über den Körper, seine Funktionen, Störungen und Beeinflussungen, und sie machen dadurch den Empfänger dieser Botschaften ein Stück autonomer, informierter, wissender. In der Arzt-Patient-Interaktion, in der der Arzt Medikamente und Behandlungen verschreibt, besteht immer ein Gefälle an Wissen. Sosehr sich der Arzt auch um die Mitwirkung des Patienten bemühen mag, der Patient sieht sich stets einem Expertenwissen und einer Autorität gegenüber. Nur im Bereich der frei verkäuflichen Medikamente kann der Patient frei entscheiden, ob ein Medikament für ihn geeignet ist oder nicht.

EXKURS: Wirkungsdarstellungen im Bereich ärztlich verschriebener Medikamente

In Zeitungen, die sich an Ärzte richten, stellen Pharmafirmen ihre Medikamente vor, einerseits im Text, andererseits über Anzeigen. Diese Zeitungen liegen allerdings oft in den Wartezimmern von Ärzten auf und sind daher auch für Patienten zugänglich.

Hier geht es naturgemäß nicht um Beschreibungen von Bedrohung und Heilung, die sich an bestimmte Körpervorstellungen knüpfen, sondern um die Behauptung von Wirksamkeit und allgemein um Basisfunktionen von Werbung: Wecken von Aufmerksamkeit, Steigerung des Bekanntheitsgrades, Eingliederung in eine Gruppe von Produkten, aus der gewählt wird, Imageaufbau.

Die Gesundheitsstörungen, die hier angesprochen werden, folgen medizinischen Definitionen: Blutdrucksenkung, Herzinsuffizienz, Infekte, Arteriosklerose, Depression, Epilepsie etc. Den Rezipienten dieser Anzeigen muss nicht klargemacht werden, worin der Charakter dieser Krankheiten besteht, noch wodurch sie bedingt sind. Es muss lediglich kommuniziert werden, dass ein bestimmtes Medikament eine sichere Wirkung dagegen hat.

Die Anzeigen konzentrieren sich daher im Allgemeinen darauf, die Wirkung zu inszenieren. Sie greifen dabei auf rhetorische Verfahren zurück, die im Bereich der Werbung üblich sind: Vergleiche, Metaphern, Personifizierungen etc. Bemerkenswert ist jedoch die Ästhetik, die gewählt wird. Nur wenige Anzeigen weisen eine hochstehende Ästhetik auf, die sich dem Typ des elitären Stils zurechnen lässt. In vielen Fällen wird ein Stil gewählt, der Elemente des Kindlichen akzentuiert oder ein eigenartiges Bild des Patienten entwirft, für den das Medikament bestimmt ist.

Abb. 20

Bei der abgebildeten Illustration würde man kaum an ein Medikament aus dem wissenschaftlichen Bereich denken.

Besonders deutlich ist die Divergenz zwischen der Seriosität der Leistung, der Schwere des Leidens, für das das Medikament bestimmt ist, und dem Stil der Darstellung bei einer Gruppe von Medikamenten aus dem neurologischen Bereich: Efectin, das gegen Depressionen wirkt, zeigt den Patienten unter dem Bild eines Frosches, Seroquel, das bei Schizophrenie und bipolarer Manie eingesetzt wird, verdeutlicht seine Wirkung mithilfe zweier flirtender, verschwörerisch augenzwinkernder Frauengesichter.

Abb. 21

Abb. 22

Nun könnte man einwenden, dass hier einfach mehrere schlecht arbeitende Werbeagenturen am Werk waren. Diese Medikamente werden jedoch von großen Konzernen hergestellt, die die Anzeigen letztlich begutachtet und zur Veröffentlichung freigegeben haben. Die Tatsache, dass bei Medikamenten dieser Art immer auch ein Bild des Patienten mit entworfen wird und ein Bild der Beziehung zwischen Hersteller, Arzt und Patient, und dass dieses Bild so gut wie frei von Verständnis und Mitgefühl ist, ist dabei wohl gänzlich unbemerkt geblieben.

Vergleicht man diese Anzeigen mit Anzeigen für frei verkäufliche Medikamente und mit den Beschreibungen und Anleitungen, die Zeitschriften der Naturmedizin – wie unser exemplarisches Beispiel „Natur und Heilen“ – geben, wird der große Unterschied deutlich: Anzeigen für frei verkäufliche Medikamente und naturmedizinische Präparate nehmen ihre Patienten ernst, stärken ihre Autonomie, suchen ihr Einverständnis, gehen mit Verständnis und Mitgefühl auf die Menschen ein und sehen den Einzelnen immer als unverwechselbare Person, die in ein spezifisches Lebensumfeld eingebettet ist. Vermutlich ist es auch diese Tatsache, die den Markt der Selbstbehandlung und der alternativen Medizin boomen lässt.

Produktargumentationen

Wenn wir uns im Folgenden einer Reihe von Argumentationen der Werbemittel für Selbstmedikation im Einzelnen zuwenden, müssen wir uns wieder einmal fragen, durch welche Merkmale der gesunde Mensch gekennzeichnet ist. Betrachten wir dazu eine Gegenüberstellung positiver und negativer Aussagen und Schlagworte, die von den Anzeigen im Bereich der Selbstmedikation, gleich um welches Problem es sich handelt, bevorzugt gebraucht werden.

Positiv

- Gezielt gegen ...
- I feel good
- Und Ihrem Körper fehlt es an nichts
- Schneller wieder gesund
- Working on a healthy society
- Und Sie sind wieder in Topform
- Neue Kraft und Lebensfreude
- Aktives Leben
- Schnell wieder mobil

Negativ

- Müde, schlapp und schnell gereizt
- Abnützung
- Verspannung
- Überbeanspruchung
- Eingeschränkte Beweglichkeit
- Eingerostet
- Erschöpfungs- und Schwächezustände
- Konzentrationsschwäche
- Stressanfälligkeit

- Fit, vital, gesund
- Außergewöhnlich sinnlich, jung
- Ihr Gehirn bleibt flexibel und aktiv
- Mehr Energie für Ihr Gehirn
- Geistig jung bleiben
- Stärken Sie Ihre körperliche und geistige Fitness
- Konzentrierter
- Ausgeglichener
- Belastbarer
- Natürlich stark
- Aktiv durch den Frühling
- Entfachen sie Ihre Lebensenergie
- Für alle, die viel leisten
- Effektive Schritte zur Vorbeugung
- Weniger Cholesterin, mehr vom Leben

Das semantische Feld, das hier entfaltet wird, setzt Stärke, Energie, Leistung, Vitalität, Aktivität, Schnelligkeit, ungehinderten Fluss, Selbstbestimmtheit gegen Schwäche, Passivität, Langsamkeit, Starrheit, Anfälligkeit. Aus den einzelnen Argumentationen lässt sich erschließen, dass Gesundheit hier nicht als ein Selbstwert gedacht ist, den es anzustreben gilt, weil es eben gut ist, gesund zu sein, sondern weil man dadurch ein leistungsfähiges Mitglied der Gesellschaft ist: stark, aktiv, wach, selbstbestimmt, beweglich.

Der Körper, der das Ziel all dieser Behandlungsvorgänge ist, ist der Körper des Marktes, den wir in den einleitenden Kapiteln beschrieben haben, ein Körperkonzept, in dem sich mehrere historische Schichten abgelagert haben. Es ist ein Körper, der leistungsfähig bis ins hohe Alter ist, aktiv, beweglich, körperlich und geistig fit, schön, energiegeladen, der imstande ist, jede Bedrohung abzuwehren, der sich aber dennoch durch innere Ruhe, Harmonie und Ausgeglichenheit auszeichnet.

Die Bedrohungen oder Schädigungen, die es durch geeignete Mittel abzuwehren gilt, knüpfen an tradierte Bedrohungen an. Sie lassen sich drei Bereichen zuordnen:

- Bedrohungen und Schädigungen, die aus den Anforderungen des modernen Lebens, der Gesellschaft stammen. Dies wird meist unter dem Konzept „Stress" zusammengefasst. Das Leben, das man führen muss, ist durch Leistungsdruck, Reizüberflutung, dauernde Belastungen, Hektik, sehr oft auch falschen Lebensstil, also falsches Essen, mangelnde Bewegung etc. gekennzeichnet. Dies greift den ganzen Körper an, in erster Linie führt es zu einer Schwächung des Immunsystems, in der Folge aber zu allen möglichen Leiden.
- Angriff fremder Stoffe: Bakterien, Viren, Allergene dringen in den Körper ein und stören seine wohlabgestimmten Abläufe. In gewisser Weise gilt das auch für Autoimmunerkrankungen wie Rheuma, da hier ein Angriff des Körpers gegen sich selbst vorliegt.
- Störungen in den Abläufen des Körpers, vor allem im Kommunikationssystem des Körpers, aber auch Verschleiß, Abnützung von Körperteilen, Störungen des ungehinderten Flusses. Diese Prozesse betreffen vor allem Gelenke, Gehirn, Herz, Arterien.

Der Körper wird als eine Einheit gesehen, die strikt ihre Grenzen und ihre gegen die Umgebung abgeschlossene Oberfläche verteidigt: Nichts Fremdes darf eindringen und gleichzeitig soll im Inneren ein ungestörter Fluss aufrechterhalten werden. Im Kern ist dies immer noch ein Körperkonzept, das im 18./19. Jahrhundert entwickelt wurde, wie wir es weiter oben beschrieben haben. Der

Körper wird wie ein Nationalstaat betrachtet: abgeschlossen gegen seine als feindlich gedachte Umgebung, hochgerüstet, um Eindringlinge abzuwehren, mit ungehinderten Geld- und Warenströmen im Inneren: rein und geschlossen. Gleichzeitig folgt dieses Körperbild der Maschinenmetapher: Es werden kleine und von der Umgebung isolierte Areale des Körpers gezeigt, die punktuell repariert werden können.

Die Störungen, die angesprochen werden, gehören jedoch insgesamt einer Art Zwischenbereich an: Sie stellen eine Belastung oder ein gefühltes Problem dar, das aber nicht so gravierend ist, dass es in die Hand eines Arztes gehört. Es kann also eigentlich nichts passieren und die betroffene Person ist gleichzeitig Patient und Arzt.

Im Folgenden betrachten wir die einzelnen Funktionskreise, die an bestimmte Organe gebunden sind und die spezifische Störungen und darauf abgestimmte Behandlungen kennen. Auch hier treffen wir wieder auf bekannte Argumentationen, die wir bereits an entsprechender Stelle ausgeführt haben.

FUNKTIONSKREIS 1: Verteidigung der Körpergrenzen, Abwehr von Eindringlingen: Viren, Bakterien, Freie Radikale, Allergene, giftiger Staub

Diese Stoffe werden durch Nase und Rachen, durch die Haut, durch die Lunge, durch den Darm abgewehrt. Es gibt im Körper ein hochrelevantes Abwehrsystem, das dazu in der Lage ist, nämlich das Immunsystem, das wir in einem eigenen Punkt behandelt haben. Das Immunsystem stellt eine besondere Form des Schutzes dar, durch den Stoffe, die bereits in den Körper eingedrungen sind, unschädlich gemacht werden. Als Vorstufe dient die Errichtung von schützenden Barrieren, die den Körper wie eine Festung umgeben und die verhindern, dass etwas eindringt oder eine intakte Oberfläche beschädigt.

FUNKTIONSKREIS 2: Ungehinderter Fluss im Inneren, Durchblutung/keine Ablagerungen

Betroffen sind hier Herz, Kreislauf, Adern und Gefäße. Durchblutung spielt in mehreren Bereichen eine Rolle, der ungehinderte Strom des Blutes ist für viele organische Vorgänge wichtig. Spezifisch wird diese Funktion aber am Herzen festgemacht, das man sich immer als pulsierende Pumpe vorstellt, die das Blut durch den Körper pumpt. Eine Störung dieser Funktion wäre lebensbedrohend. Wenige Präparate des frei verkäuflichen Bereichs versprechen daher eine Behebung von ernsthafteren Mangelzuständen. Das prominenteste und am stärksten beworbene Problem dieses Funktionskreises ist das Cholesterin, das den freien Fluss deshalb stört, weil es für Ablagerungen verantwortlich ist.

Cholesterin in Schach halten

Cholesterin kommt in ambivalenter Form vor: Es gibt das böse Cholesterin (LDL), das sich in Form von Ablagerungen an den Innenwänden der Arterien festsetzt, und das gute Cholesterin (HDL), das eine Art Botenstoff ist, das diese Ablagerungen verhindert und abtransportiert. Cholesterin wird eine wichtige Rolle beim Entstehen von Herz- und Kreislauferkrankungen zugeschrieben, ein erhöhter Spiegel kann, wenn noch andere Risikofaktoren dazukommen, tödliche Folgen haben. Deli Margarine wirbt daher zum Beispiel mit dem Slogan „Weniger Cholesterin, mehr vom Leben".

Anders als Wetterfühligkeit, nervöse Verstimmung, Schlappheit, ist der Cholesteringehalt objektiv messbar, und er ist durch geeignete Maßnahmen auch zu beeinflussen. Hier spielen Bewegung und Ernährung eine wichtige Rolle und die Produkte, die hier angeboten werden, sind auch tatsächlich Lebensmittel, die als eine der wenigen die staatliche Erlaubnis haben, die Aussage „gesund“ zu verwenden, da klinisch nachgewiesen ist, dass sie in der Lage sind, den Cholesterinspiegel günstig zu beeinflussen.

Die beiden auf diese Weise geprüften Margarinemarken Becel und Deli verwenden als Trägersubstanz Fett, was nicht unproblematisch ist, da bei Cholesterinstörungen eine Fettreduzierung empfohlen wird. Die cholesterinsenkende Wirkung wird Pflanzensterinen zugeschrieben, die in der Margarine enthalten sind. Pflanzensterine werden als Schätze der Natur bezeichnet, sie kommen in Nüssen und Kernen vor. Forschern ist es gelungen, diese Bestandteile aus den Pflanzen zu isolieren und in die Produkte einzubauen – es handelt sich hier um ein schönes Beispiel für die Strategie „cooked nature“, die auch im Bereich der Naturmedizin und in der Produktkultur eine große Rolle spielt. Die Sterine agieren wiederum als Schutzschilder, die im Darm eine Blockade aufbauen, die verhindert, dass das negative Cholesterin ins Blut eindringt. Dies wird visuell über die Maschinenmetapher verdeutlicht.

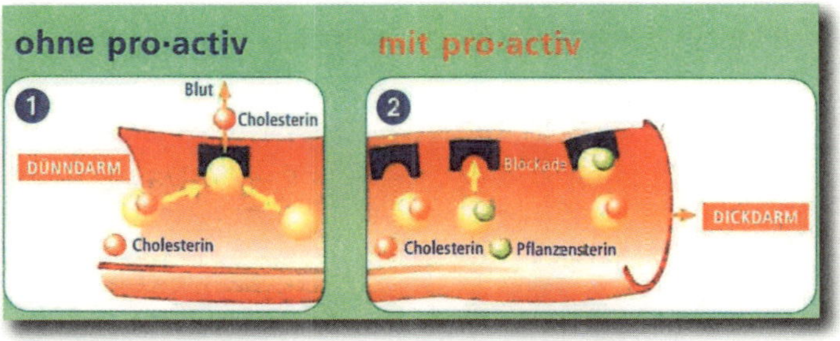

Abb. 23

Im Namen tragen beide Marken die Bezeichnung „aktiv“, sie zitieren also einen wichtigen Wert des Gesundheitsdiskurses, ohne dass ersichtlich ist, was an den Produkten selbst aktiv sein sollte.

FUNKTIONSKREIS 3: Steuerungsvorgänge, Kommunikation zwischen den Zellen

Dieser Funktionskreis ist primär auf das Gehirn bezogen, betroffen sind also geistige Fähigkeiten. In den Gesundheitsdefinitionen spielt der Aspekt der seelischen und geistigen Gesundheit eine große Rolle, am Produktmarkt wird dieser Aspekt im Wesentlichen über Produkte abgedeckt, die Merkfähigkeit, Aufmerksamkeit, kognitive Fähigkeiten verbessern. Offensichtlich ist dies ein Problem des Alters, die abgebildeten Personen sind im Allgemeinen ältere Personen, manchmal jedoch auch Kinder. Die Leistungen der Produkte werden als Quelle geistiger Fitness bezeichnet. Das aus dem Physiologischen stammende Konzept der körperlichen Fitness wird also auf den Bereich des Psychischen übertragen. Die Produkte dieses Bereichs behaupten, eine Wirkung auf die Nervenzellen des Gehirns zu haben: Sie verbessern die Kommunikation zwischen den Zellen („Denkbotenstoffe"), sie stimulieren die Durchblutung, sie bieten den Zellen Nahrung, verbessern ihren Energiestoffwechsel, sind sogar imstande, abgestorbene Zellen zu reparieren und zu beleben.

Abb. 24

Am genauesten führt das Tebonin aus: Hier werden die Mitochondrien erklärt, die als kleine Kraftwerke im Inneren der Zellen bezeichnet werden, die laufend gefüttert werden müssen. Rama führt das Funktionieren des Gehirns anhand der Maschinemetapher vor.

Abb. 25

Die Semantik ist also nicht die des Angriffs und des panzerartigen Schutzes, sondern die der Verbindung, des Nährens. Dies ist fast immer der Code, wenn auf der Ebene der Zellen gesprochen wird. Wir werden dem später im Gebiet der kosmetischen Werbung wiederbegegnen.

Die Darstellung in der Werbung für Tebonin zeigt die Zelle im Übrigen wie ein Molekül aufgebaut, das von Energieströmen durchpulst wird. Dieses Feld kennt als Wirkgröße einen wahren Star: Ginseng, der im naturkundlichen Diskurs als Menschenwurzel bezeichnet wird.

Tebonin setzt wieder auf die Strategie, seinen Wirkstoff zu individualisieren: Es nennt ihn den exklusiven Ginkgo-Spezialextrakt EGB 761, gibt ihm also die Anmutung einer medizinischen Substanz und führt aus, dass er in einem patentgeschützten Verfahren gewonnen wurde, in dem nur die reinen Wirkstoffe des Ginkgo-Baumes extrahiert werden.

Die zweite Substanz, die hier eine Rolle spielt, ist Lecithin. Lecithin wird mit dem Erhalt der geistigen Jugendlichkeit in Verbindung gebracht.

Abb. 26

Es wird älteren Menschen empfohlen, deren Beschwerden und nachlassende Leistungsfähigkeit jedoch nicht auf ihr Alter zurückgeführt werden, sondern auf einen erhöhten Leistungsdruck und Stresspegel, dem sie ausgesetzt sind. Dieser ist verantwortlich für ihren Leistungsabfall, der durch Buerlecithin beseitigt werden kann – ein perfekter Reparaturmechanismus also für einen alternden Organismus.

Diesen Präparaten ist noch etwas gemeinsam: Es wird empfohlen, mindestens einmal im Jahr mit ihnen eine Kur durchzuführen, von der gesagt wird, dass sie wie ein wahrer Jungbrunnen wirkt – eine Nähe zu einem alten magischen Thema also.

FUNKTIONSKREIS 4: Mobilität

Betroffen ist der Bewegungsapparat, die Knochen und Gelenke, also die festen Bestandteile des Körpers. In diesem Bereich können kaum äußere Ursachen verantwortlich gemacht werden, es handelt sich vielmehr um altersbedingte Verschleißerscheinungen, um Arthrose, also Entzündungen der Gelenke und Nachlassen der Knochendichte, was vor allem auf Frauen zutrifft. Dies ist einer der wenigen Bereiche, wo zugegeben wird, dass im Körper selbst Verschleißprozesse ablaufen. Bedroht ist die Mobilität des Menschen, seine freie Beweglichkeit. Dies trägt eines der Produkte, Mobilat, bereits im Namen und auch alle begleitenden Bilder zeigen Menschen in Bewegung, stereotyp ältere Paare beim Radfahren.

Abb. 27

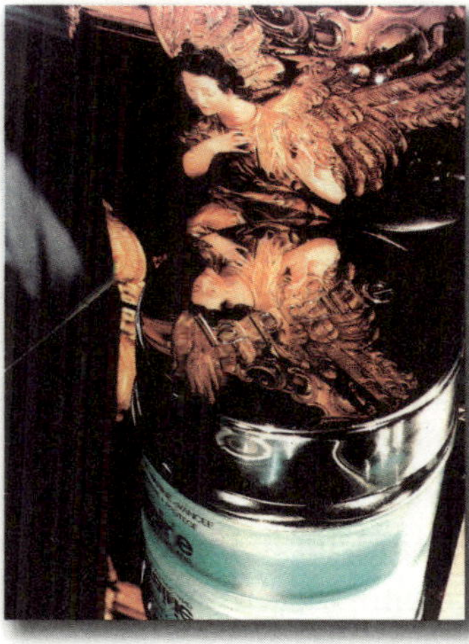

Abb. 28

Die Wirkstoffe, die diese Beschwerden beheben, entstammen meist dem Meer, es sind Muschelextrakte, Korallen etc. Diese werden aber lediglich erwähnt, niemals in irgendeiner glamourösen Überhöhung dargestellt.[112]

112 Vgl. hierzu die Werbung für La Prairie (Abb. 28), die dieselben Wirkstoffe im Bereich der Kosmetik zeigt

FUNKTIONSKREIS 5: Aktivieren/Deaktivieren, Leistungssteigerung, Zuführen von Energie und Kraft

Hier wird kein spezifisches Organ angesprochen, sondern dem Körper wird neue Energie, Kraft zugeführt – Elan vital also. Die Energiezufuhr beschränkt sich nicht auf Menschen. Auch Katzen können von den Aktivstoffen profitieren, die in Form der Radikalenfänger vorgestellt werden, Antioxidantien in grünem Tee und in Traubenkernen. Und sie gewinnen genau dadurch auch den perfekten Körper: aktiv, vital und schön.

Diese Produkte bleiben jedoch sowohl in ihrem Wirkungsversprechen wie auch in der Begründung ihrer Wirkung eher unspezifisch. Dies hat nicht zuletzt mit ihrem Kernversprechen zu tun: Zugeführt wird im Grunde Vitalenergie, versprochen wird ein intensiveres und gesteigertes Leben, etwas, das man schwer als logische Wirkfolge eines Produktes schildern kann.

Steigerung von Energie und Lebenskraft ist jedoch ein wichtiges Thema der Ratgeberliteratur. So wird das Buch „Mehr Power!" von Jürgen Brater wie folgt beworben: „Woher nimmst du nur diese Energie? – Ob wir uns sportlich betätigen, ob wir etwas sehen, hören, riechen oder fühlen, ob wir intensiv nachdenken oder bemüht sind, uns etwas einzuprägen – stets ist körperliche Energie von Nöten. Doch woher kommt diese Kraft, warum lässt sie uns manchmal im Stich und warum wachsen wir manchmal über uns hinaus? Jürgen Brater zeigt, was die moderne Wissenschaft zum Thema Energie an verblüffenden Erkenntnissen zutage gefördert hat und gibt Tipps, wie wir mit unseren Kräften clever haushalten."[113]

In diesem Zitat wird im Übrigen auch die Zweckbestimmung dieser Lebensenergie deutlich: Sie wird eingesetzt, um notwendige kognitive Lesitungen zu erbringen, und sie darf – wie schon Hufeland forderte – auch nicht sinnlos vergeudet werden.

---

113 Jürgen Brater: Mehr Power! Woher unsere körperliche und geistige Energie kommt, Frankfurt am Main 2008

Deaktivieren: Nervenruhe

Die Produkte dieses Bereichs versprechen Entspannung, Beruhigung, Abbau von Stress. Der angesprochene Körperbereich sind die Nerven. Dieser Begriff wird nicht im medizinischen Sinne gebraucht, sondern in einer Bedeutung, die aus dem 19. Jahrhundert stammt. Damals beschrieb man erstmals die Nerven als Reizbahnen des Körpers, die über Sinneserfahrungen Gefühle vermittelten und leicht in einen Störungszustand gerieten, weil sie überstimuliert werden konnten und damit zu nervösen Leiden führten, zu Reizbarkeit, Empfindlichkeit, Launenhaftigkeit, „Neurasthenia" – ein Leiden, das man besonders bei Frauen konstatierte.

Auch heute wird der Terminus „Nerven" im populären Sprachgebrauch in diesem Sinne verwendet. Man ist nervös, das heißt erschöpft, gereizt, abgespannt, leistungsunfähig, wenn die Nerven zu viel Stress ertragen müssen. Sie müssen daher entspannt und beruhigt werden. Der Wirkstoff, der hier die wichtigste Rolle spielt, ist eine Blume: die Passionsblume. Diese wird als schön beschrieben und sie wird tatsächlich in einer sehr anspre-

Abb. 29

chenden und farbigen Ästhetik dargestellt. In anderen Argumentationen wird beschrieben, dass Passionsblumenextrakt einen Schalter im Gehirn umlegt, das durch zu viel Stress gestört ist.

Auch die Naturmedizin kennt die Passionsblume, und sie setzt sie ebenfalls zur Beruhigung ein. Sie führt jedoch eine andere Erklärung an: Die Blume erinnert an die Passion Christi, an ein Leiden also, und genau dadurch ist sie imstande, Leiden zu lindern. An dieser Stelle wird die Verschränkung deutlich, die sich zwischen den Produkten des magischen und des medizinischen Codes befindet. Sie erfolgt über gemeinsame Wirkstoffe, in diesem Fall die Passionsblume. Unterschiedlich und nur in der jeweiligen Welt eines spezifischen Codes sinnvoll ist die Begründung: Einmal verstärkt sie einen Filter im Gehirn, einmal ist sie mit dem Leiden Christi verbunden.

Andere Präparate führen ein zartes wohlriechendes Kraut an, die Melisse.

In diesem Bereich der höheren Funktionen, der Nerven, die bei empfindlichen Menschen besonders sensibel reagieren, agieren also nicht namenlose Armeen von Helfern wie im Bereich des Darms, sondern eindrucksvolle ästhetisierende Bestandteile wie Blumen. Auch hier liegt ein altes Konzept vor. Edle Körperteile und edle Menschen werden durch feine, edle, seltene Stoffe behandelt. Das werden wir übrigens im Bereich der Kosmetik wieder antreffen, wo Premiummarken edle Bestandteile wie Gold, Platin und Diamanten enthalten.

Rainer Guldin zitiert Untersuchungen zur medizinischen Praxis der frühen Neuzeit, als das soziale Gefälle der Gesellschaft seinen Niederschlag in einer Hierarchie der Heilmittel fand – „aufgrund der unterschiedlichen Beschaffenheit ihrer Blutgefäße wurden zur Behandlung von Aristokraten edle und seltene Medikamente eingesetzt, die unteren Volksschichten dagegen mit gröberen Stoffen behandelt".[114]

---

114 Vgl. Guldin, Körpermetaphern, S. 163

In diesen Körpervorstellungen finden sich alle Themen, die wir seit dem 19. Jahrhundert als Gefährdungen für den Körper kennen: die Auswirkungen des modernen Lebens, „Neurasthenia“ im 19. Jahrhundert, Stress heute, Angriff fremder Stoffe, die die Körpergrenzen überschreiten, der Bakteriendiskurs, Verschleiß einzelner Körperteile, Störungen der Körperflüsse. Neu sind Störungen in den Kommunikationsflüssen und die Beschäftigung mit Leistungen des Gehirns.

Ein Teil dieser Gefährdungen wird auch durch den magischen Diskurs behandelt, ebenso kennen beide Zugänge Wirkstoffe, die aus der Natur, speziell aus der pflanzlichen Natur kommen.

Anders ist jedoch die Auffassung des Körpers und die Begründung der Wirkung. Im Bereich der medizinisch anmutenden Präparate erscheint der Körper als eine Festung, analog zur Metaphorik des Nationalstaates, mit festen Körpergrenzen, die es zu verteidigen gilt, mit Strömen im Inneren, die ungehindert zirkulieren müssen, er wird als Maschine aufgefasst und ist im Allgemeinen von der subjektiven Lebenswelt des Betroffenen abgekoppelt. Auch die Begründung der Wirkung beruft sich auf Prüfverfahren, also wissenschaftlichen Nachweis, manche Stoffe haben wissenschaftlich anmutende Namen, die Wirkung erfolgt prompt und schnell.

Die Anzeigen bemühen sich, medizinisches Wissen zu vermitteln: wie das Herz funktioniert, das Gehirn, was die Wirkung von Cholesterin ist – der Empfänger dieser Botschaften soll ein Stück weit informierter und autonomer gemacht werden. Dies ist im Übrigen auch das Ziel der Ratgeberliteratur in populären Medien und im Internet. Ziel aller Behandlungen ist der optimal leistungsfähige Mensch.

Dieser Zugang bietet eine optimistische Sicht auf die Dinge: Wenn sich der Einzelne genau beobachtet, kann er Störungen entdecken und sich als selbstverantwortlicher Mensch Mittel zu ihrer Behebung verschaffen. Dazu hilft ihm der Markt, im Prinzip auch ohne ärztliche Autoritäten.

Die Darstellungen folgen also einer unserer zentralen Erzählungen, die die Moderne begleitet: dem Glauben an die Autonomie des Menschen, an die Verbesserung aller Verhältnisse durch Erkenntnis, durch Technik und Wissenschaft, der Ideologie des Fortschritts.

Die Störungen und Krankheiten müssen dementsprechend gewählt werden. Das heißt aber auch, dass bestimmte Krankheiten oder Krankheitszustände völlig ausgeblendet werden und weder in redaktionellen Beiträgen noch in Produktargumentationen vorkommen: Alle Krankheiten, die chronisch sind, die nicht heilbar sind, die ein Dauerleiden darstellen, werden gewissermaßen hinter die Kulissen verlagert. Genau diese Krankheiten würden diese zentrale Erzählung widerlegen, sie würden in gewisser Weise die soziale Ordnung bedrohen, sie werden daher auch nicht erzählt, sondern tabuisiert und verschwiegen.

Quasimedizinische Autoritäten

Der Bereich der Selbstmedikation wendet sich primär Störungen zu, die einem Zwischenbereich angehören. Sie sind fühlbar, beobachtbar, aber nicht so gravierend, dass sie ausschließlich durch ärztlich verschriebene Medikamente behandelt werden müssen. Ihr primäres Argumentationsmuster ist das einer wissenschaftlich anmutenden Beweisführung, eines ihrer Ziele ist die Übersetzung von Expertenwissen in allgemein verständliches Wissen.

Dieser Bereich kennt eine weitere Überzeugungsstrategie, die spezifische Aspekte dieses Zwischenbereichs aufnimmt: den Einsatz von Autoritäten. Eigentlich gehören Autoritäten nicht zu unseren Konzeptionen des Wünschenswerten – der autonome Mensch braucht keine Autorität, die ihn von der Richtigkeit einer Sache überzeugt, er bildet sich vielmehr sein eigenes Urteil. Andererseits ist klar, dass wir uns in einer komplexen Welt befinden und vielen Risiken ausgesetzt sind, sodass wir den Rat einer kompetenten Person sehr wohl schätzen. Es geht also darum, eine Person zu wählen und mit denjenigen Merkmalen auszustatten, die sie zu einem attraktiven und glaubwürdigen Empfehler machen.

Welche Merkmale das sind, ist von Produktfeld zu Produktfeld verschieden. Sobald sich jemand in die Obhut eines Arztes begibt, findet er sich in jedem Fall einer Sachautorität gegenüber. Dies wird durch die Sondersprache dieser Person deutlich, durch ein bestimmtes medizinisches Setting, Raum, Kleidung, Apparate, Anordnung der Gesprächssituation, auch durch den automatischen Anschluss dieser Person an das offizielle Gesundheitssystem, das sich in Form von Diplomen, Titeln etc. ausdrückt.

Im Bereich des magischen Diskurses werden, wie wir gesehen haben, Autoritäten eingesetzt, die in diesem Diskurs besonders überzeugend scheinen, sie folgen der Maxime „long ago and far away“: Paracelsus, Hildegard von Bingen etc. Im medizinisch orientierten Bereich der Selbstmedikation erscheinen dagegen zeitgenössische Autoritäten, einmal Ärzte, mit ihrem Titel, in ihrer Berufskleidung, auch verschiedene Mediziner in TV-Gesundheitssendungen, es gibt jedoch auch einen ganz spezifischen Typ von Autorität, den man als intermediatäre Instanz charakterisieren könnte und der perfekt die Merkmale dieses Zwischenbereichs aufnimmt, um den es hier geht. Ein bekanntes Beispiel dafür ist der österreichische „Mr. Gesundheit“ Prof. Hademar Bankhofer.

Auch diese Instanzen, an die sich bestimmte kommunikative Funktionen knüpfen, haben eine lange Geschichte. Sie stehen in der Tradition der Wissensvermittlung, die im 18. Jahrhundert einsetzt und sich in einer breiten Ratgeberliteratur des 19. Jahrhunderts fortsetzt: Die gebildeten bürgerlichen Schichten sollten durch diese Literatur mit dem notwendigen Wissen versorgt werden, das sie in die Lage setzte, selbständige Entscheidungen zu fällen und sich nicht auf Tradition allein verlassen zu müssen.

Die Schriften bemühten sich immer, das Expertenwissen der Zeit verständlich zu vermitteln. Diese Aufgabe nehmen auch heute die Medien aller Art wahr, sehr deutlich die neuen Medien, und sie wird immer wichtiger, da das Expertenwissen wächst, sich immer mehr ausdifferenziert und spezialisiert, sich dauernd im Fluss befindet, viele gegensätzliche Standpunkte kennt, andererseits der Wunsch der Betroffenen nach Mitreden und Mitentscheiden ständig steigt. Expertenwissen wird auf vielen Feldern vermittelt, im Bereich des körperbezogenen Wissens nimmt es besonders breiten Raum ein.

Figuren vom Typ Hademar Bankhofer sind deshalb interessant, als er ein perfekter Vermittler von Botschaften des Typs „packaged semi professional information" im Bereich der Selbstmedikation ist.[115] Bankhofer erklärt die Funktionskreise des Körpers, die Körperabwehr, die Funktionen von Herz und Bewegungsapparat etc., und er schlägt für alle Probleme ein Heilmittel vor. Oft sind es die Hausmittel der Volksmedizin: Kräuter, Säfte, Tees, Umschläge, ebenso oft ist aber auch klar, dass man seinen Empfehlungen auch über gekaufte Präparate nachkommen kann. Diese erscheinen dann meist als Anzeigen neben seinen Ausführungen.

Bankhofer, ursprünglich Journalist, der in TV-Sendungen in Österreich und Deutschland aufgetreten ist, in Zeitschriften Kolumnen schreibt und mehrere Bücher verfasst hat, genießt bei seinen Fans hohes Vertrauen. Der Erfolg dieser Figur besteht wohl darin, dass er unermüdlich die tröstliche Botschaft vermittelt, es sei alles behandelbar, alles werde sich zum Positven wenden, man könne immer etwas relativ Einfaches tun, und dass er eine Merkmalsausstattung besitzt, die diese Botschaft glaubwürdig macht.

Er ist nicht jung, aber auch nicht wirklich alt, er ist die Verkörperung des zentralen Wunsches älterer Menschen, die mittleren Jahre zu verlängern, er ist immer korrekt gekleidet, weder businessmäßig modern noch sportlich informell, er besitzt keinen

115 Tamara K. Hareven, in: Mike Featherstone, Andrew Wernick (Hg.): Images of Aging, Cultural Representations of Later Life, London 1995, S. 131

perfekten Körper, aber auch keinen negativ abweichenden, er ist kein Arzt und äußert sich auch nie in einem medizinischen Code, aber er ist Professor (was in Österreich ein verliehener, nicht durch akademische Leistungen erworbener Titel ist). Er weist also alle Merkmale im mittleren Bereich auf, und er mutet väterlich wohlwollend, mitfühlend, aber auch erfahren und kompetent an. Zwischen ihm und seinem Publikum existiert kein Gefälle, sondern Nähe und Mitgefühl.

Abb. 30

Die Apotheke

In gewissem Sinne lässt sich auch die Apotheke diesen Zwischeninstanzen zurechnen. Ihre primäre Funktion ist die Versorgung der Bevölkerung mit ärztlich verschriebenen und von den Kassen bezahlten Medikamenten, sie ist also eine Instanz des staatlich organisierten Gesundheitssystems. Sekundär agiert sie aber auch als Gesundheitsratgeber. Es gibt eine steigende Anzahl von Personen, die sich bei kleineren Gesundhesitsbeschwerden, und oft auch bevor sie einen Arzt aufsuchen, an ihre Apotheke wenden.

Apotheken bilden somit einen Bestandteil der sozialen Nahwelt, sie verfügen, jedenfalls in Österreich, über viele Stammkunden und bauen allein dadurch Vertrauen auf.

Wenn sie ihre Funktionen gut wahrnehmen, erklären sie die Ursachen verschiedener Beschwerden, interpretieren die Anweisungen von Ärzten und raten sehr oft zu Präparaten der frei verkäuflichen Selbstmedikation, die ja mittlerweile einen wesentlichen Bestandteil ihrer Sortimente bilden. Sie führen alle Arten von Produkten, solche der naturwissenschaftlich orientierten Medizin, aber auch die der alternativen Medizin, ebenso wie kosmetische Produkte.

Dass nach dieser Art der Wissensvermittlung und Hilfestellung ein enormes Bedürfnis besteht, zeigt der Erfolg der Zeitschrift „Apotheken Umschau", die 14-tägig erscheint und in den Apotheken zur freien Entnahme aufliegt. Jede Ausgabe wird in verschiedenen Varianten produziert, aus denen der Apotheker die für ihn günstigste wählen kann. Die Zeitung hat eine enorme Reichweite, deutlich mehr als „Spiegel", „Stern" und „Bild".

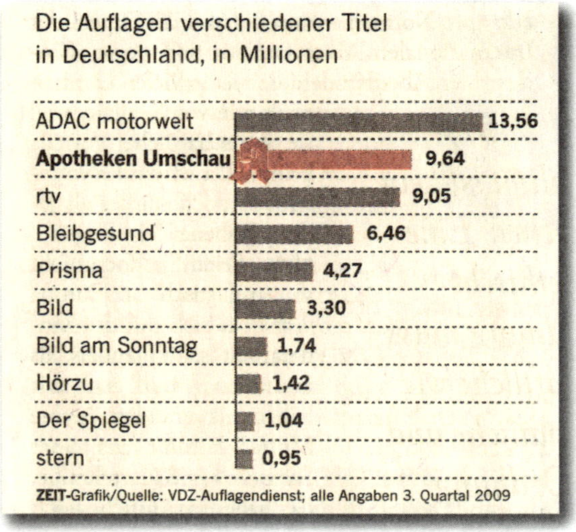

Abb. 31

Die „Apotheken Umschau" beeindruckt nicht durch visuelle Strategien oder Unterhaltungswert, sie ist wie der ganze Bereich der Selbstmedikation bieder, einfach und verständlich. Sie widmet sich ausschließlich der Wissensvermittlung, indem sie saisonale Schwerpunke setzt und nach und nach die Liste der häufigsten Störungen, Probleme und Beschwerden abarbeitet, dabei auch Tabuthemen wie Inkontinenz oder Darmfisteln aufgreift. Sie bemüht sich, medizinisches Expertenwissen in populäre Sprache zu übersetzen, und sie verwendet immer das gleiche Schema der Informationsvermittlung: Sie schildert ein Problem, stellt es in einen größeren medizinischen Zusammenhang, diskutiert mögliche Ursachen und schlägt dann Heilungs- und Behandlungsverfahren vor, jedoch ohne explizit Medikamente zu nennen, sie stellt sich also als unabhängig von der Pharmaindustrie dar. Daneben werden Anzeigen für die entsprechenden Präparate geschaltet.[116]

Nun wenden wir uns aber nach dem gesunden Körper dem zweiten großen Bereich in diesem Buch zu, dem schönen Körper.

116 Vgl. dazu Katrin Wilkens: Stützstrumpf der Nation, Die Zeit, 30.12.2009

Der schöne Körper

Was ist schön?

Wenn wir heute Bilder des Fernsehballetts der Sechzigerjahre sehen, haben wir den Eindruck, dass die Tänzerinnen alle ein bisschen pummelig sind und dass sie dringend eine Kur gegen Cellulitis notwendig hätten. Zu ihrer Zeit waren sie aber perfekte weibliche Schönheiten, sonst hätte man sie wohl nicht ausgesucht, und keiner der damaligen Zuschauer hätte unseren jetzigen Eindruck geteilt.

Vor 50 Jahren existierten eben andere Maßstäbe für weibliche Schönheit, und wenn wir weiter in die Geschichte zurückgehen, sind wieder ganz andere Vorgaben zu beobachten. Der üppige Busen von Jayne Mansfield, der auf unserem Titelbild zu sehen ist, wäre ein Desaster für eine Dame des Mittelalters gewesen, er hätte auf eine Amme und damit auf eine sozial tiefrangige Person verwiesen und seine Besitzerin hätte alles getan, um ihn zu verstecken.

Noch deutlicher wird dieses Phänomen, wenn wir andere Kulturen betrachten. Wahre Schönheit kommt eben doch sehr deutlich von außen.

Die Gestaltung der Lippenpartie in der folgenden Anzeige – ein Beispiel für die Praktik, durch Gewichte und das Einlegen von Platten besonders hervorstehende Lippen zu erzielen – fiele bei uns nicht unter die Definition eines schönen Gesichtes.

Noch mehr als beim Thema Gesundheit zeigen diese Beispiele, dass sich die Gesellschaft in den Körper einschreibt. Sie bringt dabei ihre Vorstellungen von weiblichen und männlichen Körpern, von sozial hochrangigen und tiefrangigen Körpern zum Ausdruck und sie greift mit großer Gewalt in diese Körper ein:

Abb. 32

Hinterköpfe werden plattgedrückt, Stirnen gedehnt, weil man dies, wie bei den Mexikanern, als edel betrachtete, die Füße werden eingeschnürt, um japanische Frauen kindgleich immobil zu halten, Ohren werden mit Blöcken beschwert, um möglichst lange Ohrläppchen zu erzielen, Taillen werden abgeschnürt, durch Lippen werden Scheiben gezogen etc.

Dies gilt wie ausgeführt auch für die verschiedenen historischen Epochen unserer Kultur: Im 19. Jahrhundert schnürten sich Frauen bis zu Ohnmachtsanfällen, in der Renaissance zupften sie Augenbrauen und den Ansatz der Haare aus, um möglichst hohe Stirnen zu erzielen.

In all diesen Schönheitspraktiken kommen immer auch die Leitwerte und die Konzeptionen des Wünschenswerten einer Kultur zum Ausdruck. So schickten die Calabar, ein in Afrika lebender Stamm, ihre jungen Mädchen in sogenannte „fattening huts“, in denen sie in völliger Immobilität gehalten und sehr kalorienreich ernährt wurden, sodass sie fette und plumpe Körper entwickelten, die als das absolute Schönheitsideal galten – und als die Vorbedingung, um ein Mädchen gut zu verheiraten. Nur

Wohlhabende konnten sich diese Behandlungen leisten. Die Calabar waren ein Volk, das immer wieder von Hungersnöten bedroht war, diese Körper brachten eine hochrelevante Konzeption des Wünschenswerten zum Ausdruck.[117]

Unsere Abmagerungskuren, Schönheitsoperationen, Botox-Aufspritzungen reihen sich also in eine lange und universal bestehende Reihe von Körpermodellierungen und -deformationen ein.

Im Bereich der Schönheitskonzepte ist im Einzelnen zwischen den Vorstellungen zu unterscheiden, die das schöne Gesicht, und jenen, die den schönen Körper betreffen. Eine schöne Person besitzt idealerweise ein schönes Gesicht und einen schönen Körper. Kulturen formen sowohl das Gesicht wie auch den Körper.

In Bezug auf das schöne Gesicht existiert eine ausgedehnte Forschungsliteratur, die darlegt, dass Schönheit zu einem guten Teil nicht kulturabhängig ist, sondern universalen Prinzipien folgt: Es gibt gewisse Merkmale, die auf der ganzen Welt als schön angesehen werden. Dazu gehören Symmetrie, Kontraste innerhalb des Gesichtes, Durchschnittlichkeit, also keine Abweichung von der Norm, glatte Haut. Ebenso wird postuliert, dass sich schöne weibliche Gesichter und männliche Gesichter – wieder nahezu kulturunabhängig – über dieselben Merkmale unterscheiden: weibliche Gesichter, indem sie kindliche Merkmale aufnehmen, männliche, indem sie kantige Formen zeigen. Dies wird mit evolutionären Mechanismen erklärt.[118]

Wiewohl Kultur- oder Zeitunabhängigkeit sehr schwer zu beweisen und in Bezug auf außereuropäische Kulturen auch nur spärlich dokumentiert ist, wollen wir uns diesen Ergebnissen auch nicht im Detail zuwenden. Jeder Blick in unsere eigene Geschichte und in die Dokumentationen außereuropäischer Kulturen lehrt, dass die Variationen dessen, was man als schön be-

117 Ted Polhemus (Hg.): The Body Reader. Social Aspects of the Human Body, New York 1997

118 Die Forschungsergebnisse sind umfangreich dokumentiert in: Renz, Schönheit

trachtet, beträchtlich sind, und dies ist dem Einfluss der Kultur und nicht dem der Evolution geschuldet. Diesem Phänomen wollen wir uns im Folgenden zuwenden.

Welchen Körper wollen wir erzielen?

Der Körper, der in westlichen Industrienationen angestrebt wird und dem alle Bemühungen gelten, ist durch ein Gruppe von Merkmalen gekennzeichnet, was – wie wir gesehen haben – eine Wahl aus anderen, ebenso möglichen Optionen darstellt:

- Er ist jung, makellos, gesund.
- Er ist schlank, sehnig. Jeder Anflug von Fett ist getilgt.
- Er besitzt eine bestimmte Körpergröße.
- Er ist beweglich, flexibel, leistungsfähig, glatt und geschlossen.

- Das Gesicht ist faltenlos.
- Die Haut ist schimmernd, feucht.
- Die Haare sind kräftig.
- Die Zähne sind weiß.
- Die Augen strahlen.

Diese Vorgaben gelten für männliche und weibliche Körper gleichermaßen, für die jeweiligen Geschlechter werden dann aber noch spezifische Forderungen entwickelt.

In diesem Körperbild zeigen sich deutlich unsere Konzeptionen des Wünschenswerten: Jugend, Leistungsfähigkeit, Makellosigkeit der Oberfläche, Zivilisiertheit, Perfektheit. Noch deutlicher ist dies für den Zeichenwert, den diese Körper haben: Sie zeigen eine Person an, die diszipliniert ist, die Herr ihres eigenen Körpers ist, die sich willig den kulturellen Vorgaben beugt, die das nötige Wissen besitzt, um diesen Körper zu erzielen, und die alle Angebote des Marktes, der Technik und Wissenschaft nützt, um diesen Körper zu formen und entsprechend zu inszenieren und zu präsentieren; wobei gilt, dass diese Körper quasi natürlich gegeben erscheinen müssen, so als ob sie von Natur aus perfekt wären – eine gewaltige Inszenierungsanstrengung.

Diese perfekten Körper sind in der Realität selten anzutreffen. Wir könnten dies also auch als eine natürliche Verteilung von Ressourcen betrachten, wobei der eine schöner und der andere etwas weniger schön ist und allen klar ist, dass Körper nicht permanent jung und schön bleiben können. Dies ist aber nicht unsere Überzeugung. Wir haben nicht die Absicht, uns der Natur zu unterwerfen, wir wollen vielmehr die Natur beherrschen und dies auch demonstrieren.

Wie schon in den Eingangskapiteln ausgeführt: Der Gewinn, den wir aus dieser Körpermodellierung ziehen, ist beträchtlich: Ein schöner Körper verspricht Status, Prestige, mehr als alle Prestigeobjekte, er zieht erotische Partner an, er führt zu sozialem Erfolg, er ist eine Quelle von Identität, Stolz, er kann den Rang eines ideologischen Projektes annehmen und zum Selbstzweck werden. Er ist ferner eng mit körperlicher und geistiger Gesundheit korreliert und er signalisiert immer eine Person, die die richtigen personalen Merkmale hat: selbstbestimmt, diszipliniert, Herr ihrer Affekte. Kim Chernin nennt dies eine „Tyrannei der Schönheit und Schlankheit“.[119]

Auch wenn in Befragungen immer wieder angegeben wird, dass man keineswegs so denke, sondern auf innere Werte achte, gibt es doch zahlreiche Untersuchungen, die das Gegenteil belegen: Physisch attraktive Personen haben einen erheblichen Bonus, im Kindes- und im Erwachsenenalter. So werden Personen, die physisch attraktiv und schlank sind, die auch eine gewisse Körpergröße haben, in beruflichen Bewerbungen bei gleicher Qualifikation Personen vorgezogen, die fett und klein sind. Ähnliches belegen Studien in Bezug auf die Partnerwahl, und selbst für Ge-

---

119 Kim Chernin: The Obsession. Reflections on the Tyranny of Slenderness, New York 1981

richtsverfahren gibt es ähnliche Daten. In einem Experiment, das der englische Sender BBC und die Zeitung „Daily Telegraph“ durchführten, wurde über einen fiktiven Gerichtsfall berichtet. In einer Hälfte Englands wurde dazu das Bild eines Angeklagten gezeigt, der tief liegende kleine Augen hatte, eine krumme Nase, der von gedrungener Figur war, in der anderen Hälfte wurde ein Angeklagter gezeigt, der attraktiv aussah. Die Leser sollten entscheiden, ob der Angeklagte schuldig war. Sie werden es schon ahnen: Im Fall des unattraktiven Angeklagten waren 40 Prozent von seiner Schuld überzeugt, im Fall des attraktiven nur 29 Prozent.[120] Ebenso werden Personen, deren Körper nicht optimalen Vorgaben entsprechen, leichter diskriminiert, wir haben dazu bereits Studien zitiert.

Das Projekt des schönen Körpers mit seinen rigorosen Vorgaben ist maßgeschneidert für eine Marktgesellschaft: Fast jeder Körper ist imperfekt oder kann durch geeignete Beobachtungskategorien imperfekt gemacht werden, jeder, auch der naturschöne Körper, kann in seiner Wirkung noch gesteigert werden. Beide Strategien werden in der Kommunikation des Marktes umfangreich angewendet.

Naturgemäß sind dies normative Vorgaben, Ideale. Wenn wir die realen Körper in unserer Umgebung betrachten, sehen wir keineswegs perfekte Körper. Ebenso ist die Zahl der Übergewichtigen beträchtlich und sie befindet sich tendenziell im Steigen. Darum geht es hier jedoch nicht. Obwohl diese Körper zahlreich existieren, schätzen oder akzeptieren wir sie nicht. Wir stigmatisieren sie vielmehr und schreiben ihren Besitzern Haltlosigkeit, Gier, Disziplinlosigkeit zu und neigen dazu, sie als sozial tiefrangig zu klassifizieren. Diese Körper nehmen die Rolle von Sündern oder von Verbrechern ein, die schlagend belegen, dass es ein Gesetz gibt, das es zu respektieren gilt. „Die Gerechtigkeit der Guten holt sich ihren Ruhm aus den Strafen der Gott-

120 Zit. in Renz, Schönheit, S. 198

losen", sagte Johannes Scotus Eriugena im 9. Jahrhundert.[121] Bis auf wenige Ausnahmen werden sie auch von ihren Besitzern nicht geschätzt, die sie vielmehr loszuwerden suchen: Der Markt der Produkte und Kuren gegen Übergewicht ist ein boomender Markt.

Wir haben außerdem ausgeführt, dass dieser Zwang zu einem makellos schlanken Körper immer mehr zunimmt. Bereits Kinder mobben fette Klassenkameraden. Der Auftritt in „social media" wie Facebook ist an einen akzeptablen Körper geknüpft, ein fetter Körper führt auch hier zu Abwertung.

Nur wenigen Personen gelingt es, trotz ihres imperfekten Körpers soziale Anerkennung zu gewinnen. Diese erreichen dann oft Kultstatus und machen auch dadurch klar, dass ihnen ein Ausnahmestatus zukommt. Dies gilt etwa für Ottfried Fischer oder die in letzter Zeit gehypte Sängerin Beth Ditto.

Die Standardisierung des schönen Körpers

Die Definition, was als schöner Körper gilt, gewinnen wir nicht durch Beschreibungen, sondern durch die visuelle Präsentation von Körpern, entweder real oder in den Medien. Dies geschieht tausendfach in unseren bilddominierten Umwelten. Wie aber lernen wir zu bewerten, das heißt, wie entwickeln wir in dieser Fülle die Definition, dass genau dies ein perfekter schöner Körper ist, ein Prachtkörper oder ein halbwegs akzeptabler oder ein wirklich schrecklicher?

Im Grunde ist dies ein hochkomplexer Prozess, der die Regeln visueller Kommunikation berührt und den wir hier nicht im Detail schildern können. Wir wollen aber zwei Verfahren beschreiben, die sehr oft zur Anwendung kommen: Kontrastbildung und Einfügung in eine Reihe.

121 Zit. in Umberto Eco: Die Geschichte der Schönheit, München 2006, S. 85

Kontrastbildung: Der groteske Körper

Kontrastbildung ist eine wirkungsvolle Form der Bedeutungsvermittlung: Wir erkennen die bedeutungstragenden Merkmale eines Objektes, wenn wir es im deutlichen Gegensatz zu dem sehen, was es nicht ist. Wir wissen, was heiß ist, weil wir wissen, dass dies nicht kalt ist. Im Bereich der Körperbilder existiert ein Kontrastbild, das stark negativ besetzt ist, das stereotyp eingesetzt wird und über eine jahrhundertelange Geschichte verfügt. Dieses Körperbild entwickelte sich parallel zur Ausformung des modernen Körpers. Es ist der von Mikhail Bakhtin als grotesk bezeichnete Körper, den er in einer Analyse eines Werks des Spätmittelalters, „Gargantua" von Rabelais, beschreibt.[122]

Der groteske Körper ist ein Körper, der durch die Hingabe an Affekte und Leidenschaften geformt wird: Er ist fett, unförmig, gewölbt, mit vielen vorstehenden und vorspringenden Teilen. Akzentuiert sind die Körperöffnungen: Mund und Nase, die Geschlechtsorgane und der Hintern können sichtbar sein, Vorgängen des Essens und Ausscheidens wird eine große Aufmerksamkeit gewidmet. Rabelais beschreibt unter diesem Bild den Körper des gewöhnlichen Volkes, nicht den der mittelalterlichen Eliten.

Diese Körpervorstellung ist bis in unsere Zeit geläufig und sie dient auch uns als Folie, von der sich der ideale und wünschenswerte Körper abhebt. Die folgende Anzeige, die charakteristisch ist für Strategien, mit der Diäten und Schlankheitsmittel beworben werden, zeigt nebeneinander die beiden Körper: links der groteske Körper Bakhtins, mit seiner Akzentuierung des vorspringenden Bauches, als Folge eines undisziplinierten und von Gelüsten bestimmten Essverhaltens; und rechts der glatte, schlanke Körper, der im Zuge der Disziplinierung oder, wie in dieser Anzeige, durch Wunderbehandlungen zu erreichen ist.

122 Mikhail Bakhtin: Rabelais and His World, Bloomington 1993

Abb. 33

Es gibt unzählige dieser Anzeigen und die Protagonistinnen, die von diesen Körpern erlöst werden, sind so gut wie immer Frauen. Die Angst, einen solch grotesken Körper zu entwickeln, ist auch besonders stark bei Frauen vorhanden. Für sie spielt Schlankheit eine außerordentliche Rolle, es gibt nur wenige Frauen, die Schlankheit nicht als Ideal anstreben.

Schlank zu sein bedeutet aber nicht nur, dass man ein bestimmtes Körpergewicht aufweist, sondern auch, dass man einen straffen Körper hat, der keinen Anflug von Fett zeigt. Das Ideal des schlanken Körpers fordert also nicht nur Kalorienreduktion und geringes Gewicht, sondern es geht um einen entschiedenen Kampf gegen das Fett. Dies betrifft vor allem den Bereich des Bauches, der nicht hervorzustehen hat und jene Zone ist, wo sich das gefürchtete Schwabbeln zeigen kann. Es ist insgesamt ein Kampf gegen alles, was weich ist, schwabbelt, hervortritt, ein Kampf gegen das Schlaffe, wie es sich zum Beispiel bei Cellulitis und dann dramatisch beim alternden Körper zeigt. Von hier aus gibt es eine Parallele zu schwabbeligen weichen Nachspeisen, die als weiblich gelten.[123]

Wir führen heute einen „Krieg gegen das Fett“: Fett muss verbrannt werden, den Fettzellen wird der Kampf angesagt, sie werden auch mit dem Skalpell entfernt. So werden Liporeduktionen, Fettabsaugungen, die an der Spitze aller durchgeführten Schönheitsoperationen stehen, sehr oft nicht bei wirklich dicken, sondern bei schlanken Frauen vorgenommen, die ihren schlaffen Bauch oder die kleinen Fettröllchen um den Bauch fürchten.[124]

Diese Angst, dass der Bauch hervortritt, ist inzwischen so weit verbreitet, dass er auch unter dem Bild des aufgeblähten Bauches erscheinen kann. Diesen Gedanken nimmt ein Werbefilm für ein verdauungsförderndes Joghurt, Activia, auf, in dem sich junge Frauen über ihren Blähbauch beklagen, den sie immer nach dem Essen bekommen und der sie zwingt, einen Knopf ihrer Hose zu öffnen. Activia hilft diesen Blähbauch zu vermeiden, indem es mit zahlreichen Helferbakterien die Verdauung in Schwung bringt. Der Körper erscheint hier im Übrigen als ein Agent, der von sich aus unbotmäßige Aktivitäten entfaltet, die sich im Gegensatz zu den Absichten der Person befinden.

---

123 Vgl. dazu Karmasin, Die geheime Botschaft unserer Speisen. – Wie ich in dem Buch, das sich mit den Regeln unserer Küche, dem kulinarischen Code, beschäftigt, zeige, gibt es eine Klassifikation von Nahrungsmitteln und Speisen als männlich oder weiblich. Fleisch wird mit dem Männlichen in Verbindung gebracht, ihm werden Merkmale wie Kraft, Energie, zentrale Stellung zugeschrieben, der pflanzliche Bereich, das Süße gilt als weiblich. Entsprechend werden Speisen in der Anordnung einer Menüfolge eingesetzt: Die Hauptspeise, also der zentrale Gang des Menüs, ist bei offiziellen Essen immer ein Fleischgang, ihm folgt obligatorisch an letzter Stelle die Nachspeise (am Beginn eines Menüs würde sie völlig deplatziert wirken). Die Nachspeise wird mit unfunktionaler Lust in Verbindung gesetzt, auch mit dem Dekorativen, sie ist aus Eiern, Fett, Zucker, Mehl, also weiblich konnotierten Lebensmitteln, und sie weist meist eine weiche Konsistenz auf.

124 Vgl. dazu Susan Bordo: Reading the Slender Body, in: Donn Welton (Hg.): Body and Flesh. A Philosophical Reader, Malden 2001, S. 291

Kontrastbildung: Der Magerkörper

Dem normalen und wünschenswerten Körper entspricht als Extremkörper, der zur Kontrastbildung dient, auf einem Punkt der Skala der fette, groteske Körper und am anderen Ende der Skala der Magerkörper. Dieser Körper ist knochig, völlig frei von Fett, fast frei von Fleisch, es ist ein durch Askese geformter und oft von tödlicher Krankheit bedrohter Körper: Anorexie, Magersucht, ist eine ernstzunehmende Krankheit.

Auch hier gibt es historische Vorgaben: Dies ist der Körper, den Mystikerinnen und Heilige präsentierten, um zu demonstrieren, dass sie sich weit von der Ebene des Materiellen entfernt haben – für Frauen im Übrigen oft die einzige Möglichkeit, einen Ausnahmezustand zu dokumentieren.[125] Wir kennen diesen Körper aus der Diskussion über sogenannte Magermodels und wir stimmen rational darin überein, dass es eine schreckliche Sitte ist, die Körper von jungen Mädchen einer solchen Prozedur zu unterwerfen – vergleichbar den „fattening huts“ der Calabar. Nicht alle Magermodels sind jedoch im eigentlichen Sinne magersüchtig, sondern erhungern sich diesen Körper, weil es ihr Beruf so verlangt.

Dennoch wird dieser Körper in den werblichen Kommunikationsstrategien niemals im Gegensatz zu einem normalen Körper gezeigt: Wir wissen zwar um ihn, aber wir stigmatisieren ihn bei weitem nicht so stark wie den fetten Körper. Im Gegenteil, er wird in sozial hochrangigen Situationen eingesetzt, etwa wenn es darum geht, teure Kleider vorzuführen. Wir sehen dies trotz aller Proteste offenbar als Preis an, den junge Frauen für ihr Herausragen aus der Menge zahlen müssen, und etwas wirklich Elitäres scheint auch einen außergewöhnlichen Körper zu verlangen, und zwar einen weit von aller Materialität entfernten. Natürlich sind nicht alle Körper,

125 Caroline Walker Bynum: Women Mystics and Eucharistic Devotion in the Thirteens Century, in: Margaret Lock, Judith Farquhar: Beyond the Body Proper, Reading the Anthropology of Material Life, Durham, London 2007, S. 202

die wir an Models bewundern, Magerkörper, aber sie nähern sich jedenfalls eher den Körpern vorpubertärer Mädchen als denen von „Vollweibern“. Der Magerkörper ist im Übrigen ausschließlich ein weiblicher Körper: Es gibt keine männlichen Magermodels.

Einfügung in eine Reihe: Der Prachtkörper

Kontrastbildung zeigt nur, was der Körper nicht sein soll, er gibt jedoch nicht die Position vor, die den Endpunkt aller Bemühungen bildet und die zeigt, bis zu welcher Perfektion Körper ausgeformt werden können. Dies leistet die Inszenierung des Prachtkörpers. Ein Prachtkörper besitzt einige allgemeine Merkmale: Er ist groß, mit langen Beinen, einem langen Rumpf, sehnig, vollkommen frei von Fett, besonders deutlich im Bereich des Bauches, er stellt auch die Verkörperung perfekter Männlichkeit oder Weiblichkeit dar.

Die Merkmale weiblicher und männlicher Körper werden wir im nächsten Kapitel näher ausführen, hier vorab die Zusammenfassung der wichtigsten Merkmale: Für den männlichen Prachtkör-

Abb. 34

Abb. 35

per ist die Präsentation der Muskelschicht unmittelbar unter der Haut obligatorisch, ein starker Oberkörper, das Hervortreten der Muskeln am Bauch, das Sixpack; für Frauen die richtige Größe des Busens: nicht zu groß (da dies an Stillen und Alter denken lässt) und nicht zu klein, eine perfekt glatte Haut, ein kleines, aber straffes Gesäß. Wann immer es darum geht, Fitnessprodukte oder Ernährungskonzepte zu beschreiben, werden diese Körper dargestellt, sie gelten auch per se als gesund.

Wieder finden wir deutliche Unterschiede in der kommunikativen Behandlung von weiblichen und männlichen Körpern. Frauen ziehen aus dem Besitz eines solchen Körpers teilweise einen hohen sozialen Gewinn. Dies zeigt sich an der Figur der Models, die Markencharakter annehmen, Kate Moss oder Cindy Crawford etc. Sie gelten als Stilikonen und werden als Expertinnen für viele Bereiche des Stylings eingesetzt, sie können ihren Namen über eine breite Gruppe von Produkten vermarkten. Es gibt kein männliches Model, das es zu einer solchen Berühmtheit gebracht hätte.

Ähnliches gilt für Fernsehinszenierungen vom Typ „Germany's next Topmodel". Das Format besteht aus der Ausstellung weiblicher Prachtkörper, von denen dann einer als der schönste gekürt wird bzw. als der Träger einer besonders interessanten Person, wobei dies auch davon abhängt, wie gut ein Mädchen die in diesem Format geforderten emotionalen Zustände öffentlich demonstrieren kann und wie willig sie sich dem Druck der demütigenden und quälenden Situationen aussetzt, denen die Mädchen unterworfen werden. Es gibt keinen ähnlichen Wettbewerb mit männlichen Protagonisten.

Noch detaillierter betrachtet, gibt es für männliche und weibliche Prachtkörper jeweils zwei Spielarten, eine, die den ganz jungen Körper, und eine, die den erwachsenen Körper auf der Höhe seiner Kraft zeigt. Für Männer sind dies der jungenhaft schlanke, schmale Körper sowie der Muskel-Power-Körper vom Typ eines Herkules, für Frauen der Körper des ganz jungen schmalen, zarten Mädchens sowie der Körper des Vollweibes.

Die nächste Stufe des Prachtkörpers

Die nächste Stufe des Prachtkörpers wird in dem Film „Avatar" von James Cameron gezeigt, der 2009 zum ersten Mal in den Kinos gezeigt wurde. Der Film ist berühmt für seine digitale 3D-Technik, in der das Leben auf einem außerirdischen Planeten geschildert wird. Das Volk der Navi, das dort lebt, ist mit bemerkenswerten Körpern ausgestattet: sehr groß, sehr beweglich, zu akrobatischen Höchstleistungen fähig, elegant. Bemerkenswert ist die Verlängerung des Rumpfes, die zu einem grazilen und außerordentlich schlanken Körper führt. Männer und Frauen unterscheiden sich vom Körper her kaum. Das Gesicht ist von großen Augen beherrscht, die sensibel Emotionen anzeigen.

Dieser perfekte und ästhetische Höchstleistungskörper hat nur mehr wenig mit dem muskelbewehrten Fitnesskörper der Mainstreamkultur zu tun. Es ist ein ausschließlich medial präsentierter Körper, aber er nimmt durchaus Aspekte auf, die für die Körper von jungen Menschen derzeit wichtig sind: hohe Beweglichkeit, Eleganz, nicht primär Kraft, äußerste Schlankheit, eine gewisse Beseeltheit, Aufhebung der Unterschiede zwischen männlichen und weiblichen Körpern.

Der normale Körper

Der normale Körper ist durch das definiert, was er nicht ist: nicht fett oder mager, nicht perfekt schön, sondern in einer Mittellage, von allem ein bisschen, in keiner Weise extrem ausgeformt.

Sobald Körper in Anzeigen als normale Körper dargestellt werden, sind sie in den allermeisten Fällen bekleidet, sie verschwinden quasi unter den Kleidern, sind als Körper nicht präsent.

Aufsehen erregten daher die Kampagnen für Dove, die zum ersten Mal unbekleidete Körper von „normalen" Frauen zeigten, und die das auch explizit zum Thema machten. Diese Körper sind

Abb. 36

nicht mager, aber auch nicht fett, auf keinen Fall zeigen sie einen hervorstehenden Bauch, sie fallen also noch in die Klasse der schlanken Körper, wenn auch nicht in die der Prachtkörper.

Auch beim Aspekt der Gesundheit existieren geschlechtsspezifische Unterschiede, sie sind jedoch recht klein verglichen mit jenen im Bereich des schönen Körpers. Schon die Notwendigkeit, einen schönen Körper auszuformen, ist für Frauen sehr viel verpflichtender als für Männer, und auch die Vorgaben, welche Merkmale bei einem perfekten männlichen und bei einem perfekten weiblichen Körper zu entwickeln sind, sind unterschiedlich. Im Bereich des schönen Körpers bringen wir also sehr deutlich zum Ausdruck, wie wir das Männliche und das Weibliche denken.

Männliche und weibliche Körper

In seiner „Summa Theologica“ führt Thomas von Aquin eine auf Aristoteles zurückgehende Erklärung an, die „beweist“, dass

Frauen „von Natur aus“ Männern unterlegen sind: Weibliche Kinder sind immer das Resultat mangelhafter natürlicher Bedingungen. Wenn bei einer Empfängnis ideale Bedingungen herrschen (was im Wesentlichen ideale atmosphärische Bedingungen meint), entstehen immer männliche Kinder. „Denn die aktive Kraft des männlichen Samens strebt danach, etwas zu produzieren, das ihm ähnlich ist, perfekte Männlichkeit.“[126] Wenn jedoch irgendeine ungünstige Bedingung auftritt, sei es, dass zum Zeitpunkt der Empfängnis feuchter Südwind weht (sowohl Feuchtigkeit wie Schwüle sind negative Merkmale, sie werden dann konsequenterweise auch Frauen als Merkmale zugeschrieben, während Männer heiß und trocken sind) oder dass der Samen nicht genügend Kraft hat, so entstehen weibliche Kinder. Frauen sind also defekte Männer.

Betrachten wir eine andere Theorie der Empfängnis: Die Trobriander, deren Magie wir bereits kennengelernt haben, leugnen jeden physiologischen Anteil des Vaters bei der Zeugung eines Kindes. Nach ihrer Meinung kommt ein Kind dadurch zustande, dass eine Frau ein Zeichen von einem Ahnen ihrer Abstammungslinie wahrnimmt und dieser Ahne in ihrem Körper ein Kind entstehen lässt. Der Mann ist am Akt der Zeugung insofern beteiligt und notwendig, als sein Samen das neu entstandene Kind nährt, er ist jedoch nicht mit ihm blutsverwandt. Verwandt sind nur Angehörige der mütterlichen Linie.[127]

Beide Theorien, die uns heute gleichermaßen unsinnig erscheinen, haben ihren guten Grund in der Gesellschaftsordnung und im ideologischen Überbau der jeweiligen Gesellschaften. Die hochmittelalterliche Gesellschaft des Thomas von Aquin war streng hierarchisch gegliedert, sie sah vor, dass jeder auf seinem Platz blieb, seine Aufgaben erfüllte und sich durch Unterordnung

---

126 „For the active force of the male seed intends to produce something similar to itself, perfect in its masculinity.“ Lock, Farquhar, Beyond the Body Proper, S. 395

127 Vgl. Mauss, Korallengärten und ihre Magie, Kap. VI, S. 275–295

fügte, sie ließ viele Unterschiede zu, die als naturgegeben und damit gottgegeben legitimiert wurden. Dieses Prinzip der naturgegebenen Unterordnung, das das gesamte Gesellschaftsgefüge bestimmte, lag auch den Erklärungen über Männer und Frauen zugrunde: So wie Männer von Natur aus Frauen überlegen waren, war auch der Vorstand eines Haushalts seinen Mitgliedern überlegen, und dasselbe traf auf den weltlichen und geistlichen Herrn zu sowie auf das Verhältnis von Gott und Mensch. Rechtsprechung, ökonomische Weitergabe von Besitz etc. orientierten sich gleichermaßen an diesen als natürlich erachteten Unterschieden, die eine patriarchalische, nach dem Kulturmodell des Hierarchismus organisierte Gesellschaft legitimierten. Interessant ist, dass damit auch bestimmte Merkmale von weiblichen und männlichen Körpern behauptet wurden.

Anders die Trobriander. Bei ihnen handelt es sich um eine matrilinear organisierte Gesellschaft, Besitz wird also ausschließlich in weiblicher Linie vererbt, der Mann zieht in den Haushalt seiner Frau, die wichtigste Person in diesem Familienclan ist der Bruder der Frau, dem der Mann der Frau auch einen Teil seines Vermögens abtritt.

Jede Gesellschaft stellt fest, dass es objektiv beobachtbare Unterschiede zwischen Männern und Frauen, zwischen männlichen und weiblichen Körpern gibt. Wie diese Unterschiede jedoch „zu denken" sind, welche Bedeutung ihnen zukommt, wie sie zu bewerten sind, welche Funktionen sie haben, wie sie idealerweise auszuformen sind, darin bestehen beträchtliche Unterschiede zwischen den jeweiligen Gesellschaften. Diese Unterschiede ergeben sich aus der kulturellen Orientierung einer Gesellschaft: welche Werte sie als bevorzugt setzt, welche Unterschiede sie zwischen ihren Mitgliedern zulässt, wie sie ihre Ordnung legitimiert etc.

Im Übrigen enthalten auch unsere Zeugungstheorien einige Leitwerte unserer Gesellschaft. Wir beschreiben die Befruchtung einer Eizelle als Wettlauf der Samenzellen zu dieser Eizelle, bei dem sich die schnellste und tüchtigste durchsetzt, um dann die passive Zelle, die gewissermaßen auf ihren Prinzen wartet, zu befruchten: Wettbewerb, Sieg des Tüchtigsten, Männer sind aktiv, Frauen passiv.[128]

Wie wir bereits an mehreren Stellen festgestellt haben, nehmen Differenzierungsdiskurse ihren Ausgang oft am Körper, und wichtige Vorstellungen, wie etwas „zu sein habe“, machen sich an körperlichen Gegensätzen und Gegebenheiten fest. Gerade die Unterschiede zwischen den Geschlechtern bieten sich an, um grundlegende Gegensätze zu legitimieren, eben deshalb, weil sie „von Natur aus“ einen elementaren Gegensatz darstellen. „Menschen haben ein Bedürfnis nach Gegensätzen in einer Welt voller Schattierungen.“[129]

Gesellschaftlich dominante Vorstellungen dienen als Erklärungen für biologische Prozesse, sie setzen fest, wie man körperliche Merkmale und Vorgänge beschreibt, klassifiziert, was man an ihnen überhaupt als erwähnens- und beschreibenswert definiert. All dies wurde und wird immer im Namen der Natur vorgetragen: Von Natur aus sind Frauen und Männer mit diesen oder jenen Merkmalen ausgestattet. Diese Vorstellungen werden dann auch benützt, um weibliche und männliche Körper zu beschreiben, zu bewerten und die Ideale und Modellvorstellungen festzulegen, die für sie gelten.

Am umfangreichsten beschrieben wurde der letztgenannte Punkt, und zwar vor allem in Bezug auf Frauen unter dem Etikett des Genderings. Simone de Beauvoir fasste dies unter der bekannten Aussage zusammen: „Man wird nicht als Frau geboren, man wird es.“[130] Frauen besitzen ein natürliches Geschlecht, aber sie werden zur Frau gemacht, je nachdem welche Merkmale ihnen

---

128 Vgl. hierzu Emily Martin: The Egg and the Sperm: How Science Has Constructed a Romance Based on Stereotypical Male-Female Roles, in: Lock, Farquhar, Beyond the Body Proper, S. 417

129 Thomas Laqueur: Auf den Leib geschrieben, Frankfurt am Main 1992, S. 33

130 Simone de Beauvoir: Das andere Geschlecht, Reinbek 1949

eine Gesellschaft zuschreibt, welche Rollen sie ihnen zuordnet, was sie als die ideale Frau definiert.

Dies gilt naturgemäß für Männer gleichfalls, eigentlich für alle Rollen, die sich an biologischen Unterschieden festmachen, so auch für das „Wesen“ von Jugendlichen, Älteren, Kindern etc. Betroffen sind alle Vorstellungen: wie über diese Unterschiede gedacht wird, wie sie beschrieben werden, welche Funktionen und Wertigkeiten ihnen zugeordnet werden. Darunter fallen nicht nur die Vorstellungen von idealen weiblichen und männlichen Körpern, sondern auch die Entwicklung von Körpertechniken. In allen Kulturen werden zum Beispiel Vorschriften darüber entwickelt, wie eine richtige Frau und ein richtiger Mann zu gehen habe.

Pierre Bourdieu schildert in seinem Buch über die Kabylen die Vorschriften einer strikt männlich-patriarchalisch orientierten Kultur.[131] Für Männer war eine aufrechte Haltung geboten, ein fester Händedruck, ein bestimmtes und weit ausgreifendes Ausschreiten, all dies Anzeichen eines aufrechten ehrlichen Mannes. Für Frauen galt das Gegenteil mit der Implikation, dass sie eben dadurch signalisierten, von Natur aus nicht zu dieser Haltung fähig zu sein.

Körpertechniken werden im Übrigen sehr früh und nie wirklich bewusst entwickelt. So werden zum Beispiel in der klassischen balinesischen Kultur Babys von Anfang an nicht gehalten, indem man – wie bei uns üblich – Hals und Rücken unterstützt. Sie werden dadurch gezwungen, starke Hals- und Rückenmuskeln zu entwicklen, was später zu dem graziösen und aufrechten Gang führt, der in Bali als Schönheitsideal angestrebt wird.[132]

Wir denken, dass wir diese Haltung weit überwunden haben, und dies gilt natürlich für unsere offiziellen Kontexte. In unseren Alltagskulturen finden wir aber sehr wohl Reste davon. Wir wer-

---

131 Pierre Bourdieu: Entwurf einer Theorie der Praxis auf der ethnologischen Grundlage der kabylischen Gesellschaft, Frankfurt am Main 1979

132 Polhemus, The Body Reader, S. 49

den einige Beispiele im Bereich der Fitnesskultur beschreiben, in denen Frauen und Männer sehr unterschiedliche Körpertechniken praktizieren. Auch im Bereich des Dresscodes, vor allem bei der Wahl der Schuhe, die indizieren, wie Frauen und Männer mit ihrer Mobilität und Fortbewegung umgehen, treffen wir auf entsprechende Beispiele. In einer Untersuchung über die Präferenz von Männern und Frauen für bestimmte Schuhtypen fanden wir heraus, dass Männer nicht bereit sind, auch nur die geringste Einschränkung ihrer Beweglichkeit und ihrer Mobilität hinzunehmen, indem sie sich in unbequeme Schuhe zwängen. Im Übrigen haben sie auch Angst, über die Wahl ungewöhnlicher Farben und Formen zu signalisieren, dass sie homosexuell wären. Frauen hingegen lieben Highheels, lieben Schuhe, in denen sie nur schwer gehen können, die auf Dauer ihren Bewegungsapparat schädigen. Sie kaufen sie aber, weil sie sich darin ganz als Frau und sexy fühlen.[133]

Wenn wir die Vorschriften rund um den idealen weiblichen und männlichen Körper betrachten, seien es Inszenierungen in der Werbung, in Medien und Produktkulturen, so sehen wir, dass wir im Großen und Ganzen auf Schönheitsideale zurückgreifen, die aus dem 18./19. Jahrhundert stammen und dass wir teilweise auch die ideologischen Annahmen übernehmen, die sich mit diesen Körperbildern verbinden. Dies ganz unabhängig davon, dass die sozialen Rollen von Mann und Frau, ihre Chancen und Möglichkeiten zwar noch nicht gleich sind, aber doch weit entfernt von den Bedingungen des 19. Jahrhunderts. Die Alltagskultur konserviert jedoch diese alten Bilder.

Dass Menschen eigentlich nur ein Geschlecht haben, nämlich das männliche, und dass Frauen eine abgeschwächte Version dieses Geschlechtes sind – ihre männlichen Geschlechtsorgane seien

133 Die Signalwirkung von Schuhen. Qualitativ semiotische Untersuchung, durchgeführt im Auftrag der österreichischen Schuhwirtschaft von Karmasin Motivforschung, Wien 2008

im Körper verborgen, da sie nicht die Kraft hatten, nach außen zu treten –, wurde mit den bekannten Analogien von Herrschenden und Beherrschten von der Antike bis ins 18. Jahrhundert angenommen. Ab dem 18. Jahrhundert, in dem zum ersten Mal die Gleichheit von Menschen behauptet wurde, konnten diese Annahmen nicht mehr aufrechterhalten werden. Anatomen entdeckten nun grundlegende Unterschiede der zwei Geschlechter, die als größtmögliche Gegensätze gedacht wurden, was dann in der beginnenden Industrialisierung zu dem in Teilen noch heute vertretenen Vorstellungen führte, dass Frauen von Natur aus für das Haus, für die Familie und für die Kinder bestimmt seien, da sie auch über das entsprechende emotionale Kapital verfügten, Männer mit ihrer technisch-rationalen, aggressiv-autoritären Ausrichtung hingegen für alle Bereiche außerhalb des Hauses.

Das 19. Jahrhundert entwickelte dann auch Körperbilder, in denen männliche und weibliche Körper in strikten Gegensätzen gedacht wurden – Gegensätze, die wir bis in die Sechzigerjahre des vergangenen Jahrhunderts als gegeben hingenommen haben.

Wir haben dies im Kapitel über Körperkonzepte bereits detailliert ausgeführt: Der männliche Körper ist ein harter, unempfindlicher Körper, er ist quasi gepanzert, lässt keine Emotionen erkennen, nichts nach außen dringen, er fühlt nicht, schmerzt nicht, sein Besitzer setzt ihn ein, nimmt ihn aber quasi nicht zur Kenntnis. Parallel dazu wird das Verhaltensmodell „Mann sein" entwickelt, das vielfach in der Literatur dieser Zeit geschildert wird: Man hat alle Schicksalsschläge mannhaft und ohne zu klagen zu ertragen, man muss unter allen Umständen Haltung bewahren.

Der männliche Körper wird in der Kosmetikwerbung auch heute noch als ein Körper definiert, über den sein Besitzer jederzeit Kontrolle hat, er ist nicht unbotmäßig wie weibliche Körper, Männer zeigen ihre Körper auch heute noch in einer souveränen Pose, sie kontrollieren ihre Umgebung durch Blicke und werden selten als ein passiv hingegebenes Objekt dargestellt.

Beim weiblichen Körper des 19. Jahrhunderts sind alle Merkmale genau gegenteilig ausgebildet: Er ist fühlend, reizbar, nervös, weich, durchlässig. Frauen sind ein Spiel ihrer Emotionen, jederzeit zu Fürsorge und Liebe bereit, sexuell jedoch bedürfnislos oder gefährlich für Männer. Ihre Körper werden auch heute in vielen Anzeigen als permanent defizitär beschrieben, etwas an ihnen ist dauernd gefährdet, nicht in Ordnung. Diese Körper entwickeln ein Eigenleben und befinden sich nicht immer unter der Kontrolle der Person.

Wir erkennen hier wieder die alte Verbindung: Der Mann ist im Besitz von Wille und Vernunft, er beherrscht seinen Körper; die Frau ist ein Spielball ihrer Biologie und ihrer Emotionen, sie ist ihrem Körper unterworfen. Weibliche Körper werden als stärker mit ihrer Umgebung verschmolzen dargestellt und meist nicht als Schauende, sondern als Angeschaute präsentiert. Der männliche Körper wird als stark, hart, muskulös, vor allem im Bereich der Oberarme, des Brustkorbs, des oberen Bauches dargestellt; betont wird die Muskelschicht, die unmittelbar unter der Haut liegt. Bei Frauen geht es dagegen um die glatte Oberfläche, um die Haut, unter der man sich den Körper wie einen Hohlraum denkt.[134]

Diese Körperkonzepte lassen sich anhand der Trainingstechniken in Fitnessstudios gut beobachten. Besondere Aufmerksamkeit wird bei jedem Körpertraining auf den Bauch gelegt, der ja die weichste Partie des Körpers ist: Bei Frauen wird ein nicht vorhandener Bauch gefordert, bei Männern ein muskelbepackter, die Muskeln müssen als Sixpack sichtbar sein.

Der männliche Körper wird durch Qual und klaglos ertragene Anstrengung geformt und distanziert sich deutlich vom Körper der Frau. Männliche Körper sind „Power Bodies", Muskeln müssen „brennen" – eine Semantik, die bis hin zur Werbung für Heimwerkermärkte benützt wird. So warb die Baumarktkette

134 Vgl. dazu Claudia Benthien: Die Haut, Reinbek 2001

Hornbach mit einem Plakat, auf dem ein Heimwerker mit einem muskelbepackten, quasi entflammten Oberarm zu sehen war, mit der Überschrift „Muskeln müssen brennen“.[135]

Der weibliche Körper ist weich, empfindlich, fühlend, geöffnet, er wird durch Fleiß und viele Wiederholungen geformt. Es geht hier nicht darum, bestimmte Muskelpartien stärker hervortreten zu lassen, sondern seine neuralgischen Partien, nämlich Bauch, Gesäß, Oberschenkel, die zu weichen, ausladenden Formen tendieren, zu korrigieren, das heißt zu festigen, sehniger zu machen, von Fett zu befreien, sie näher an männliche Körper zu bringen, aber dennoch ihre weiche und glatte Haut zu erhalten. Frauen nehmen in vielfältiger Weise den Kampf gegen Cellulitis auf, die ihre glatte Haut durch ein Hervordringen der Fettzellen bedroht.

Die Kurse „Bauch, Beine, Po“, die von vielen Fitnessstudios angeboten werden, werden zu 80 Prozent von Frauen besucht, während Männer vorwiegend mit schweren Gewichten trainieren. Schmerzensschreie, Stöhnen während der Gewichtsaufnahme sind so gut wie immer nur von Männern zu hören. Wenn Männer zusammen trainieren, versuchen sie sich gegenseitig zu überbieten und anzufeuern. Frauen versuchen eher selten, ihre physische Belastbarkeit bis zum Äußersten zu steigern.

Das Konzept der hegemonialen Männlichkeit

Das Konzept der hegemonialen Männlichkeit stammt von dem englischen Autor Robert W. Connell.[136] Es geht davon aus, dass zu allen historischen Zeiten, speziell aber ab dem 18. Jahrhundert, ein Konzept von Männlichkeit entwickelt wurde, das als das

135 Vgl. dazu Body & Society 14/2008, S. 83: „Male bodies are texts of strength, authority and power.“ – „Männliche Körper sind Texte über Stärke, Autorität, Kraft.“

136 Robert W. Connell: Der gemachte Mann, Opladen 2000

vorherrschende und anzustrebende galt. Dieses Konzept diente dazu, Männer von Frauen abzusetzen, aber auch Männer untereinander, um echte, wirkliche Männer von nicht richtigen Männern zu unterschieden und diese zu Randgruppen zu stempeln oder auszugrenzen.

Das herrschende Konzept wurde in Zusammenhang mit den Leitwerten der jeweiligen Zeit konstruiert, jedoch als natürlich ausgegeben. So herrschte im 19. Jahrhundert ein an militärischen Idealen orientiertes Männerbild vor: ausdauernd, risikobereit, hart, schmerzunempfindlich, „gepanzert". Wie beschrieben, finden wir auch heute noch Nachwirkungen dieses Konzeptes, jedenfalls im Bereich der Fitnesskultur und Körperformung. Bemerkenswerterweise übernehmen Frauen in letzter Zeit einige Aspekte dieses Bildes: Sie entwickeln sichtbare Muskeln und betonen ihre körperliche Kraft. So führt etwa die Schauspielerin Jessica Biel als Ergebnis ihrer harten Traininganstrengungen aus: „Ich bin stark wie ein Mann!"

Abb. 37

Das bekannteste Beispiel für diese Entwicklung ist Michelle Obama. Kein anderer Aspekt an Michelle Obama wurde so häufig kommentiert wie die öffentliche Demonstration ihrer muskulösen Oberarme. Amerikanische Zeitschriften bezeichneten es als „shocking", dass eine First Lady ihre nackten Arme in der Öffentlichkeit zeigt, Kommentatoren gingen immer wieder darauf ein, dass diese Oberarme geradezu muskelbepackt seien – offenbar ein Ergebnis harten Trainings. Sie wurden zu einem Zeichen der Kraft, die man Michelle Obama zuschrieb, und gleichzeitig zu einem Zeichen, dass diese Frau hart und diszipliniert an ihrem eigenen Körper arbeitet. Ein nackter muskulöser Oberarm von Barack Obama hätte wohl kaum zu dieser öffentlichen Beachtung geführt (allerdings hätte er diesen auch in keinem denkbaren öffentlichen Kontext zeigen können).

Die Muskelschicht, um die sich Männer so bemühen, ist im Übrigen meist völlig funktionslos, wenn man berufliche Kontexte betrachtet. Der Anteil an Arbeit, für die man körperliche Kraft benötigt, geht laufend zurück. Sie hat zwar schon einen gewissen gesundheitlichen Nutzen, aber im Wesentlichen wird sie zeichenhaft eingesetzt.

Dass es eine ganze Reihe von Männern gibt, die dennoch das Ideal des muskelbepackten Mannes anstreben und vertreten und dafür beträchtliche Risiken auf sich nehmen, zeigt die Entwicklung des Marktes für Steroide und Anabolika, Hormone, die die Muskeln wachsen lassen.[137] Heiko Striegel, ein Mediziner der Universitätsklinik Tübingen, kam in einer Umfrage bei Mitgliedern von Fitnessclubs zu dem Schluss, dass von fünf Millionen Kunden in der Bundesrepublik Deutschland rund 500.000 Erfahrung mit Anabolika haben, die regelmäßigen Nutzer sollen rund 250.000 Personen, und zwar vorwiegend Männer sein. Eine andere Umfrage stellte fest, dass der Markt für Anabolika in der BRD derzeit 625 Millionen Euro jährlich umfasst. Die Risiken sind beträchtlich, sie reichen von Kreislauf- und Nierenproblemen bis zu Störungen der Fruchtbarkeit. Zur Korrektur von steroidbedingten Gesundheitsproblemen sollen laut einer Schätzung von Striegel von den Krankenkassen in der BRD jährlich zwischen 100 und 200 Millionen Euro ausgegeben werden.

137 Vgl. hierzu Jutta Hoffritz: Schleichendes Gift, Die Zeit, 24.07.2008

Abb. 38

Körperarbeit

Im Folgenden wollen wir der Frage nachgehen: Was können und müssen wir tun, um diesen schönen Körper zu erzielen? Glücklicherweise lässt uns weder der Markt noch die Wissenschaft mit dieser Frage allein.

Einer meiner Trainer verwendete zur Dekoration seiner Trainingsblöcke ein Bild, das einen Mann zeigte, der sich mithilfe eines Werkzeugs selbst aus einem Steinblock herausmeißelt. Sein muskulöser Oberkörper war bereits sichtbar. Das Bild hieß „selfmademan“ und es macht klar, worauf es im Bereich des schönen Körpers ankommt: Man hat hart an sich zu arbeiten, um diesen Körper zu erzeugen, und man erschafft sich durch diese intensive Arbeit selbst im Sinne eines Kunstwerks.

Viele Anweisungen zum Training und zur Körpermodellierung betonen diesen Aspekt und schildern an vielen Fallbeispielen, wie müde und schlappe Menschen mit dem entsprechendem Training und dem richtigen Essverhalten perfekte, kräftige und gesunde, bewunderungswürdige Körper erhielten. Niemand muss also hinnehmen, was die Natur für ihn vorhergesehen hat, mit entsprechender Körperarbeit kann jeder den Körper bekommen, den er sich wünscht und der ein Selbstzweck, wie ein Kunstwerk ist.

Dafür gibt es prominente Beispiele, allen voran Madonna. Zahlreiche Medien veröffentlichten ihr Fitnessprogramm, das mehrere Stunden am Tag einnimmt. Annlässlich ihrer letzten Tournee wurde ihr perfekt trainierter Körper mehr kommentiert als ihre Musik.

Auch die Gewinnerin eines deutschen Modellcontests, Sarah Nuru, führt aus, dass sie täglich Sport betreibt, um ihren Körper zu formen, und dass speziell ihre Bauchpartie dauernde Bearbeitung verlangt, was die Normalperson angesichts ihres perfekten Körpers mit Erstaunen zur Kenntnis nimmt.

Körperarbeit bedeutet im Wesentlichen ein spezifisches Essverhalten und Bewegung, ein Körpertrainingsprogramm.

Das Essregime besteht in einer permanenten Disziplinierung, die an die Vorschriften für eine durch Krankheit bedingte Ernährung denken lässt: Man hat nicht nur die entsprechende Kalorienanzahl zu kontrollieren, sondern auch zu entscheiden, welche Nahrungsmittel man wann und in welcher Zusammensetzung zu sich nimmt. Zwar variieren hier die Empfehlungen der Experten, im Allgemeinen wird aber auf einer genügenden Zufuhr von Eiweiß bestanden, das als unerlässlich für den Muskelaufbau gilt (wofür es auch speziell entwickelte Eiweißdrinks gibt, die einem das zeitraubende Kauen von Fleisch ersparen), sowie auf einer allgemein gesunden Ernährung, was eine genügende Menge an Gemüse und Obst, Vitaminen und Spurenelementen bedingt. Letztere kann man auch aus einer breiten Palette an Nahrungsergänzungsmitteln beziehen, die teilweise magische Wirksamkeiten versprechen. Als Nahrungsmittel, die strikt zu meiden sind, gelten Zucker und Fett, im Wesentlichen also genau jene Bestandteile, die in vielen Speisen die Träger von Genusserleben sind.

Die empfohlenen Diäten haben einen akzentuiert asketischen Aspekt. Empfohlen werden auch immer wieder Fastenkuren, um den Körper zu entschlacken, zu entgiften und allgemein abzuspecken. Alle diese Ernährungsvorschriften stehen im Dienst des individuell schönen und gesunden Körpers.

Auch andere Kulturen kennen Essvorschriften und Fastenanweisungen, setzen sie jedoch nie in diesem Ausmaß zur Formung des individuellen Körpers ein. Fasten wird sehr oft zur spirituellen Vervollkommnung praktiziert. Es ist aber dann wie in der moslemischen Kultur und auch in vielen Stammesgesellschaften mit einer Besinnung auf den sozialen Aspekt des Essens verbunden. So wird in der moslemischen Kultur das Fasten im Ramadan durch ein Festmahl gebrochen, zu dem man auch Bedürftige einlädt. In verschiedenen indianischen Kulturen galt jemand, der allein in seinem Zelt eine Mahlzeit einnahm, als krank oder verzaubert. Gegessen wurde in jedem Fall gemeinsam und das Essen wurde prinzipiell geteilt.

Die enge Verschränkung von Gesundheits- und Schönheitsintensionen existiert auch im Bereich der Bewegungs- und Krafttrainingsprogramme. Der offizielle Grund, um ein Fitnesscenter zu besuchen, besteht nach Auskunft der Besucher darin, dass sie etwas für ihre Gesundheit tun wollen, und die Zeitung, die letztlich das Schönheitsideal von Männern stützt, nennt sich „Men's Health". Aber: „Gesundheit ist schön", führt die Kosmetikwerbung vor, und die Bilder, mit denen Fitnesscenter werben, zeigen primär den schönen Körper.

Fitnesscenter stellen insgesamt eine charakteristische Einrichtung des Bemühens um den schönen und gesunden Körper dar. In Österreich gibt es derzeit rund 550 Fitnesscenter, davon 120 in Wien. 2009 setzte die Branche rund 250 Millionen Euro um und beschäftigte rund 5.500 Mitarbeiter. Die Zahl der eingeschriebenen Mitglieder beträgt rund 430.000 Personen, das sind rund fünf

Prozent der Bevölkerung. Österreich liegt damit im unteren Drittel in Europa, in Spanien trainieren 16 Prozent, in Deutschland zehn Prozent. Fitnesscenter gibt es in allen Preislagen, für gut qualifizierte betragen die Jahresbeiträge um 1.500 Euro. Der Frauen- und Männeranteil liegt bei rund 50 Prozent, der Großteil stammt aus mittleren bis oberen Schichten, die derzeit am stärksten wachsende Gruppe sind die über 50-Jährigen. Erwartet wird ein jährliches Wachstum des Gesamtmarktes von drei bis vier Prozent.

In den meisten Studios werden vielfältige Aktivitäten angeboten: Ausdauertraining, Krafttraining an Geräten, Yoga, Pilates, Rückentraining. Man kann allein oder in geführten Gruppen oder unter Anleitung eines privaten Trainers trainieren. Die qualitätsorientierten Studios bieten ärztliche Überwachung und Eingangsuntersuchungen an, in vielen gibt es ergänzende Ernährungsprogramme und mentale Coachingprogramme.

Fitnesscenter machen klar, dass hier wirklich ernsthafte Körperarbeit geleistet wird: Die meisten Besucher trainieren schweigend und konzentriert, auch die Gruppenstunden sind durchstrukturiert. Es herrschen spezifische Kleidungsvorschriften: enge, körperbetonte, aber nicht zu aufreizende Kleidung, es ist üblich, Flaschen mit sich zu führen, aus denen stets getrunken wird. Sowohl die Kleidung wie auch die Form der Flaschen und der mitgeführten Getränke wechseln in modischen Intervallen und erfordern, dass man sich dem anpasst, wenn man zur Ingroup gehören will.

Fitnesscenter kennen ihre Stars sowohl unter den Besuchern wie auch unter den Trainern, die man als individuelle Trainingsbegleitung engagieren kann und die sich dann intensiv um das Training, aber auch um die Ernährung, manchmal um die gesamte Lebensführung kümmern. Dies ist auch das Thema der umfangreichen Fitnessratgeberliteratur.

Fitnesscenter stellen ein gutes Beispiel für ein Dispositif dar, ein Konzept, das von Michel Foucault stammt und das wir bereits im Abschnitt über die Körperkonzepte beschrieben haben. Ein

Dispositif hat die Einübung in bestimmte Leitwerte zum Ziel. Es besteht aus einer engen Verschränkung von wissenschaftlichen Aussagen, moralischen Appellen, Verhaltensvorschriften, Konzeptionen des Wünschenswerten, einem bestimmten Raum- und Archtitekturkonzept.

Fitnesscenter basieren auf der Konzeption des gesunden und schönen Körpers, sie folgen wissenschaftlichen Aussagen zu Bewegung und Körperarbeit, sie fordern Regelmäßigkeit, Pünktlichkeit, Anstrengung, Ernsthaftigkeit, sie sind aber auch ein spezifisch gestalteter Raum, eine eigene Welt mit einer eigenen Atmosphäre: Sie sind (jedenfalls die guten unter ihnen) sauber, modern und schön, aber auch technisch, apparativ, rational durchgeplant, nicht sinnlich oder erotisch konnotiert, funktionell, ernsthaft – der richtige Raum für den Körper, der darin durch Anstrengung zum perfekten und ästhetischen Objekt geformt wird. Ihre Architektur gibt im Übrigen auch einen rituellen Prozess vor, durch den man in die Welt der Körperarbeit initiiert wird. Zuerst betritt man die Garderobe, einen liminalen Übergangsraum, in dem man sich seiner Alltagskleidung entledigt, für kurze Zeit nackt ist, die entsprechende, vorgeschriebene Kleidung anlegt, dann trainiert, hierauf duscht und sich wieder in eine Alltagsperson zurückverwandelt.

Hier wird auch der gewaltige Abstand deutlich, der ein Fitnesscenter von den Hallen oder Plätzen trennt, in denen Turnvater Jahn oder die Körperreformer des 19. Jahrhunderts ihre Turnübungen durchführten – wiewohl beides Orte waren, die der Ertüchtigung des Körpers dienten.

EXKURS: Disziplinierte versus fühlende Körper – Aerobic versus Pilates

Die Disziplinierung von Körpern, die durch Instruktion dazu angeleitet werden, sich gleichmäßig zu bewegen und geforderte Leistungen zu erbringen, und das Konzept des fühlenden, ganzheitlichen Körpers finden sich in Bewegungsprogrammen, die einmal dem Typ Aerobic, einmal dem Typ Pilates angehören. Für beide gibt es Angebote in Fitnessstudios sowie eine ausgedehnte Ratgeberliteratur.

Bewegungsprogramme vom Typ Pilates, sehr oft auch Yoga, stellen sich dabei in einen bewussten Gegensatz zum Typ Krafttraining bzw. Aerobic und machen dadurch klar, was ihr spezifisches Angebot ist. Betrachten wir dazu die Einleitung eines Trainingsbuches für Pilates.[138] Die Autorin stellt gegenüber:

Krafttraining/Aerobic	**Pilates**
• In der Gruppe	• Allein
• Alle führen die gleichen Bewegungen aus (oft mit Gewichten)	• Individuell, meinem Körper angemessen
• Angeleitet von einem Trainer, der Instruktionen gibt	• Ich selber gebe mir die Befehle
• Mit Musik, die über ihren Rhythmus die Gruppe koordiniert	• Ohne Musik, in Stille, Ruhe, ohne gleichmachenden Rhythmus, der Atem gibt den Rhythmus vor
• Schnell	• Langsam fließend
• Viele Wiederholungen	• Wenige konzentrierte Wiederholungen
• In Sportschuhen und Kleidung, die den Körper betont	• Ohne Schuhe, in bequemer Kleidung
• Die Muskeln werden „an der Oberfläche“ trainiert	• Die Muskeln werden in der Tiefe trainiert, sie sind lang, schlank, beweglich

138 Michaela Bimbi-Dresp: Das große Pilates-Buch, München 2006

- Das Ergebnis sind Kraft und kurze dicke Muskeln, ein „bulliger“ Körper

- Das Ergebnis sind ein neuer Körper, mehr Selbstbewusstsein, innere Kraft, trainiert werden Körper, Seele, Geist

Aerobic/Krafttraining besitzt dabei alle Charakteristika des disziplinierten Körpers, bei Pilates/Yoga verbinden sich die Aspekte des fühlenden Körpers mit denen des offenen und autonomen Körpers: Ich selbst bin in der Lage, mir einen neuen Körper zu geben, dessen Ziel es ist, in Harmonie und aus der inneren Mitte heraus zu leben. Dies sagt auch das bekannte Zitat von Joseph Pilates: „Nach 10 Stunden fühlen Sie sich besser. Nach 20 Stunden sehen Sie besser aus. Nach 30 Stunden haben Sie einen neuen Körper.“

Schönheitschirurgie/Medizinische Kosmetik

Wenn Körperarbeit nichts mehr hilft oder nicht schnell und intensiv genug, bietet sich die Schönheitschirurgie an oder medizinische Behandlungen wie Botoxspritzen, Peelings, Faltenunterspritzungen – man kann so jeden Körper schaffen, den man sich wünscht, jedenfalls wenn man über das notwendige finanzielle Kapital verfügt. Eine amerikanische Zeitschrift führte daher eine Zeitlang eine Kolumne mit dem Titel „Knifestyles of the rich and famous“.

Weltweit wurden 2009 einer Studie der internationalen Gesellschaft für plastische Chirurgie zufolge 17 Millionen chirurgische und nichtchirurgische Eingriffe durchgeführt. An erster Stelle stehen dabei Fettabsaugungen (18,8 Prozent), es folgen Brustvergrößerungen, Augenlidkorrekturen und Nasenkorrekturen. Bei den nichtchirurgischen Eingriffen führt Botox zur Lippenaufpolsterung.

Die Österreichische Gesellschaft für Plastische, Ästhetische und Rekonstruktive Chirurgie geht von rund 400.000 Schönheitsoperationen und Behandlungen im Jahr aus, die Dunkelziffer dürfte allerdings höher sein. In einer repräsentativen Studie, die wir für das Wiener Programm für Frauengesundheit durchführten, gaben acht Prozent der Frauen an, dass sie sich schon einer Schönheitsoperation unterzogen hatten, rund ein Viertel der Frauen können sich das für sich vorstellen. An der Spitze stehen Faltenbehandlungen, Gesichtsstraffungen, Nasenkorrekturen, dann Fettabsaugungen.

In einer anderen Studie stellten wir die Frage: Glauben Sie, dass Frauen/Männer eher ans Ziel kommen, wenn sie sexy aussehen oder wenn sie gescheit sind? 32 Prozent glauben, dass Frauen eher ans Ziel kommen, wenn sie sexy aussehen, während das für Männer nur zehn Prozent annehmen. Dafür glauben 74 Prozent, dass Männer eher ans Ziel kommen, wenn sie gescheit sind, aber nur 49 Prozent nehmen das für Frauen an – innere Werte spielen also sehr wohl eine Rolle, aber die geschlechtsspezifischen Unterschiede sind doch recht deutlich.

Für die Schönheitschirurgie ist es möglich, nahezu den gesamten Körper zu verändern: Busen zu vergrößern oder zu verkleinern, Fett abzusaugen, Nasen zu begradigen, Augenlider zu heben etc., bis hin zu der bereits beschriebenen Schamlippenkorrektur. Der Prachtkörper kann so auch operativ hergestellt werden. Dieser Körper ist im Übrigen ein europäisch westlicher Körper: Japaner zum Beispiel lassen sich Stahlstücke einsetzen, um größer zu erscheinen, um die europäisch gewünschte Größe zu erreichen, Schwedinnen lassen sich die Knochen brechen, um kleiner zu wirken.

Die Schönheitschirurgie steht nicht nur im Dienst, erotische Partner anzuziehen, dem inneren Selbst mehr zu entsprechen, Jugendlichkeit zu demonstrieren. Sie wird nach Auskunft der Befragten auch angewendet, um die beruflichen Chancen zu verbessern – wie schon ausgeführt: Bei gleicher beruflicher Qualifikation wird der physisch Attraktivere und jünger Aussehende gewählt.

Anders als Körperarbeit muss Schönheitschirurgie jedoch eher im Verborgenen durchgeführt werden – das erzielte Ergebnis muss natürlich wirken; nur wenige Frauen und eigentlich überhaupt keine Männer bekennen sich öffentlich dazu. Selbst Frauen, die mit 50 die faltenlosen Gesichter von 20-Jährigen haben, führen das öffentlich auf gute Gene und viel Wasser trinken zurück. Gefordert ist das Ideal der Sprezzatura, der inszenierten Natürlichkeit.

Es bestehen insgesamt deutliche geschlechtsspezifische Unterschiede. Frauen geben wesentlich mehr Geld aus, um die Dienstleistungen der Schönheitschirurgie in Anspruch zu nehmen; es ist für Frauen weitaus üblicher als für Männer, sich einer Schönheitsbehandlung oder -operation zu unterziehen. Diese Operationen, Behandlungen und Eingriffe scheinen auch notwendig, da der ideale weibliche Körper schwieriger zu formen ist als der ideale männliche Körper und weil er für Frauen auch einen höheren personalen und sozialen Gewinn bringt.

Frauen zielen auf die Beseitigung der Spuren des Alterungsprozesses, dann auch auf das Herstellen idealer Gesichtsausprägungen und auf den Aufbau einer schön geformten, prallen, aber nicht zu großen Brust. Dies wird sehr oft als Ausprägung der „docile feminity“ interpretiert, als Beweis, dass sich Frauen weitaus williger dem Diktat von Köpervorstellungen unterwerfen als Männer. In jüngster Zeit steigt jedoch die Anzahl von Männern, die diese Behandlungen in Anspruch nehmen: Nasenkorrekturen, Oberlidstraffungen, Fettabsaugungen, Botox, Entfernen von Pigmentierungen etc. Elf Prozent der Männer in Österreich können sich inzwischen eine Schönheitsoperation vorstellen.[139]

Michael Atkinson zeigt über qualitative Untersuchungen, dass Männer für diese Behandlungen sehr spezifische Motivationen angaben, die sich von denen von Frauen unterschieden.[140]

139 Format 3/10, S. 80

140 Michael Atkinson in: Body & Society 14/1, 30.07.2008, S. 67

Männer begründen ihr Verhalten über die Konstruktion einer idealen Männlichkeit, es stellt aber auch eine Antwort auf den Verlust einer früher als selbstverständlich angesehenen männlichen Überlegenheit dar, die ja in vielen Kontexten verstärkt angegriffen wird. Mit Norbert Elias könnte man behaupten, dass der Beginn der Moderne dadurch markiert war, dass man versuchte, eine naturgegebene Männlichkeit zu zähmen, dass aber nun bei Männern das Bedürfnis entsteht, ihre Männlichkeit neu zu definieren, und dies tun sie auch, indem sie ihre Körper „reframen", sie also dahingehend formen, dass eine machtvolle, vitale Männlichkeit entsteht, die dem Körperbild des männlichen Kraftkörpers folgt. Dies kann eben auch künstlich hergestellt werden, wenn der Körper bestimmte Altersgrenzen überschritten hat oder von Natur aus keine Anlagen dazu zeigt. In den subjektiven Erklärungen der Männer erscheint ihr neu gewonnener Körper aber immer unter dem Bild des klassischen männlichen Körpers.

Dass Männer ihre traditionell definierte Männlichkeit in Frage gestellt sehen und Gegenstrategien ergreifen, die diese immer wieder herzustellen suchen, ansatzweise sich auch dem Verhalten von Frauen annähern, zeigen im Übrigen auch drei neue Medien: „Gala Men" will Männer erreichen, die sich für Style und Schönheit interessieren, „Beef" Männer, die sich fürs Kochen begeistern, und „Business Punk" Geschäftsleute, die trotzdem „echte Kerle" sein wollen, wie die „Zeit" befand.[141]

Kosmetik und das Drama der Haut

Halten Sie es für möglich, dass eine Gesichtscreme für 600 Euro Käuferinnen findet?

Man mag das für verwerflich oder zynisch halten, aber es ist durchaus der Fall, wenn auch natürlich in geringem Umfang.

---

141 Chris Köver: Braucht der Mann ein Frauenblatt? Die Zeit, 22.10.2009

Was müssen wir voraussetzen, damit so etwas funktioniert?

Menschen zahlen für das, was ihnen emotional teuer ist. Wie groß muss also die Sehnsucht nach dem sein, was diese Creme verspricht?

Und wiederum: Es kann sich nicht nur um einen ganz individuellen Wunsch handeln, es muss auch ein gesellschaftliches und kulturelles Umfeld vorliegen, in dem ein solcher Wunsch sinnvoll ist.

Es muss Normen, Konzeptionen des Wünschenswerten geben, kulturelle Fantasien, Vorgaben, Belohnungen, den Glauben an bestimmte Prozeduren und Verfahren etc. – es muss das ganze kulturelle Repertoire aktivert werden, das alltägliches Verhalten regelt und das wir in Bezug auf den perfekten Körper schon mehrfach kennengelernt haben.

Die Märkte der pflegenden und dekorativen Kosmetik sind große Märkte, die von Weltkonzernen beherrscht werden. Sie entwickeln laufend neue Produkte und sie verbinden diese Produkte mit spezifischen Namen, Packungen, Werbestrategien. Anders als bei den Produkten des Gesundheitsbereichs wird hier bei der Inszenierung der Produkte umfangreicher Gebrauch von semiotisch-rhetorischen Verfahren gemacht.

Die Zielgruppe sind primär Frauen, es gibt zwar auch Produkte für Männer, jedoch in bescheidenem Ausmaß und ganz selten auf dem Gebiet der dekorativen Kosmetik. Sowohl in dieser Tatsache wie in den Argumentationen der Werbung kommen deutlich die unterschiedlichen Vorstellungen von männlichen und weiblichen Körpern zum Ausdruck.

Der Einsatz von Kosmetik hat primär das Ziel, das Gesicht optimal zu gestalten: Dekorative Kosmetik, also das Schminken und alles, was für das Aussehen von Haaren und Zähnen getan wird, gestaltet die Schauseite zur Gesellschaft hin, pflegende Kosmetik konzentriert sich auf die Behandlung der Haut.

Wenn wir die Ergebnisse der Attraktivitätsforschung betrachten, also gut belegte Urteile darüber, was als schönes Gesicht bewertet wird, so ist ein ganz wesentlicher Faktor die glatte und makellose Haut, was, wie in dieser Forschungsrichtung üblich, damit begründet wird, dass makellose Haut auf gute Gene verweist.[142]

Die Haut ist ein liminales Organ, sie stellt eine Grenze dar, den Übergang von einem Äußeren zu einem Inneren, sie ist also eine Zwischenzone – das ganze Drama der Haut, das in der Kosmetikwerbung entfaltet wird, spielt sich in dieser Zwischenzone ab und spielt mit ihrer Bedeutung. Die Haut bildet die Schicht, die den Körper nach außen abschließt, die das Innere des Körpers schützt, die ihn aber auch fühlend mit seiner Umwelt in Kontakt bringt. Sie umschließt also den Menschen und in manchen tiefenpsychologischen Traditionen ist sie die Hülle, die den Menschen in seiner Identität zusammenhält, dies bezeichnet die Psychoanalyse als Skin Ego, als Haut-Ich.[143]

Die Haut erhält im Diskurs der Kosmetik eine geradezu dramatische Bedeutung, und zwar deshalb, weil sie als permanent gefährdet geschildert wird. Sie ist von außen und innen bedroht, sie kann rissig sein, trocken, gereizt, empfindlich, gerötet. Vor allem aber: Sie zeigt untrüglich das Alter der Besitzerin an. Sie kann nicht verborgen werden, ist uneingeschränkt den Blicken der anderen ausgesetzt. Dieser Blick wird vielfach dargestellt: ganz nah, auf kleine Areale der Haut gerichtet, die in mikroskopischer Vergrößerung die wahren Verhältnisse in diesem Bereich zeigen. Als Idealzustand der Haut wird definiert: glatt, zart, streichelweich, faltenlos, makellos, straff, natürlich schön.

In sämtlichen Diskussionen rund um den schönen Körper wird jedoch postuliert, dass auch ein natürlich schöner Zustand immer noch gesteigert werden kann, natürlich schön ist also nicht schön genug, und auch, dass unter der Oberfläche des Perfekten schon die Schädigungen lauern. So gibt Liftactiv von Vichy an, gegen dauerhafte Falten zu wirken, gegen vorübergehende, aber

142 Renz, Schönheit, S. 71

143 Didier Anzieu: Das Haut-Ich, Frankfurt am Main 1992

auch gegen vorprogrammierte, die jetzt noch gar nicht sichtbar sind.

So vielfältig die Produkte, Marken und die Anzeigen dafür auch auftreten, sie behandeln mehrheitlich ein Problem: Die Haut kann altern und dieser Prozess muss gestoppt werden. Es gibt eigentlich nur ein einziges anderes Problem, das genannt wird, nämlich die Trockenheit der Haut. Genau besehen handelt es sich aber auch dabei um einen Teildiskurs des Alters. Jugend wird immer mit dem Feuchten korreliert, Alter mit dem Trockenen – eine trockene Haut ist demnach der Beginn einer alternden Haut und man nimmt auch an, dass dieser Hauttyp schneller altert.

Alle anderen Argumentationen stützen sich auf den liminalen Charakter der Haut, auf ihre Eigenschaft als Zwischenzone. Sie stellen dies jedoch weniger im Sinne eines Außen und Innen dar, sondern im Sinne von Oberfläche und Tiefe.

Tatsächlich besitzt die Haut zwei Schichten:

- die Epidermis, die nach außen gerichtete Schicht, die sich periodisch erneuert und immer wieder in Schuppen abgestoßen wird
- die Cutis, die nach innen gerichtete Schicht, die in das Innere des Körpers führt und allmählich in ihn übergeht

Alle Produkte begründen ihre Wirksamkeit damit, dass sie weit in das Innere vordringen, in die innere Schicht, von der man sich vorstellt, dass hier die Erneuerungsvorgänge ihren Ausgang nehmen bzw. dass von hier aus Verfallserscheinungen gestoppt werden können.

Gleichzeitig gibt es auch den Prozess des Peelings, bei dem die Haut von abgestorbenen Schuppen befreit wird, sodass Wirkstoffe in das Innere eindringen können, und die Tiefenreinigung, da sich in der Tiefe Schlacken ansammeln – wir kennen das Thema der Entschlackung, Entgiftung, das stattfinden muss, bevor das Neue wirksam werden kann. Eigentlich ist dies das Thema

Abb. 39

der Wiedergeburt, das auch von einer Reihe von Anzeigen explizit angesprochen wird. So fragt eine Anzeige von Juvena, in der eine neue Creme vorgstellt wird: „Create fresh, new skin? Now you can. Juvena.“

Betrachten wir im Folgenden eine Anzeige näher, die viele der relevanten Codes dieses Bereichs zeigt:

Abb. 40

Als Trägerin der Aussagen erscheint die Schauspielerin Veronica Ferres, die auch den Großteil des Bildes einnimmt. Sie spricht davon, dass sie eine Anti-Age-Creme benützt, gezeigt wird sie aber mit einem schönen, völlig faltenfreien Gesicht und blonden, leicht lockigen Haaren.

Dies ist eine durchwegs übliche Praxis: Anders als im Bereich des Körpers, wo der Negativzustand, der dicke Körper, sehr wohl dargestellt und dem idealen Körper gegenübergestellt wird, zeigt Kosmetikwerbung so gut wie nie alte, faltige oder hässliche Gesichter. Die abgebildeten Frauen sprechen zwar davon, dass sie alt sind oder etwas gegen ihr Alter unternehmen, aber sie erscheinen niemals als alt. Die Verwüstungen des Alters finden sich nur im Text, der im Detail aufzählt, was alles geschädigt ist, und sie finden sich in den kleinen Hautarealen, die als kleine abstrakte Illustrationen gezeigt werden. Diese Illustrationen folgen dem medizinischen Code – so könnte das Problem auch in einem Handbuch für Medizin dargestellt werden.

Altern ist also ein Prozess, der mit der eigentlichen Person nichts zu tun hat, der sich vielmehr auf der Ebene ihres biologischen Körpers abspielt. Die Person erscheint in vielen dieser Anzeigen unter einer spezifischen Variante des dualistischen Körperkonzeptes: Es gibt eine eigentliche, innere Person und einen Körper, der gleichsam davon abgespalten ist. Dieses Eigenleben des Körpers, das hier am Beispiel der Haut verdeutlicht wird, stellt die Haut als einen Agenten vor, der eigene Bedürfnisse hat: „Empfindliche Haut hat Durst auf Gesundheit“, sagt Vichy, der zu kognitiven Leistungen in der Lage ist: „Empfindliche Haut spürt nicht nur, was drin ist, sondern auch was nicht“ (Kneipp).

Vor allem aber: Die Haut ist der Zeit unterworfen, sie altert und ist damit nicht mehr in der Lage, korrekt zu funktionieren. Wie wir mehrfach gesehen haben, ist dies ein Zustand, den wir von unseren kulturellen Voraussetzungen her nicht bereit sind zu akzeptieren, den wir scheuen und daher von uns abzuspalten versuchen.

Der Körper führt also ein Eigenleben und die Person muss sich bemühen, ihn unter Kontrolle zu bringen. Der eigentlichen Person würde ein idealer Körper entsprechen: jung, invariant schön, der Zeit enthoben, sakral. Das Ziel der Behandlungsvorgänge ist es, den realen Körper dem idealen Körper anzunähern. Indem die Person ihren Körper pflegt, mit großer Achtsamkeit behandelt, bringt sie ihr inneres Ich und ihren Körper zur Deckung und entwickelt den idealen Körper.

Als Helferfigur in der Anzeige für Diadermine ist ein ärztlicher Experte aufgebaut, Dr. Caspari. Er ist nicht blond, sondern braun, was durchgehend die für Männer gewählte Haarfarbe ist. Er ist der wissenschaftliche Experte, der die Mittel zur Umkehrung des Altersprozesses entdeckt hat. Eine umgekehrte Rollenverteilung wäre auch heute noch nicht denkbar: eine weibliche Wissenschaftlerin, die etwas für ein Körperdefizit eines Mannes entwickelt. Im Bereich der Populärkultur sind Frauen weiterhin die ihrer Biologie Verpflichteten und Männer die Träger von Wissenschaft und Rationalität.

In der Argumentation dieser Anzeige mischen sich der wissenschaftliche und der ökonomische Code. Der ökonomische Code verspricht eine schnelle und effiziente Lösung, er operiert immer mit Zahlen: Die Haut sieht um bis zu zehn Jahre jünger aus und das in nur sechs Wochen. Andere Anzeigen sprechen davon, in vier Wochen zehn Jahre an Jugendlichkeit zu gewinnen etc. Dies ist ein Versprechen, wie es heutigen Produktionsbedingungen entsprechen würde, es enthält aber auch eine magische Komponente: Jede Magie muss schnell, eigentlich sofort beobachtbar wirken.[144] Andere ökonomisch konnotierte Beweise bestehen im Zitieren von Umfragen: 88 Prozent der Frauen haben eine Verbesserung der Hautstraffung bemerkt, 75 Prozent ein Verschwinden der Falten etc.

144 Vgl. hierzu Robert Pfaller: Das schmutzige Heilige und die reine Vernunft, Frankfurt am Main 2009

Der zweite Code, der nahezu durchgehend verwendet wird, ist der Code der Wissenschaft und der Medizin, im Speziellen der Code der Gentechnologie. Jedes Produkt tritt mit dem Versprechen auf, eine bahnbrechende neue Entdeckung gemacht zu haben, und beruft sich dabei auf firmeninterne Laboratorien, Forscher, Experten, Ärzte. Die Wirkstoffe und Wirkverfahren sind immer wissenschaftlich medizinisch konnotiert: Methode dermo-ident, Youth Surge SPF 15, Liftactiv Retinol HA, Anti-Falten Treatment, Q10.

Die Leistungen bestehen summarisch ausgedrückt darin, den Alterungsprozess aufzuhalten, hinauszuzögern, teilweise rückgängig zu machen. Begründet wird dies mit dem Vermögen der Produkte, bis in die Tiefe der Haut vorzudringen, sowie unmittelbar in die Struktur der Zelle oder in den Kommunikationsfluss der Zellen einzugreifen. Dieser Eingriff erscheint dabei meist als eine Unterstützung oder Anregung der Eigenleistungen der Haut: „Vichy entdeckt das biologische Lifting. Hilft der Haut, sich selbst zu liften." Biotherm SKIN VIVO „deaktiviert den Hautalterungsprozess und stimuliert das Entstehen neuer Zellen. Die einzigartige Verbindung von reinem Thermalplankton und dem kraftvoll natürlichen Aktivwirkstoff Reverserol SV hilft Mikroschäden an der DNA zu reparieren, reaktiviert die für die Zellprozesse verantwortlichen Gene und stimuliert das Entstehen neuer Zellen."

Diese Stimulation der Zellerneuerung, die in vielen Produkten erwähnt wird, lässt unmittelbar an den Forschungsbereich der Gentechnologie denken, deren Diskurs immer wieder zitiert wird. Eine Pflegeserie von Lancaster spricht dies unmittelbar an: „Wie wäre es, wenn Ihre Haut bis zu 15 Jahre jünger wirken könnte? Retinology Total Age solution. Ein einzigartiger Durchbruch: Aktiv Retinol wird in das Herz der Zelle transportiert dank des Intra-Cellular-Systems, einem neuartigen Transportsystem, inspiriert von der Gentherapieforschung."

Gentherapie wird hier durch die Entdeckung permanenter Zellerneuerung unmittelbar mit der Utopie von ewiger Jugend verbunden, ein Anspruch, der auch von manchen wissenschaftlichen Standpunkten dieser Disziplin als nicht völlig unrealistisch erklärt wird.

Lancome Génifique bringt es auf den Punkt:

- Grundlegender wissenschaftlicher Durchbruch: Génifique
- Jugendlichkeit aktivierende Pflege
- 10 Jahre Forschung
- Stimulieren Sie die Produktion der „Jugend"-Proteine mit Génifique
- Mit jedem Tropfen ist die Haut mit neuem Leben erfüllt – strahlend vor Jugendlichkeit

Abb. 41

Der Kosmetikdiskurs unterscheidet sich damit grundlegend vom Gesundheitsdiskurs, den wir im Bereich der frei verkäuflichen Medikamente kennengelernt haben: Dort herrscht ein eher mechanistisches Körpermodell, der Körper wird als Maschine gesehen, die durch die Zufuhr geeigneter Wirkstoffe auf einfache Weise in ihrem Funktionieren unterstützt werden kann. Hier wird ein weit anspruchsvolleres wissenschaftliches Modell zugrunde gelegt, eines, das auf neuesten medizinischen Erkenntnissen beruht und sich auf der Ebene der Zellen und der Selbststeuerungsmechanismen des Körpers bewegt. Wenn es um den Kampf gegen das Alter geht, ist es offenbar notwendig, zu weit komplexeren Wirkungsverfahren zu greifen.

Ein weiterer Unterschied wird deutlich: Im Gesundheitsdiskurs wird der Natur, ihren Wirkstoffen und Wirkverfahren eine zentrale Stellung eingeräumt; diese gelten oft als per se wirksam. Nicht so, wenn es um die Beeinflussung der Haut, um den Erhalt der Jugendlichkeit der Haut geht. Zwar gibt es Naturkosmetik, die ausschließlich natürliche Wirkstoffe propagiert, sie spielt aber eine vergleichsweise kleine Rolle im Bereich der Werbung, sondern wird eher in speziellen Geschäften verkauft, die ihre Legitimation oft aus einer wissenschaftlichen Anmutung beziehen. So vertreiben zum Beispiel die Geschäfte der Kette „Saint Charles" ausschließlich Naturkosmetik, sie treten jedoch mit der Anmutung einer Apotheke auf und stellen ihre Produktlinien auch oft im wissenschaftlichen Duktus vor, selbst wenn sie natürliche Bestandteile enthalten. Eine dort vertriebene Produktlinie nennt sich „Organic Pharmacy".

Im Bereich der Werbung wird die Glaubwürdigkeit der Wirkung oft durch die Stärke der Marke unterstützt, so handelt es sich bei Guhl um eine bekannte Marke. Die Wirksamkeit wird jedoch durch eine malerische Darstellung der Inhaltsstoffe vermittelt.

Insgesamt aber ist der Mythos der Wissenschaft, verstanden als permanente Innovation und Effizienzsteigerung, in diesem Bereich der Kosmetik weit stärker.

Abb. 42

Neben dem Thema der Jugendlichlichkeit durch Zellerneuerung spielt das Thema Wasser eine große Rolle. Es wird eine breite Semantik des Wassers entfaltet. Wasser legt eine Schicht um die Haut, es befeuchtet, erneuert, kühlt und verjüngt. Wasser wirkt belebend und schützend, aber es gleicht auch wieder ein Defizit der Haut aus: Die Haut verliert dauernd Feuchtigkeit und wird dadurch empfindlich und trocken. Wasser muss von außen zugeführt werden. Vichy schildert das wieder als Wirkung bis in die Zellen hinein, die von winzigen Mikrokapseln von Wasser befeuchtet werden.

Obwohl sich diese Serien eigentlich an jüngere Frauen richten, ist ihnen doch bereits ein Hinweis auf das Altern eingeschrieben. Clinque Youth Surge SPF 15 spricht dies unmittelbar an:

Abb. 43

Die Wirkstoffe, die hier erwähnt werden, stammen von einer Wasserschildkröte, sie erscheinen in der Creme aber als SPF 15 – ein schönes Beispiel für die Umwandlung natürlicher Wirkstoffe in etwas kulturell Bedeutsames: „cooked nature".

Alle Leistungen, die die Produkte erbringen, sind an Wirkstoffe geknüpft, auch Kosmetik ist eine „cuisine alchemique".

Wir finden vier Klassen von Wirkstoffen:

- wissenschaftlich medizinisch anmutende Wirkstoffe, die oft auf Erkenntnisse der Gentherapie anspielen – sie machen die Hauptmenge aus
- natürliche Wirkstoffe, die in Wissenschaft überführt wurden: cooked nature
- natürliche Stoffe wie Wildrose, Lotus
- und eine Klasse, die charakteristisch nur für diesen Bereich ist: ganz edle und seltene Stoffe wie Diamanten, Gold, Perlen, Kaviar

Abb. 44

Abb. 45

Abb. 46

Hier wird offenbar weder der Code der Wissenschaft noch der der Natur bemüht, sondern ein sehr alter Code, der magische Konnotationen hat. Die alte Populärmedizin ging immer von der Annahme aus, dass edle, vornehme Menschen mit edlen Bestandteilen behandelt werden müssten, während das Volk mit heimischen Pflanzen und Wurzeln das Auslangen findet. Eine ähnliche Argumentation liegt dieser Klasse von Wirkstoffen zugrunde.

Es handelt sich bei diesen Produkten ausnahmslos um sehr teure Cremes, die es nur bei Luxusmarken gibt. Sie argumentieren nur ansatzweise mit wissenschaftlich bewiesener Wirkung, verlassen sich vielmehr auf den Glauben an die Wirksamkeit der besonderen, edlen und seltenen Stoffe. Außerdem gehen sie auch von einer Ähnlichkeitsmagie aus: Allen diesen Stoffen ist eine edle Oberfläche und ein Glanz eigentümlich – genau so soll die perfekte Haut erscheinen.

Die Leistungen, die alle diese Wirkstoffe erbringen, sind:

- Sie durchdringen die obere Hautschicht und arbeiten in der Tiefe.
- Sie wirken auf dem Niveau der Zelle.
- Sie helfen der Haut, ihre Funktionen wiederaufzunehmen, die sie zeit- und situationsbedingt verloren hat.
- Sie reparieren Schäden, polstern auf, straffen, lassen eine ebenmäßig schöne Oberfläche entstehen.

Kosmetik und Mann/Frau-Stereotype

Der Großteil der Produkte dieses Bereichs richtet sich an Frauen. Damit wird auch eine spezifische Sicht auf den weiblichen Körper eingenommen. Dies wird besonders deutlich, wenn man Anzeigen betrachtet, die Kosmetik für Männer propagieren, ein zwar kleiner, aber durchaus existenter Teilbereich.

Vom Biologischen her weist auch Männerhaut Probleme auf, auch sie kann gereizt sein, trocken, gerötet, sie wird durch Sonne geschädigt, und sie kann altern und Falten bekommen. Man könnte also auch hier kommunizieren, dass die Haut ein Eigenleben führt, dass sie nicht der Kontrolle des Besitzers unterliegt, dass sie permanent gefährdet ist, dass sie mikroskopisch genau beobachtet werden muss, dass immer Anstrengungen unternommen werden müssen, um sie in einem perfekten Zustand zu erhalten.

Dies ist allerdings nicht die Einstellung, die unsere Alltagskultur Männern nahelegt, im Gegenteil, ein Mann, der so über seine Haut kommunizierte, würde ein seltsames Bild von Männlichkeit entwerfen. Männern wird nach wie vor eine Panzerhaut unterstellt, die klaglos funktioniert, sie haben sich weder mit Angst noch mit Achtsamkeit ihrer Haut und ihrer Körperoberfläche zuzuwenden. Wir finden hier keine Beispiele von mikroskopisch kleinen Gefährdungen, von permanent zu beobachtenden Defiziten, und wir finden auch kaum Beispiele von Wirkstoffen, die auf dem Boden der Wissenschaft und Gentherapie spezifisch für die alternde männliche Haut entwickelt wurden, Wirkstoffe, von denen behauptet wird, dass sie den Prozess des Alterns aufheben.

Produkte für den schönen männlichen Körper, für die männliche Haut versprechen Aktivität, Energie, Lebendigkeit, Frische, Erfrischung, Glättung, Nahrung. Charakteristisch für viele andere: Biotherme Homme.

Der männliche Körper ist mit einer nach außen gewandten, raumgreifenden Komponente verbunden, mit Kraft und Energie. Der weibliche Körper erscheint unter dem alten Bild eines defizitären Körpers, als permanent gefährdet, von Makeln bedroht, die unsichtbar unter der Oberfläche liegen können, er führt ein Eigenleben und ist nicht der Kontrolle seiner Besitzerin unterworfen.

Ähnliches wird auch deutlich, wenn wir die Kommunikationsmuster betrachten, in denen männliches und weibliches Pflegeverhalten beschrieben wird. Gloria Grigoleit hat dazu eine

Abb. 47

Analyse von zahlreichen Kosmetikanzeigen vorgenommen, deren Ergebnisse kurz rekapituliert seien.[145]

Männer erscheinen in den meisten Fällen als Personen, die den Betrachter anblicken, sie werden nicht angeblickt, sondern haben quasi die Kontrolle über ihr Gesichtsfeld. Sie sind braun, nicht blond wie die meisten weiblichen Modelle, sie haben kantige, härtere Gesichter. Sie sind gegen ihre Umgebung scharf abgegrenzt. Für Männerkörper sind Präsentationen möglich, die an antike Statuen erinnern.

Es gibt einige Präsentationen des weiblichen Körpers, die für Männer ausgeschlossen sind: Frauen können mit ihrer Umgebung verschmelzen, so gibt es zahlreiche Darstellungen, in denen Frauen in Blütenmeere oder Naturszenerien gebettet erscheinen, Frauen nehmen an kindlichen Spaßwelten teil, sie können bei ihren Pflegevorgängen kindlich verspielt sein.

Männer dominieren dagegen Naturräume oder der Naturraum erscheint als Spiegel ihrer inneren ungezähmten Natur, an-

---

145 Gloria Grigoleit: Chloe's secret. Schönheit in der Werbung – Inszenierung und Bedeutung. Schriftliche Hausarbeit zur Erlangung des Grades eines Magister Artium der Philosophischen Fakultät der Christian-Albrechts-Universität zu Kiel, 2009

sonsten sind sie stets mit Räumen von Erfolg, Leistung, Dominanz korreliert.

Weitergeführt wird also auch in diesen Präsentationen eine aus dem 18. Jahrhundert stammende Differenzierung des Konzeptes der Schönheit nach Edmund Burke. Schön ist das Erhabene und schön ist das Liebliche. Das Erhabene ist dem Konzept der Würde nahe, es verweist auf innere Werte und ist mit dem Männlichen korreliert, das Liebliche ist ein gefälliges Oberflächenphänomen ohne Tiefgang, es ist mit dem Weiblichen verbunden.

Vor allem aber: Wenn Männer Kosmetika benützen, wird dies speziell im Werbefilm immer mit Erfolgen belohnt; sie gewinnen dadurch die Bewunderung einer Frau oder sozialen Erfolg, sie tun es nicht, weil sie eklatante Mängel wahrnehmen.

Genau darin liegt der Unterschied: Frauen können durch kosmetisches Handeln sehr wohl Erfolge erzielen, die hauptsächlich dargestellte Motivation fast im gesamten Bereich der Werbung lässt jedoch genau diesen Aspekt aus – weder die Bewunderung von Männern noch sozialer Erfolg wird dargestellt. Es wird also nicht gezeigt, warum oder für wen die Frau attraktiv sein möchte. Schön, perfekt, attraktiv zu sein wird vielmehr als Selbstzweck gesetzt. Das ist die ideologisch normative Anforderung der Kultur an die Frau, die sie allerdings als Eigenmotivation übernimmt: „Weil ich es mir wert bin“, definiert L'Oréal.

Die Frau ist demnach aufgerufen, ihren defizitären Körper von sich abzuspalten, ihn unter Kontrolle zu bringen und durch Behandlungsvorgänge an den idealen Körper anzunähern, der ihrer eigentlichen inneren Person entspricht – die Person besteht so gesehen in der Jagd nach dem eigentlichen, dem idealen Körper, und dies ist der Körper einer jungen und fruchtbaren Frau.

Im Bereich der Alltagskulturen spiegelt sich also keineswegs die Entwicklung der modernen Geschlechterkonzeptionen, sie geben vielmehr die Vorstellungen des 18./19. Jahrhunderts wieder, die wir auf sozialem und politischen Gebiet längst überwunden haben.

Bemalte Haut/Dekorative Kosmetik

Zu einem schönen Körper gehört auch eine adäquate Präsentation. Diese wird durch ein hochkomplexes Zeichensystem, durch hinzugefügte Objekte bewerkstelligt, aber auch durch die Gestaltung und Bemalung des Gesichtes, die auf höchst kunstvolle Weise Natürlichkeit signalisieren muss.

Hier geht es um die Schauseite des Körpers, um die Gestaltung des Körpers für die Gesellschaft, für den öffentlichen Raum. Dies umfasst ein ganzes Set von Praktiken: Frisur, Bekleidung, Schmuck, Accessoires etc. Wir wollen davon einen Aspekt herausgreifen: das Schminken, die Gestaltung des Gesichtes durch „Bemalung".

Auch dies ist ein universal geübter Vorgang: Gesichts- und auch Körperbemalung ist in vielen Stammesgesellschaften üblich und oft auch zwingend, sobald eine Person den öffentlichen Raum betritt. Sie dient einer Reihe von Funktionen: Sie kann den Rang anzeigen, die Zugehörigkeit zu einer bestimmten Gruppe, die Einfügung in einen Kontext, sie kann magische und rituelle Funktionen übernehmen, sie ist aber auch einfach als Merkmal einer zivilisierten Person gefordert, die einige Sorgfalt auf die Dekoration ihres Körpers verwenden muss, bevor sie sich in der Öffentlichkeit zeigt. Natürlichkeit war bei vielen Naturvölkern ein Zustand, den man mit aller Anstrengung zu überwinden trachtete.

In unserer eigenen Kultur gibt es Epochen, die relativ massive Bemalungen kannten, und solche, in denen das verpönt war. So wurden die Gesichter der oberen gesellschaftlichen Schichten, egal ob männlich oder weiblich, im Barock unter einer dicken Schicht von Schminke versteckt, die zumindest symbolisch den Sinn hatte, die affektiven Regungen im Inneren zu verbergen, es dem Gegenüber schwer zu machen, im Gesicht zu lesen. Im 18. Jahrhundert, als das Ideal der Natürlichkeit Geltung beanspruchte, wurde auch für das Gesicht ein völlig natürliches Aussehen postuliert: Es sollte nun unmittelbar die Seele spiegeln. Das 19. Jahrhundert vertiefte durch Schminkpraktiken den Unterschied zwischen Männern und Frauen und auch zwischen ehrbaren und nicht ehrbaren Frauen. Für Männer war Schminken verpönt, ebenso wie für ehrbare Frauen. Eine sichtbare und auffällige Schminkpraxis war allenfalls für Kurtisanen gestattet, bzw. eine beobachtbar geschminkte Frau riskierte, als nicht ehrbar wahrgenommen zu werden.

Ansatzweise führen auch heutige Regelungen diese Vorschriften weiter: Trotz aller Bemühungen der Kosmetikindustrie gelingt es nicht, Männer zu irgendwelchen Schminkpraktiken zu bewegen – das männliche Gesicht wird prinzipiell ungeschminkt präsentiert. Allenfalls ist eine leichte Bräunung gestattet, die jedoch immer von Sonne und nicht von Make-up herrühren muss.

Auch für Frauen gilt das Verbot allzu offensichtlicher Schminkvorgänge. Die Norm ist das natürlich wirkende Gesicht, bei dem jedoch einzelne Partien in spezifischer Weise akzentuiert werden, jedoch so, dass das Ideal der Sprezzatura beachtet wird: Man darf dem Gesicht die Verschönerungs- und Gestaltungpraktiken nicht allzu deutlich ansehen. Eine zu „dicke Schminke“ gilt als vulgär, sie signalisiert Unterschicht und oft auch massive erotische Anlockung. Abweichende jugendliche Gruppen spielen daher oft mit Gesichtsbemalung als Instrument der Provokation.

Geschminkt wird im Allgemeinen, wenn eine Frau sich in formellen Kontexten zeigt und den öffentlichen Raum betritt: Wenige Frauen schminken sich für zu Hause, auch beim Sport, wo es um die natürliche Person geht, ist Make-up eher unangebracht.

Der Zustand, der durch Make-up erzielt werden soll, lässt sich wieder an den Argumentationsverfahren der Werbung ablesen. Die Dimension, die die größte Rolle spielt, ist die des Strahlens, entfaltet wird eine breite Lichtmetaphorik. Sowohl die Produkte als auch die Namen vieler Produkte wie auch ihre Packungen versprechen Strahlen, Glanz. Während also pflegende Kosmetik die Oberfläche der Haut glatt, jung und makellos hervorbringt, fügt ihr dekorative Kosmetik eine weitere Steigerung hinzu: Sie macht sie kostbar, enthebt sie der Alltäglichkeit, fügt ihr eine Aura und einen Glanz hinzu, der die Person kostbar, in gewisser Weise sakral sichtbar macht. Das folgende Bild gemahnt nicht umsonst an einen Heiligenschein, an die Aura mittelalterlicher Bilder. Schönheit verbindet sich hier mit der Semantik des Sakralen, Reinen, Guten, über der Realität Stehenden.

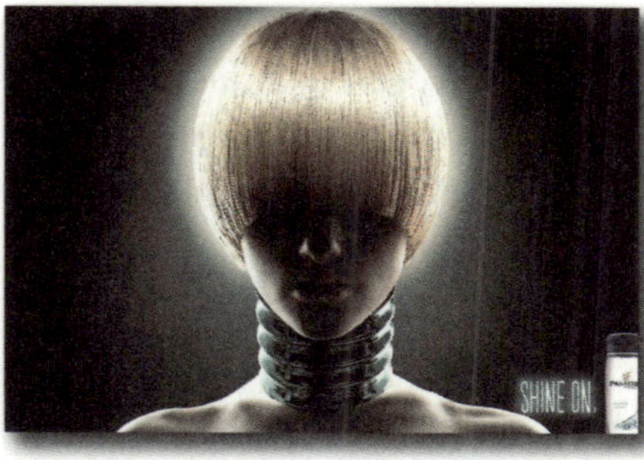

Abb. 48

Primär wird dies für das Haar postuliert. Es gilt jedoch auch für die Gesichtshaut, die ein strahlendes Aussehen haben soll, ebenso die Zähne, die ebenmäßig weiß strahlen sollen, wofür jährlich Millionen für Bleaching, das professionelle Bleichen der Zähne durch den Zahnarzt, ausgegeben werden.

Die einzelnen Zonen des Gesichtes werden nach unterschiedlichen Prinzipien gestaltet. Für die Gesichtshaut gilt das Prinzip der

EIN MAKE-UP WIE EINE ZWEITE HAUT

Luxus für den Teint: Die neue Make-up Sensation von Max Factor

Auf den Catwalks orientieren sich die Designer schon lange am Trend Natürlichkeit. Dafür muss das Make-up höchste Ansprüche erfüllen: Es sollte die natürliche Schönheit jeder Frau betonen, darf sich aber auf der Haut nicht schwer anfühlen und nicht so aussehen.

Max Factor hat das Geheimnis strahlend schöner Haut enthüllt: Mit der neuen Max Factor Second Skin Foundation werden ab sofort alle Wünsche an ein Make-up erfüllt. Die Foundation lässt sich einfach auftragen und der Teint sieht extrem natürlich aus, wie eine zweite Haut. Kleine Makel werden auf natürliche Weise kaschiert, das Produkt verschmilzt optimal mit der Haut und es entstehen keine Ränder.

Abb. 49

Natürlichkeit: Ein perfektes Make-up muss auf der natürlichen Haut eine zweite schönere Natur erzeugen, die schöner als natürlich ist.

Wenn eine sichtbare Veränderung vorgenommen wird, so besteht sie in einer Hinzufügung von Bräune: So als ob durch einen Aufenthalt im Freien, wie er für sportliche Menschen üblich ist, die Haut natürlich gebräunt würde. Sahara Winds nennt sich eine Make-up-Serie von Artdeco.

Von dieser Folie der zweiten, schöneren Natur heben sich jedoch zwei Zonen des Gesichtes ab: die Augen und der Mund. Es sind besondere Zonen: die Eingangs- oder Ausganspforten des Gesichtes, durch die etwas eindringt und die etwas entlassen und die daher in den Schminkpraktiken vieler Völker eine besondere magische Bedeutung haben, die durch Schminke betont wird.

Dies trifft auch für uns zu. Es ist speziell die Augenpartie, die magisch aufgeladen wird. „Eyes to kill" titelte die „Vogue" eine Strecke, in der neue Wimperntuschen vorgestellt wurden. „Magic eyes" stellt neue Augen-Make-ups vor. Wimperntuschen haben Namen wie Stiletto, Dramatique, Hypnose.

Die Darstellungen der Augenpartie lassen diese als den Bereich erscheinen, mit dem eine Frau einen gefährlichen anlockenden Zauber ausübt, der verbal und visuell beschworen wird.

Abb. 50

Ähnlichen Prinzipien folgt die Gestaltung des Mundes und der Lippen: strahlend, feucht, laszive anlockend.

Abb. 51

Weder die Semantik noch die visuellen Zeichenwelten wären im Zusammenhang mit männlichen Körpern möglich.

Zu den dekorativen Praktiken, die an der Körperoberfläche vorgenommen werden, zählen auch Tätowierungen, allerdings meist nicht im Gesicht. Tätowierungen sind eine jahrhundertelang geübte Praktik vieler Völker, sie haben die Funktion zu schützen, wie ein Fetisch einen Zauber zu entfalten, die Zugehörigkeit zu einer bestimmten Gruppe und/oder bestimmte Merkmale des Besitzers anzuzeigen. In unserer Gesellschaft waren sie lang als Zeichen von marginalisierten Gruppen üblich, von Kriminellen oder Seeleuten etwa.

Tätowierungen werden in letzter Zeit jedoch zunehmend verwendet, einmal im Bereich der Jugendkultur, aber auch im Bereich der mondänen Oberschichtskulturen. So tragen viele Hollywoodschauspielerinnen und Stilikonen Tattoos, die damit zum Zeichen werden, einer schicken und vorurteilslosen Lifestylegruppe anzugehören.

Dies entspricht einem Trend, der auch in anderen Feldern zu beobachten ist. Unsere Gesellschaft befindet sich in permanenter Suche nach Zeichenwelten, durch die man sich unterscheiden kann. Diese werden allerdings so schnell kopiert, dass man immer wieder neue Reservoirs finden muss, aus denen man schöpfen kann.

Jahrzehntelang war es üblich, dass die Zeichenwelten der oberen Schichten kopiert wurden, die sich damit nach unten ausbreiteten und somit ihre Wirksamkeit als Statussignal verloren. Die oberen Gruppen mussten dann neue Zeichen finden. Dies erscheint hier umgekehrt: Kopiert werden nun die Zeichen von marginalisierten und abweichenden Gruppen – ein ganz neues Reservoir und eines, durch das man Mut, Nichtkonformität, ein bisschen Abweichung und Abenteuerlichkeit signalisieren kann.

Ein wenig der alten Bedeutung bleibt bestehen. So wurde medial sehr ausgedehnt über das Tattoo der Frau des deutschen Bundespräsidenten berichtet, mit leichten Anklängen, dass dies ein wenig unschicklich sei.

Alternde Körper

Es bleibt ein letzter und etwas heikler Punkt – der Zugang zu alten Körpern. Im Grunde haben alle Kapitel davon gehandelt: Sowohl gesundheitsbezogene wie auch schönheitsbezogene Strategien zielen darauf ab, das Alter vergessen zu machen, zu eliminieren. Wir tun dezidiert alles, um nicht alt zu scheinen. So wie wir vom Projekt des perfekten Körpers besessen sind, sind wir auch vom Projekt besessen, so zu tun, als ob es einen Verfall des Körpers nicht gäbe. An dem Punkt, an dem wir durch marktbezogene Praktiken nichts mehr tun können – bei chronischer, unheilbarer Krankheit, bei den wirklichen Verfallsprozessen des Alters –, schweigt unsere Marktkultur: Solche Personen stellt sie nicht mehr dar.

Altern ist ein Vorgang, der an den biologischen Körper gebunden ist und der unabwendbar ist: Alle Lebewesen altern und sterben. Altern ist ein Prozess der Auflösung, der Entropie: „Nützliche Energie wird in nicht nutzbare Form überführt. In anderen Worten: Es ist der Prozess von Verfall, Abnahme, Auflösung."[146]

Wie in allem, was den biologischen Körper betrifft, unterscheiden sich Kulturen auch deutlich in der Art, wie sie das Alter „denken", wie sie es bewerten, wie sie mit alten Menschen umgehen, was sie als die angemessene Art betrachten, als alter Mensch zu leben. Dies wiederum hat Einfluss darauf, wie alte Menschen ihre Körper erleben und wie sie zur Lebensphase ihres eigenen Alters stehen.

---

146 „Useful energy is transmuted into non-usable form. It is, in other words, the process of decay, decline, disarray and disengagement." Sleeping Bodies, Sonderheft der Zeitschrift Body & Society 14/4, 2008, S. 214

Die Bandbreite dieser Dimension zeigen einerseits Kulturen, die eine Art von Altersdiktatur kennen, wozu der asiatische Raum neigt, oder die dem Alter jedenfalls hohen Respekt entgegenbringen, wie zum Beispiel die traditionelle japanische Kultur, die dafür einen eigenen Begriff von Ehrfurcht und Respekt – *Ko* – prägte, und andererseits die traditionelle Kultur der Inuit, die ihre Alten veranlassten, sich selbst vom Stamm zu entfernen und auf einer Eisscholle ihr Ableben zu erwarten. Im ersten Fall handelte es sich um eine stark hierarchische Gesellschaft, in der Erfahrung und Tradition zählten, in der Wissen von einem alten Meister auf einen jungen Schüler übergeben wurde, im anderen Fall um eine egalitär konstituierte Gesellschaft, die in einer extrem kargen Umwelt um ihr Überleben kämpfte und von jedem Gruppenmitglied verlangte, seine Interessen der Gemeinschaft unterzuordnen.

Unterschiede gibt es auch zwischen dem biologischen und dem sozialen Tod. Bei uns geht der soziale Tod im Alter oft dem biologischen Tod voraus, in einigen Stammesgesellschaften folgt aus dem biologischen Tod noch nicht der soziale Tod: Die verstorbenen Ahnen sind weiterhin Mitglieder des Stammes und nehmen an seinen Festlichkeiten teil.

Unsere Gesellschaft entwickelte in ihren historischen Stadien jeweils verschiedene Bilder des Alters. Die Unterschiede zu unseren heutigen Einstellungen liegen im Wesentlichen darin, dass man das Alter einfach zur Kenntnis nahm als eine Lebensphase, in der körperliche Funktionen nachlassen, man gebrechlich wird und aus der aktiven Gesellschaft ausscheidet, ohne dass man an diesem Prozess etwas ändern kann und ohne dass man das Alter ab- bzw. aufwertet. Stets bestehen große Unterschiede in der Einstellung alten Männern und Frauen gegenüber, alte Männer erfahren im Allgemeinen eine höhere Wertschätzung als alte Frauen, deren alternde Körper deutlich ihr soziales Kapital verringern. In allen Epochen gibt es Klagen über die Beschwerlichkeit des Alters und es gibt den Wunsch, diesen Beschwerden zu entkommen und wieder jung zu sein – am prägnantesten dargestellt in der Fantasie vom Jungbrunnen. Ebenso gelang es zu allen Zeiten einzelnen Personen, ein außerordentlich hohes Alter zu erreichen, und zwar indem sie einen gesunden Lebensstil praktizierten, so etwa der Venezianer Cornaro, der 102 Jahre alt wurde und darüber eine viel beachtete Abhandlung schrieb.[147] Cornaro berichtet, dass er zwischen 35 und 40 Jahren sehr krank wurde und nur überlebte, weil er seinen Lebensstil komplett umstellte, mäßig aß, gut schlief, sich Bewegung verschaffte und an künstlerischen und gärtnerischen Aktivitäten erfreute – Maßnahmen, die bis heute die Basisratschläge jedes Anti-Aging-Ratgebers bilden. Allerdings hatte Cornaro nicht im Sinn, in voller Jugendlichkeit seinen 100. Geburtstag zu erleben, was heutige Altersdiskurse nahelegen.

An der Schwelle zum 20. Jahrhundert erfolgte eine Änderung in der Einstellung dem Alter gegenüber: Es entwickelte sich der Mythos der Jugendlichkeit und damit eine Abwertung des Alters. Im Mythos der Jugendlichkeit verbindet sich das Ideal des jugendlichen Körpers mit bestimmten personalen Merkmalen. Jugendliche Körper sind normativ schön, sie vibrieren vor Lebenskraft, sie sind stark, ausdauernd, beweglich, makellos, gesund. Damit verbunden werden Eigenschaften wie Durchsetzungsfähigkeit, Belastbarkeit, Ausdauer, Ehrlichkeit, ein naives Vertrauen.

Das Bild des jungen Helden, wie es in der Figur des Siegfried bei Richard Wagner entwickelt wird, bündelt alle diese Merkmale. Siegfried ist ein besonders eindrückliches und bemerkenswert frühes Beispiel für diesen Typ von Held, Wagner beschrieb ihn schon Mitte des 19. Jahrhunderts. Siegfried – wie auch andere nach diesem Modell konstruierte Gestalten – ist durch seine

147 How to Live One Hundred Years and Avoid Disease (Original: Discorsi della vita sobria, Padua 1558), zit. in: Featherstone, Wernick, Images of Aging, S. 63

physische Kraft und Schönheit gekennzeichnet, aber auch durch die Entwicklung individueller, auf keine Tradition gestützter Normen und ein naives Vertrauen in seine Umwelt, die ihm jedoch intrigant gegenübersteht und ihn vernichtet.

Bei der Ausformung dieser Bilder bestehen Verbindungen zum Ansatz des Vitalismus, der um die Wende vom 19. zum 20. Jahrhundert entstand, in gewisser Weise auch zu den Körperreformbewegungen, die die eigenständigen Rechte des Körpers einforderten.

Körper, die diesen Anforderungen nicht entsprechen, die nicht mehr diese Fülle an Lebenskraft besitzen, alternde Körper also, unterliegen seitdem einer Abwertung. Ebenso verlieren ihre Träger an Respekt und Achtung, es werden ihnen fast automatisch die gegensätzlichen Merkmale der jugendlichen Person zugeordnet: Schwäche, Starre, Unbeweglichkeit, Festhalten an Traditionen. Je mehr die Achtung von Erfahrung und Tradition zurückgeht, je mehr individualistische Werte Geltung beanspruchen – Risikobereitschaft, Durchsetzungsfähigkeit, Mobilität, unbedingte Leistungsbereitschaft –, desto mehr verliert das Alter an Wertschätzung.

Trotz aller gegenteiligen Versicherungen liegt diese Haltung im Kern unserem Verständnis des Alters zugrunde: Das Alter wird als eine Zumutung erlebt, als ein Skandal – unzählige Bemühungen richten sich darauf, es vergessen zu machen, Jugendlichkeit und nicht Alter zu signalisieren. Und dies, obwohl unsere Gesellschaft immer älter wird, ältere Gruppen also zahlenmäßig zunehmen. Wie Michel Houellebecq schreibt: „Man darf in der modernen Welt alles sein: Swinger, bi-, transsexuell ... Nur eines darf man nicht: alt sein.“[148]

Dieser geradezu wütende Kampf gegen das Alter ist neu: Ein alternder Körper wird nicht gelassen hingenommen, sondern mit allen Mitteln, die Technik und Wissenschaft zur Verfügung stel-

---

148 Michel Houellebecq: Die Möglichkeit einer Insel, Köln 2005

len, so jung wie möglich erhalten. Alter erscheint fast wie eine Krankheit, die es zu bekämpfen gilt.

Der Kampf gegen das Alter ist ein wichtiger Bestandteil unserer Fortschritts- und Optimierungsüberzeugungen und er zählt natürlich zu den hochrelevanten Diskursen einer Marktgesellschaft, für die er geradezu maßgeschneidert erscheint: Alle Menschen altern – wenn wir der Überzeugung sind, dass dies ein Skandal ist und dass alle Zeichen des Alters eliminiert werden müssen, eröffnen sich gewaltige Märkte, die Produkte für diesen Kampf anbieten, aber auch Freizeitangebote, Lebensstilelemente, die es älteren Menschen erlauben, sich jung zu fühlen und dies nach außen zu signalisieren.

Dahinter steht auch das Tabu des Todes. Altern führt letztlich zum Tod und in jedem Zeichen des Alters zeigt sich die Vergänglichkeit des Lebens – eine Tatsache, die wir nicht zur Kenntnis nehmen wollen. Der Tod, jenes Moment unseres Lebens, das sich unserer Beeinflussung entzieht, wird verschwiegen, tabuisiert, hinter die Kulissen verlagert. Die Sichtbarkeit des Todes, seine Allgegenwart, wie sie mittelalterliche Todestänze zeigten, wäre für uns unerträglich.

Wir finden in unserer Gesellschaft also ein paradoxes Phänomen vor: Durch die Fortschritte der Medizin, durch günstigere Rahmenbedingungen, gesündere Lebensstile ist es uns gelungen, ein weit höheres Durchschnittsalter als je zuvor zu erzielen, den Tod hinauszuschieben. Es gibt immer mehr Menschen, die sehr alt werden und die viele für uns erschreckende Zeichen des Alters zeigen: Ihre Körper werden hinfällig, pflegebedürftig, ihre geistigen Fähigkeiten lassen nach, Demenzerkrankungen nehmen zu. Es ist uns gelungen, das Leben zu verlängern, aber es ist uns nicht gelungen, die Zeichen des Alters zu beseitigen. Nicht selten werden Alte als eine Bedrohung für unsere Sozialsysteme angesehen, da sie einen Großteil des Gesundheitsbudgets „verschlingen".

Wenn wir von alten Menschen sprechen und von alten Körpern, müssen wir deutlich zwei Gruppen unterscheiden: die jungen Alten und die alten Alten. Die jungen Alten, gleich wie hoch ihr biologisches Alter ist, sind die, denen man „ihr Alter nicht ansieht". Sie verfügen über Körper, die zwar etwas eingeschränkt in ihrer Leistungsfähigkeit und ihrer Schönheit sind, die aber keine für uns erschreckenden Zeichen des Alters aufweisen – diese Körper stellen wir in der Werbung und in den Medien dar und diese sind das Ziel aller Anti-Aging-Behandlungen.

Die alten Alten hingegen weisen Körper auf, die die Merkmale des Alters sichtbar werden lassen, bzw. sobald jemand diese Zeichen zeigt, wird er automatisch zur Gruppe der ganz Alten gezählt (wieder unabhängig von seinem biologischen Alter). Dieser ganz alte Körper ist in jedem Detail die Opposition zum jungen Körper: Die Haut ist faltig, trocken, blass, das Haar ist dünn, grau, glanzlos, der Körper ist schlaff, unkonturiert, unelastisch, schwer beweglich. Die Leistungsfähigkeit lässt nach, kognitive Erkrankungen, Demenzerkrankungen sind häufig. Die alten Alten verlieren ihren Status als autonome Personen: Sie sind auf die Hilfe anderer angewiesen, an ihnen endet der Optimierungsdiskurs.

Diese Körper lösen bei den meisten Betrachtern Ängste und Abwehrreaktionen aus: Wir wollen sie nicht sehen, sie bedrohen tief liegende Überzeugungen unserer Gesellschaft: Optimierung, Entwicklung aller Prozesse ins immer Positivere, mit einem Wort: Fortschritt. Ebenso werfen sie Fragen nach dem Konzept der Person auf: Sind diese offensichtlich nicht autonomen Personen noch Personen?

Der Kampf gegen das Alter wird in unserer Gesellschaft mit großer Entschlossenheit geführt. Eine spezielle Rolle spielt hierbei die Regenerationsmedizin, vor allem im Bereich der gentechnologischen Forschung. Sie hat es sich zur Aufgabe gemacht, die Vorgänge im Körper, die für den Alterungsprozess verantwortlich sind, zu erkunden und zu stoppen. Dahinter steht eine der großen Mythen der Medizin: den unsterblichen Körper zu schaffen, den Tod zu besiegen.

Dies ist im Übrigen ein Menschheitstraum, den auch östliche Philosophien kennen, wenn sie ihn auch in völlig anderer Weise realisieren wollen. So nennt sich das Buch eines Autors, der sich mit Meditationstechniken beschäftigt, Dr. Deepah Chopra, „Ageless Body, Timeless Mind".

Körperkonzepte im Alter

Für das Alter gewinnt das dualistische Körperkonzept eine hohe Bedeutung: Es wird eine Diskrepanz zwischen dem Körper und der Person angenommen. Der alte Körper wird zur Klasse der nicht akzeptablen Körper gezählt. Die Aussage jener Frau, die wir in den Anfangskapiteln zitiert haben, die fassungslos ihren dicken Körper betrachtet und konstatiert: „Das bin doch nicht ich!", könnte auch von einer alten Frau beim Anblick ihres Körpers getroffen werden.

Alt werden bedeutet in jedem Fall eine Veränderung des Körpers und, so jedenfalls in westlicher Sicht, eine negative Veränderung: Der alte Körper, der Gebrechlichkeit und Verfall demonstriert, gehört in unseren Gesellschaften zu den stark negativ besetzten und angsteinflößenden Bildern. Er wird wie der Körper von behinderten Personen als der ganz andere Körper gesehen, als ein nicht „normaler" Körper, der gerade dadurch demonstriert, was wir als normal definieren. Er wird daher auch im Bereich der Werbung und der gängigen medialen Repräsentationen nicht dargestellt.

Dies bildet einen Gegensatz zum grotesken Körper. Der fette und formlose Körper wird sehr wohl dargestellt, da er ja optimierbar ist. Aus ihm kann durch geeignete Maßnahmen der schlanke Körper erlöst werden – genau dies stellen ja Schlankheitskuren und die entsprechenden Produkte immer wieder dar. Wie Alfred Hitchcock sagte: In jedem kleinen dicken Mann steckt ein großer schlanker Mann, der herauswill. Genau diese Optimierung ist beim ganz alten Körper nicht mehr möglich.

In der Gruppe der jungen Alten sind Körper zwar schon vom Alterungsprozess bedroht, aber er ist noch nicht dramatisch ablesbar. Untersuchungen zum Körpergefühl und zur Befindlichkeit alter Menschen zeigen in den Gruppen der jungen Alten, dass der Außensicht auf den Körper, der zu altern beginnt, keineswegs die Innensicht der Betroffenen entspricht. Diese fühlen sich vielmehr jung und erleben ihren alternden Körper als Gefängnis ihres eigentlichen Ichs. Marktangebote zielen auf diese Sehnsucht, der inneren Person eine Inszenierung zu bieten. So ist etwa bekannt, dass speziell ältere Frauen sehr verführerische und teure Unterwäsche kaufen, weil sie sich damit das Gefühl verschaffen, sexy zu sein.

Die innere Person ist allerdings auch aufgerufen, alles zu tun, um den Zustand ihres Körpers im akzeptablen Bereich zu halten, die Zeichen des Alters zu eliminieren, Schäden zu reparieren, alle Vorgänge so gut wie möglich im optimalen Bereich zu halten – der Markt versichert ihr immer wieder, dass dies durchaus möglich ist.

Das andere Körperkonzept, das im Alter eine hohe Bedeutung hat, ist das des zivilisierten Körpers. Ein zivilisierter Körper präsentiert sich als ein vollkommen beherrschter Körper, der seine Körpergrenzen nach innen und außen kontrolliert. Im letzten Stadium des Alters werden Körper wieder durchlässig, sie gehen leicht in den Zustand des Nicht-Zivilisierten über. Dies stellt ein besonderes Problem dar. Das Konzept des zivilisiert geschlossenen Körpers spielt eine wichtige Rolle bei unserem Konzept der Person: Zum Konzept der selbständigen und autonomen Person gehört ihr Vermögen, ihre Körpergrenzen zu kontrollieren und einen geschlossenen Körper zu präsentieren (was Kleinkinder eben noch nicht können). In einer Diskussion über die Evaluierung von Pflegeheimen in Deutschland wurden als Kriterien, die bei allen Insassen von Pflege- und Altenheimen evaluiert werden sollten, die Merkmale satt und trocken genannt – Kriterien, die die Pflege von Kleinkindern nahelegen.

Wir neigen dazu, alten Personen, die nicht mehr über diese zivilisierten Körper verfügen, auch ihre personale Autonomie abzusprechen, und wir neigen aus diesem Grund auch dazu, diese Körper zu tabuisieren und sie „hinter die Kulissen“ zu verlagern – in Krankenhäuser, Altenheime, Pflegestationen. Dieser Prozess, das, was in der Gesellschaft unsichtbar gemacht werden soll, weil es ihre Normen verletzt, in geschlossene Anstalten, hinter die Kulissen zu verlagern, hat bekanntlich eine lange Geschichte.

Darstellungen des Alters

Unser Problem, gelassen mit dem Alter umzugehen, zeigt sich deutlich in den verbalen und visuellen Darstellungen des Alters. Aufschlussreich sind hier wieder die Darstellungen der Werbung, die unser kollektives Wissen abrufen. Zunächst fällt es außerordentlich schwer, die Zielgruppe der Alten, die gemeint ist, wenn man Produkte für sie entwickelt, explizit anzusprechen. Es existiert eigentlich kein Terminus, der positiv aufgenommen würde: Einen „Senioren-Knabbermix“ würden Senioren ungern in ihren Einkaufswagen legen, den Ausdruck „für Alte“ oder „für Ältere“ kann man nicht verwenden. Die Zielgruppe wird also euphemistisch umschrieben: Golden Agers, Silver Lions, Over Fifties.

In den visuellen Darstellungen zeigen sich zwei Typen: Personen, die vom Text als reif oder alt beschrieben werden, die aber nahezu keine Züge des Alters zeigen. Im Bereich der Kosmetik dominieren wunderschöne Frauen wie bekannte Schauspielerinnen, die Anti-Aging-Produkte vorführen. Man weiß, dass die Frauen nicht mehr ganz jung sein können, sie sagen das auch, aber man sieht es nicht.

In einer Untersuchung für Juvena stellten wir fest, dass die dargestellten Frauen in Anzeigen nur dann kaufstimulierend

Abb. 52

wirkten, wenn sie noch erotisch besetzbar schienen – sobald eine Frau aus dem erotischen Spiel schied, schrieb man auch den von ihr verwendeten Produkten keine Wirkung mehr zu. Dahinter stehen wiederum sehr tief liegende Auffassungen über den Wert des weiblichen Körpers, dessen Attraktivität mit seiner Fruchtbarkeit korreliert.

Unbekleidete ältere Körper werden so gut wie nie dargestellt. Umso größer war das Aufsehen, das eine Kampagne für Dove erregte. Sie zeigte zum ersten Mal unbekleidete weibliche ältere Körper und wies auch darauf hin, dass dies die Körper von älteren Frauen waren und dass wahre Schönheit eben kein Alter kennt. Betrachtet man die Körper allerdings näher, stellt man fest, dass sie nur minimale Alterserscheinungen aufweisen, es sind immer noch schöne und begehrenswerte Körper.

Erst in Kunstäußerungen werden wirklich alte Körper gezeigt, unbekleidet und bei erotischen Aktivitäten wie in dem Film „Wolke 9" von Andreas Dresen.

Eine ähnliche Kampagne wie die Dove-Kampagne für männliche Körper existiert nicht. Wenn altersbezogene Produkte für

Abb. 53

Männer vorgestellt werden, dann werden männliche Körper gezeigt, die voller Kraft und Beweglichkeit sind, die sich nicht von jungen Körpern unterscheiden, so etwa in der Werbung für das Vitaminpräparat Supradyn, das einen vom Text als älter klassifizierten Mann beim Mountainbiken zeigt.

Die Anzeige für L'Oréal Men, eines der wenigen explizit als Anti-Aging-Produkt bezeichneten Produkte für Männer, zeigt einen Mann mit einigen Zeichen des Alters, mit Falten und grau-

Abb. 54

em Stoppelbart, aber dieser Mann ist ein bekannter Schauspieler mit einer erotischen Ausstrahlung und er geht außerordentlich souverän mit seinem Alter um.

Daneben gibt es Bilder des Alters, bei denen jede Körperlichkeit getilgt ist. Hier erscheinen Oma und Opa in ihrer sorgenden Funktion für Enkel oder in harmlosen Tätigkeiten des Alters: Gärtnern, Radfahren, Kochen.

Der Anti-Aging-Markt

Der Anti-Aging-Markt, mit dem wir uns bereits in den Abschnitten über Kosmetik und Schönheitschirurgie beschäftigt haben, ist ein millionenschwerer Markt, der von der Tabuisierung des Alters lebt und von der Überzeugung, dass die autonome Person den Alterungsprozess steuern muss und kann, was besonders für Frauen gilt.

Abb. 55

Der Anti-Aging-Markt behandelt Altersprobleme jedoch ausschließlich im Bereich des Aussehens und auch nur bis zu einem bestimmten Alterslimit, genau bis zu dem Punkt, an dem die Person noch angemessen am Leben der Gesellschaft teilnehmen kann.

Die Probleme, die sich in den ganz alten Gruppen ergeben, deren Körper hinfällig und hilflos werden, die pflegebedürftig sind – Beispiel Inkontinez –, werden teiweise in den Ratgeberbeiträgen populärer Medien besprochen, in den Zeichensystemen der Werbung sind sie so gut wie nicht vorhanden. Dies gilt im Übrigen auch für den Bereich der Gesundheitsprodukte. Erst medizinische Präparate stellen, wenn auch nur in Ausnahmefällen, diese Gruppen dar.

Abb. 56

Sie zeigen erstmals wirklich alte Personen und sie sprechen das zentrale Problem dieser Gruppen an: den Verlust der autonomen Person, was unsere zukünftige Gesellschaft wohl vor die Aufgabe stellen wird, das Konzept der Person, das wir am Beginn der Moderne entwickelt haben, neu zu überdenken.

Resümee

Die Kapitel dieses Buches haben die komplexen Wege geschildert, in denen Körper in unserer zeitgenössischen Gesellschaft geformt werden: durch die subjektiven Wünsche, Sehnsüchte und Ängste des Individuums, die aber eine Konsequenz unserer kulturellen Leitwerte sind: Die Gesellschaft schafft sich den Körper, den sie zu ihrem Funktionieren braucht.

Dies gilt für alle Gesellschaften. Jede Gesellschaft schreibt sich in den Körper ein, sie benützt ihn, um in ihre Leitwerte einzuüben: in Disziplin oder Autonomie, in Hedonismus oder Askese, sie spricht ihm ein geringes oder ein großes Eigenrecht zu, sie vernachlässigt ihn oder fördert und schützt ihn. „Culture is licked into shape", sagt die Anthropologin Mary Douglas, und der Körper ist das bevorzugte Terrain dieser Tätigkeit.

In unserer Gesellschaft hat der Körper einen sehr hohen Stellenwert. Das Projekt des gesunden und schönen Körpers ist zentral für Individuen, aber auch für weite Bereiche unserer Gesellschaft: für staatliches Handeln, für medizinische Forschung, für die Medien, für den Markt.

Der Körper ist ein perfektes Objekt für eine Marktgesellschaft, etwas an einem Körper ist immer zu verbessern, es können immer Mängel oder Störungen entdeckt werden, es kann gegen alles Vorsorge getroffen werden – wir brauchen nur die Ideale entsprechend hoch ansetzen und einen immer perfekteren Körper fordern, einen Körper, der nicht altert, der permanent leistungsfähig bleibt, der eine schöne und makellose Oberfläche zeigt, der schlank, beweglich, belastungsfähig ist, „chronisch gesund" gewissermaßen.

Diese kulturelle Fantasie, die nicht weiter begründet wird, sondern als ideologischer Leitwert gesetzt wird (nachdem viele unserer anderen Leitwerte gescheitert sind), beflügelt unsere Gesellschaft. Sie wird nicht durch Zwang durchgesetzt, sondern durch eine emotionale und moralische Ökonomie, durch Ehre und Scham und über eine unserer zentralen Leitideen: das Ideal der autonomen Person, das den Beginn der Moderne markiert.

Wir selbst haben es in der Hand, welchen Körper wir besitzen. Ein gesunder und schöner Körper weist auf eine Person mit den richtigen personalen und moralischen Merkmalen hin: diszipliniert, informiert, selbstbestimmt, Herr ihrer Affekte; ein fetter, krankheitsanfälliger Körper auf das Gegenteil: Personen, die den falschen Körper haben, nehmen die Rolle von „cultural criminals“ ein, sie werden stigmatisiert und schämen sich. Unzählige Produkte des Marktes, Regierungsprogramme, medizinische und mediale Ratgeber helfen uns in diesem Kampf, wobei der Markt eine ambivalente Stellung einnimmt: Er ist im Kern darauf angewiesen, dass Menschen ihren Gelüsten nachgeben, er kann aber auch Produkte anbieten, die diese Sünden ungeschehen machen.

Die Durchsetzung dieser Körperideale ist freilich ein komplexer Prozess. Es muss ein ganzes Arsenal von Prämissen entwickelt werden: Körperbilder, Annahmen über das Funktionieren von Körpern, über Hilfsmaßnahmen, Bedrohungen. Es zeigt sich, dass dabei aus einer ganzen Palette von Möglichkeiten gewählt werden kann – Möglichkeiten, die in anderen Epochen und Gesellschaften ganz anders gesehen werden. In unseren zeitgenössischen Konzepten finden sich dabei wie in Sedimenten Spuren alter Vorstellungen. Neben dem Strom unserer offiziellen Vorstellungen läuft dabei ein anderer, sehr alter Strom weiter, der Glaube an magische Prozesse und Wirksamkeiten, der auf einem anderen Realitätsverständnis beruht – gerade an den Diskursen rund um den Körper wird deutlich, dass hier auch eine Sehnsucht von Gesellschaftsteilnehmern befriedigt wird, eine Sehnsucht nach dem, was die herrschende Gesellschaft ihren Mitgliedern schuldig bleibt. Daher kennen wir derzeit auch verschiedene Körperkonzepte nebeneinander: Dem geschlossenen und vom Geist beherrschten Körper, der maschinenartig funktioniert, steht der fühlende und ganzheitliche Körper gegenüber.

Bemerkenswert ist schließlich die enge Verschränkung von medizinischen und politischen Vorstellungen. Der Körper dient als Metapher für soziale Ordnungsvorstellungen, andererseits betrachten wir körperliche Vorgänge unter den Erzählungen, die wir zu einem gegebenen Zeitpunkt gern hören wollen. Die Metapher vom „Körper im Krieg" gegen fremde Eindringlinge – Bakterien, Viren –, die er mithilfe des militärisch hochgerüsteten Immunsystems vernichtet, um so seine Geschlossenheit und Reinheit aufrechtzuerhalten, ist eine solche Geschichte, die eng an das Aufkommen der Nationalstaaten gebunden ist – und die sich derzeit folglich im Umbruch befindet.

Danksagung

Der Gedanke, ein Buch „über den Körper“ zu schreiben, begleitet mich seit vielen Jahren. Sobald man seine Aufmerksamkeit einem Thema zuwendet, schärft sich die Beobachtung und in Lektüre, beruflichen Projekten, in Alltag und Medien trifft man auf höchst interessante Phänomene, die alle davon zeugen, auf welch subtile Weise eine spezifische Kultur ihre Leitwerte durchsetzt. Dieser Vorgang hat mich von jeher fasziniert und ich bin ihm in meinen vorhergehenden Büchern auf anderen Gebieten nachgegangen: in „Produkte als Botschaften“ im Bereich der Produktkultur, in „Die geheime Botschaft unserer Speisen“ im Bereich unseres kulinarischen Codes, und nun also im Bereich des Köpers.

„Kunst ist schön, macht aber viel Arbeit“, wusste Karl Valentin und dies gilt auch für das Abfassen von Büchern. Zeit, die man anderen Dingen und Menschen widmen könnte, steckt man in einen anstrengenden Prozess, von dem man nicht weiß, ob er irgendetwas Nützliches zutage befördern wird. Man neigt auch dazu, jedermann mit seinen Konzepten und Ideen zu behelligen.

Ich danke also meiner Familie und meinen Freunden und Freundinnen für die geduldige und aufmunternde Begleitung dieses Prozesses. Mein besonderer Dank geht an meine Schwester Prof. Dr. Marianne Wünsch und an Prof. Dr. Hans Krah für ihre wesentlichen Diskussionsbeiträge.

Bedanken möchte ich mich auch bei Dr. Hannes Steiner, der das Buch unnachgiebig kritisch begutachtete und immer wieder auf die richtige Fährte brachte, und bei Mag. Joe Rabl, der es ebenso intelligent wie sensibel und sorgfältig lektorierte.

Ich hoffe, dass ich dem Leser, der Leserin etwas von der Faszination vermitteln konnte, die dieses Thema für mich hat.

Abbildungsverzeichnis

Abb. 1: Alpro GmbH
Abb. 2: stern Gesund Leben 9/2008
Abb. 3: www.depilan.at
Abb. 4: Hans Fischerkoesen: Alles in Butter, 1953
Abb. 5: Michael F. Roizen, Mehmet C. Oz: Du – Eine Bedienungsanleitung, Pendo 2006; Abbildung: Gary Halgren
Abb. 6: AC Fitness
Abb. 7: www.wikipedia.org
Abb. 8: Roman Zach-Kiesling/Verlagsgruppe News/picturedesk.com
Abb. 9: Getty Images
Abb. 10: AFP/Getty Images
Abb. 11: Herbert P. Oczeret/APA/picturedesk.com
Abb. 12: Martin Vukovits/Verlagsgruppe News/picturedesk.com
Abb. 13: Foto: Pertramer
Abb. 14: AFP/Getty Images
Abb. 15: ZEIT-Grafik: Seelisch krank, DIE ZEIT, 2009; Quelle: Deutsche Rentenversicherung
Abb. 16: www.oesterreichischerpatient.at
Abb. 17: auto touring 3/2008
Abb. 18: Pasi Falk: The Consuming Body, SAGE Publications Ltd. 1994
Abb. 19: Lürzer's Archiv, Nr. 6/2009
Abb. 20: MEDMIX 5/2008
Abb. 21: Österreichische Ärztezeitung 8/2007
Abb. 22: Ärzte Krone 23/2007
Abb. 23: Unilever Deutschland GmbH
Abb. 24: Senioren Ratgeber 7/2008
Abb. 25: Unilever Deutschland GmbH
Abb. 26: Gesünder leben 7/2008
Abb. 27: Brigitte, Nr. 22, 10/2009
Abb. 28: ZEIT-Magazin Leben 8/2008
Abb. 29: Austroplant Arzneimittel GmbH
Abb. 30: Thomas Ramstorfer/First Look/picturedesk.com

Abb. 31: ZEIT-Grafik: Die Auflagen verschiedener Titel in Deutschland, DIE ZEIT, 2009; Quelle: VDZ-Auflagendienst, 3. Quartal 2009
Abb. 32: Djoser Reisen GmbH
Abb. 33: Figurella International
Abb. 34: Men's Health Deutschland 8/2008
Abb. 35: esthAlto/Frederic Cirou/Getty Images
Abb. 36: Unilever Deutschland GmbH
Abb. 37: Getty Images
Abb. 38: Kre-Alkalyn EFX Pro
Abb. 39: Unilever Deutschland GmbH
Abb. 40: Henkel AG & Co. KGaA
Abb. 41: Brigitte, Nr. 22, 10/2009
Abb. 42: GUHL IKEBANA GmbH
Abb. 43: Estée Lauder Companies GmbH
Abb. 44: Laboratoires La Prairie SA
Abb. 45: CARITA International
Abb. 46: Brigitte, Nr. 22, 10/2009, Anzeigenbeilage
Abb. 47: L'ORÉAL Deutschland GmbH
Abb. 48: Lürzer's Archiv, Nr. 4/2009
Abb. 49: Procter & Gamble Service GmbH
Abb. 50: LANCÔME Consumer Service
Abb. 51: Shape 4/2009
Abb. 52: L'ORÉAL Deutschland GmbH
Abb. 53: Für Sie 24/2009
Abb. 54: L'ORÉAL Deutschland GmbH
Abb. 55: Freizeit Kurier 8/2009
Abb. 56: MEDMIX 6/2008

Die Grafiken auf den Seiten 98 und 99 stammen aus: Helene Karmasin, Matthias Karmasin: Cultural Theory. Anwendungsfelder in Kommunikation, Marketing und Management, Wien 2011; jene auf den Seiten 149 und 150 aus: Klaus Hurrelmann: Gesundheitssoziologie. Eine Einführung in sozialwissenschaftliche Theorien von Krankheitsprävention und Gesundheitsförderung, Weinheim 2006.

Kann das schon alles gewesen sein?

Salcher, Andreas
„MEINE LETZTE STUNDE“
256 Seiten, EUR 21,90
ISBN: 978-3-902404-96-1

»Andreas Salcher ist ein kühner Innovator, der Neues erschafft und Bestehendes neu zusammenfügt. Er ist furchtlos, wenn es um die Visionen für die Zukunft geht. Er ist umsichtig, wenn es darum geht, Menschen zusammenzubringen. Er ist rastlos darin, die Welt zu verbessern.«

Alan M. Webber, langjähriger Chefredakteur der »Harvard Business Review«

Unser Leben leben wir nur ein einziges Mal. Es gibt keine Chance, es das nächste Mal besser zu machen. Wirklich leben heißt, immer wieder den Versuch zu wagen, nach unseren eigenen Maßstäben zu leben. Es ist nie zu spät, die Reise zu seinen Möglichkeiten anzutreten. Es ist kein Buch über den Tod, sondern über das Leben. Über jeden einzelnen der Tage, die noch vor uns liegen. Über unsere Träume und Wünsche, denen wir oftmals keine Chance auf Erfüllung geben. Über vermeintlich erstrebenswerte Ziele, die uns im Nachhinein bewusst werden lassen, dass wir auf dem Weg dorthin viel Bedeutsameres einfach übersehen haben. Es ist ein Begleiter für die vielen noch ungeschriebenen, weißen Seiten Ihres Lebens.